あるくみるきく双書

田村善次郎・宮本千晴【監修】

宮本常一とあるいた昭和の日本

12

関東甲信越②

農文協

はじめに

――そこはぼくらの「発見」の場であった――

「私にとって旅は発見であった。私自身の発見であり、日本の発見であった。書物の中で得られないものを得た。歩いてみると、その印象は実にひろく深いものであり、体験はまた多くのことを反省させてくれる。」これは『私の日本地図』の第一巻「天竜川にそって」の付録に書かれた宮本常一の「旅に学ぶ」という文章の一節である。これは宮本先生の持論でもあった。近畿日本ツーリスト・日本観光文化研究所に集まる若者の誰もが幾度となく聞かされ、旅ゆくことを奨められた。そして「どうじゃー、面白かったろうが」というのが旅から帰った者への先生の第一声であった。一生を旅に過ごしたといっても過言ではないほど、旅を続けた宮本先生にとって、旅は面白いものに決まっていた。それは発見があるからであった。発見は人を昂奮させ、魅了する。

この双書に収録された文章の多くは宮本常一に魅せられ、けしかけられて旅に出、旅に学ぶ楽しみと、発見の喜びを知った若者達の旅の記録である。一編一編は限られた村や町の紀行文であるが、こうして地域ごとに集めてみると、期せずして「昭和の風土記日本」と言ってもよいものになっている。

日本観光文化研究所は、宮本常一の私的な大学院みたいなものだといった人がいるが、この大学院は学歴も職歴も年齢も一切を問わない、皆平等で来るものを拒まないところであった。それだけに旺盛な好奇心と情熱をもった多様な性向の若者が出入りしていた。『あるく みる きく』は、この研究所の機関誌的な性格を持った月刊誌であり、所員、同人が写真を撮り、原稿を書き、レイアウトも編集もすることを原則としていた。編集者もデザイナーも筆者もカメラマンも、当時は皆まだ若かったし、素人であった。公刊が前提の原稿を書くのは初めてという人も少なくなかった。発見の喜び、感激を素直に表現し、紙面に定着させるのは容易なことではない。何回も写真を選び直し、原稿を書き改め、練り直す。徹夜は日常であった。素人の手作りからの出発であったが、この初心、発見の喜びと感激を素直に表現しようという姿勢、は最後まで貫かれていた。

月刊誌であるから毎月の刊行は義務である。多少のずれは許されても、欠号は許されない。特集の幾つかに宮本先生の古くからのお仲間や友人の執筆があるし、宮本先生も特集の何本かを執筆されているが、これらは欠号を出さず月刊を維持する苦心を物語るものである。

『あるく みる きく』の各号には、いま改めて読み返してみて、瑞々しい情熱と問題意識を感ずるものが多い。それは、私の贔屓目だけではなく、最後まで持ち続けられた初心、の故であるに違いない。

田村善次郎　宮本千晴

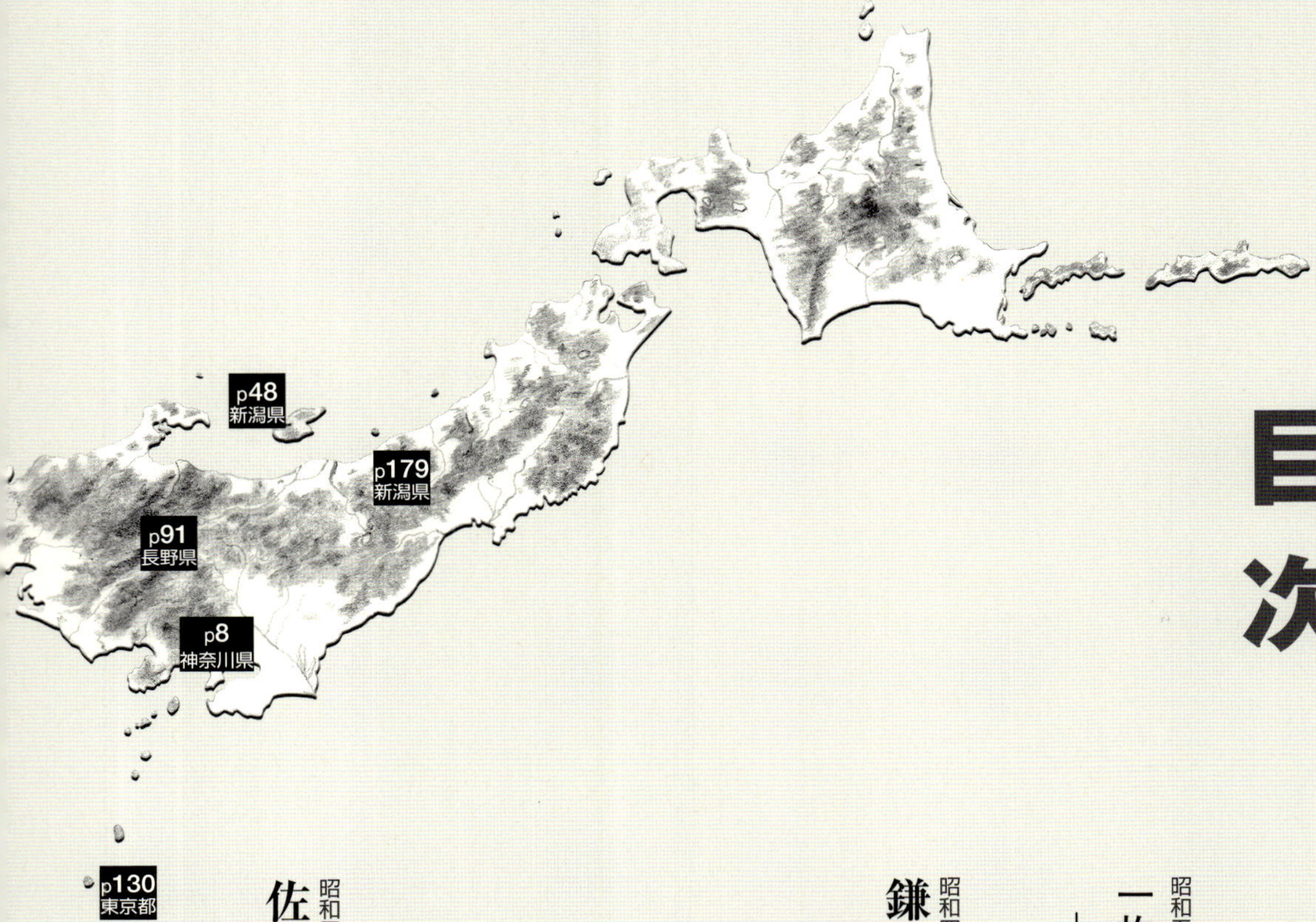
p48
新潟県
p179
新潟県
p91
長野県
p8
神奈川県
p130
東京都

関東甲信越②

目次

N

凡例

＊この双書は『あるくみるきく』全二六三号のうち、日本国内の旅、地方の歴史・文化、祭礼行事などを特集したものを選出し、それを原本として地域および題目ごとに編集し合冊したものである。
＊原本の『あるくみるきく』は、近畿日本ツーリストが開設した「日本観光文化研究所」の所長、民俗学者の宮本常一監修のもとに編集し昭和四二年（一九六七）三月創刊、昭和六三年（一九八八）一二月に終刊した月刊誌である。
＊原本の『あるくみるきく』は一号ごとに特集の形を取り、表紙にその特集名を記した。合冊の中扉はその特集名を表題にした。
＊編集にあたり、それぞれの執筆者に原本の原稿に加筆および訂正を入れてもらった。ただし文体は個性を尊重し、使用漢字、数字、送仮名などの統一はしていない。
＊印字の都合により原本の旧字体を新字体におきかえたものもある。
＊写真は原本の『あるくみるきく』に掲載のものもあれば、あらたに組み替えたものもある。また、原本の写真を複写して使用したものもある。
＊また撮影者を特定できないまま掲載した写真もある。
＊図版、表は原本を複写して使用した。また収録に際し省いたもの、新たに作成したものもある。
＊掲載写真の多くは原本の発行時の少し前に撮られているので、撮影年月は特に記載していない。
＊市町村名は原本の発行時のままで、合併によって市町村名の変わったものもある。
＊収録にあたって原本の小見出しを整理し、削除または改変したものもある。
＊この巻は森本孝が編集した。

一枚の写真から

宮本常一

―砂丘に松をうえる―

神奈川県茅ヶ崎　昭和51年1月　撮影・須藤 功

「大きな西風が吹くと、砂がまい上りましてね。それこそ一寸さきも見えなくなるのです。そしてその砂が田圃の中に落ちて来る。そんなにして田圃が埋まってゆくのです。今砂丘になっているところの下には昔の田圃があるのです。昔は海岸は岩礁になっていて、その上は荒地になっており、荒地の手まえから水田になっていたといいます。昔といってもずいぶん昔のことでしょう。ここから東の方へいったところに日光池《にっこういけ》というのがありますね。あの池は昔は港だったということです。その頃は鹿野《しかの》城にいた亀井様の港で、亀井様は日光港を根拠にしてインドと貿易をしていたということです。亀井様は後に石州の津和野へ国替になり、日光港は船の出入りが少なくなり、やがて砂に港の口をふさがれてしまって池になったということです。

　石見《いわみ》、出雲《いずも》、伯耆《ほうき》の国は山の中で砂鉄をとりまして、たくさんの砂が江川《ごうがわ》や斐伊川《ひいかわ》や日野川から流し出されましたが、その流し出される砂が、明治の御一新の頃には夥しい量にのぼって、その砂がだんだん海岸へ打ち寄せられて砂丘ができていったということです。その砂を防がねば海岸近くの田圃は砂で埋ってしまうが、どうしたらその砂を防ぐことができるかということになって、百姓が集っていろいろ評定《ひょうじょう》をしましたがよい知恵がでません。松は潮水にも潮風にも強いから、松を植えるとよいということはわかっているが、その松を植えても吹きとばされてしまうか、砂に埋ってしまいます。それでも性こりもなく松を植えたものだそうです。あるとき知恵のある百姓が、松の西側に藁束《わらたば》を立てならべてみたら、それが砂を防いで、松が埋れなかった。二年たち三年たつと松が大きくなって砂風にまけないようになった。そこで砂丘の中でも比較的風のあたらないようなところへ松を植え、藁束を立てならべておくようにしたところ、十本植えて五本はつくようになりました。

それでだんだん松が育って来るようになったのですが、風の強いところはダメで、そこは砂が吹き散らされていきます。そこでいろいろ工夫して砂の中へ一定の間をおいて杭を打ちこみ、杭と杭の間に竹をわたしてくくりつけ、その竹に茅の菰《こも》をくくりつけて風垣を作りました。その垣が一重ならばほとんど役に立ちませんでしたが、二重三重に立てていくと、砂のとぶのを防ぐことができるようになったといいます。そのような工夫がいつ頃おこなわれたかはよく知りませんが、私の子供の頃には、砂丘に風垣が作られ、その内側に松の植えられているのを見かけました。そうしてやっと砂が田圃へはいるのを防ぐことができるようになったのです」

この話を聞いたのは鳥取県気高《けたか》町浜村温泉の近くの老人からであった。昭和二一年頃のことで、老人の年は八〇歳をすぎていた。

鳥取の海岸はほとんど砂丘におおわれている。その砂丘に生い茂っている松を見ても三〇〇年をこえるものはほとんどなく、古いものでも二〇〇年内外と思われるから、その頃から海岸に松を植えて砂を防ぐようになったのであろう。

しかし、海岸に植えられた松を見ると古いものも少なくない。大分県国東《くにさき》半島奈多《なだ》の松原の松には三〇〇年をこえるものが多いし、北九州の海岸にも三〇〇年内外の古松を見ることができる。おそらく、三〇〇年以上まえに松が植えられたものと思われる。しかしこれらの松は風垣を作らなくても松が育ったものであろう。風垣を必要としないようなところには松は自生することもあったはずで、天の橋立のような砂洲の上には早くから松も育っていったと見られる。多分はそういう自然現象にならって、砂浜に松を植えて潮風を防ぐようにしていったものと思われるが、それはもう一〇世紀頃には諸所にそうした試みがおこっていったとみられる。

しかし風の強い砂浜では松を植えることは容易でなかった。とくに秋田付近から北の海岸では植林は容易でなかった。橘南谿《たちばななんけい》（一七五三〜一八〇五）の「東遊記」には胡沙吹《こさふき》という章があって、秋田の海岸の砂丘で砂をまきあげる風に吹きまくられて苦しんださまがのべられている。南谿がこの海岸をあるいた頃には松はまだ育っていなかった。それを秋田藩は非常な努力によって松を植えていくのだが、それに成功するのは風垣を利用することを考えついたためであった。

しかし、その風垣の普及にはかなり長い時間を要したのではなかっただろうか。鳥取で聞いた話では風垣を作ることは地元の人たちの工夫によるような話であった。恐らくはそれぞれの土地の人たちの工夫によって荒れくるう砂丘に松を植えていったのではなかろうか。そのような防潮防風林は北は津軽半島の西岸、秋田県八郎潟をかこむ砂丘、土崎《つちざき》から本庄《ほんじょう》にいたる海岸、山形県吹浦《ふくら》から大山にいたる海岸、新潟県村上から弥彦《やひこ》にいたる海岸、富山湾沿岸、能登半島羽咋《はくい》から福井県浜四郷《はましごう》にいたる海岸、鳥取県海岸、島根県宍道湖《しんじこ》付近、山口県豊浦郡海岸、北九州の福岡、佐賀にいたる海岸と、途中ところどころ、海岸が岩礁になっているところを除いて、砂浜のあるところにはかならずといってよいほどつづいているのである。それは日本海岸ばかりでなく太平洋岸にも見られる。そのような努力が日本をみどりゆたかな島にしていったのではないかと思う。

しかし海岸の砂丘のすべてが松でおおわれているわけではない。この写真に見る神奈川県茅《ち》ヶ崎《さき》の海岸では、いま風垣が作られ、松が植えられつつある。青森県下北半島の東北岸の砂浜にもおなじような植林がおこなわれている。荒蓼《こうりょう》たる海岸に松が茂ることによって風景は一変してくる。そしてそのような作業は北海道北見海岸のサロマ湖付近の砂丘にもはじまっている。こうした海岸に松の育つことは考えられなかったのであろうが、そうした北のはての砂丘にも風垣の中に松は育っており、さらに北の礼文《れぶん》島の北岸の砂丘にも松が育ちはじめているのである。

宮崎市東方の海岸も長い間砂丘のまま放置されていたが、戦後そこへ松の植林がはじまり、砂丘を松がおおって来た。今その松林の中を四車線の見事な観光道路が通っている。快適なドライブウェーを走る車は多い。東ははてしない海であり、西は松の広々とした林である。その林はやがて成長して、そのときは樹間から海を見る風景になるであろう。この道は人びとを海へさそうきっかけにもなっていくのではないかと思う。

人びとの長い間努力して生み出して来た風景はそれを利用することでより大きな価値を生ずるのではないかと思うことが多い。人が木を育てることも、それが人間の幸福につながるのを願ってのことである。この写真の中に過去の思い出と未来の夢をみる。

風垣の中で育っていく松。下北半島・東通村　昭和52年7月
撮影・森本孝

裏山から浄土宗光明寺を望む。広い境内には壮大な山門、本堂などが立ち並ぶ（45頁参照）

鎌倉

——中世の跡を訪ねて

文・写真　柳沢正弘
竹田雅子
山崎禅雄
写真　桜井儀久

八幡宮と関東武士

柳沢正弘

流鏑馬。鶴岡八幡宮で毎年9月に行なわれる　撮影・桜井儀久

鎌倉の象徴

鶴岡八幡宮は、鎌倉の象徴である。絵ハガキから専門書にいたるまで、鎌倉をあつかったもので八幡宮のないものはない。八幡宮の境内には、お面や絵ハガキを売る露店がいくつも立ち、全国から集まる観光客や、参拝客で、いつもにぎわっている。東京に近いこともあって、ここ数年間は初詣の客が全国一を数えるほどである。将軍実朝《さねとも》が暗殺された所にそびえたつ大銀杏、静が義経《よしつね》をしのんで舞ったという舞殿、政子の安産を祈願して、髭面の関東武士たちが作り上げた段葛《だんかずら》など、歴史の証人となった鎌倉の中でも、特に八幡宮は歴史にまつわる物語が多い。

流鏑馬《やぶさめ》

八幡宮で、毎年九月の例祭におこなわれる流鏑馬には、地元の人ばかりでなく、東京方面からの客が、馬場のまわりを幾重にもとりまく。最前列には、朝早くから陣どったアマチュアカメラマンが、弓をかまえて走ってくる狩装束《かりしょうぞく》の騎馬武者に焦点をあわせ、後列の見物人は、しだいに近づいてくるひずめの音に、一目でも見ようと背のびする。矢があたり、にぶい音をたてて的の板が割れ、騎馬武者は次の的めがけて走り去る。見物人がいなかったら、その光景は鎌倉時代そのままであろう。しかし、そこから、関東武士がもっていたであろう汗や血のにおいは、ただよってこない。

　流鏑馬は八幡宮へ奉納する行事として、鶴岡八幡宮ばかりでなく、各地の八幡宮でおこなわれていたらしい。又、流鏑馬ではないが、埼玉県のある八幡宮では、奉納相撲《すもう》が子どもたちによっておこなわれている。土地の人の話では、それは、鎌倉時代に八幡宮がここに建てられてから、ずっと続けられてきたもので、昔は子どもではなく、おとなが中心になっていたという。

騎射のならい

　流鏑馬や相撲などの武技が奉納されたことからも分るように、八幡宮を信仰したのは、武士たちが中心であった。平安時代の半ばごろから鎌倉時代にかけての関東武士たちが、常日ごろはげんでいた武芸が、武士の守り神八幡宮の奉納行事となったのである。かれらは、武芸の中でも、馬を走らせながら、馬上から矢を射る騎射を特に重んじ、館の近くに馬場をつくり、菱形の板を的にする流鏑馬、笠を的にする笠懸《かさがけ》、あるいは、逃げる犬を的にする犬追物《いぬおいもの》などの練習にはげみ、時々は山野を駆けまわり、狩猟を楽しんだ。

　騎射が武士たちに重要視されたのは、その上達の程度が、戦争の勝敗を決めたからである。当時の戦闘は、騎馬戦が多く、騎上から矢を射ることによって、敵をたおすのが、ふつうの戦法であった。だから、追い風の時は戦いに勝ち、向い風の時は敗れる、という場合さえあった。

　保元の戦いで勇名をはせた鎮西《ちんぜい》八郎為朝《ためとも》と同じように、当時の勇者は、みな強弓の持主であり、三人力、五人力の強弓をひいていた。

大名・小名、家の子・郎党

　関東武士たちが、常日ごろから武芸をねり、戦いにそなえていたのは、もともと、自分たちの土地を守るためであった。一口に関東武士といっても、いくつかの身分に分かれていた。大名、小名ともいわれる武士は、自分の領地を見おろす高台に居をかまえる、館の主人であり、そのふもとに住居をもつ主人の血縁者や従者は、それぞれ家の子、家人《けにん》・郎党とよばれていた。大名・小名を主人とし、家の子、家人・郎党を従者とする組織が、武士団である。

　主人の館のある高台は、平安時代中ごろから始められた空閑地開拓の拠点になった場所であった。館の主人―大名・小名とよばれる武士たちの先祖は、国府政庁の役人として関東に下り、そのまま土着した者がほとんどである。関東の、名のある武士の多くが、平氏・藤原氏・源氏などの、名門の子孫であったのは、そのためである。

百姓武士の一所懸命《いっしょけんめい》

　都から下ってきた国府政庁の役人、あるいはその退職者たちは、空閑地を探しだし、その持主である国府、あるいは荘園の許可をうけ、空閑地をつぎつぎに開拓していった。このようにして開かれた農場は、開拓者の名をつけたので、名田《みょうでん》とよばれ、その所有者―開拓者は名主《みょうしゅ》とよばれた。大名とは、広大な名田をもつ名主であり、小名とは、わずかばかりの名田しかもたない者のことであった。空閑地開発の拠点として建てられた館のある高台は、箕輪《みのわ》とよばれ、そのふもとの、家の子・郎党が住んだ地域は、寄居《よりい》とよばれ、現在でも関東各地に、地名として残っている。

一所懸命ということばが示すように、武装農民である関東武士たちにとって、最大の関心事は、所領の確保であった。彼らの共通の敵は、旧所有者であるというだけで、税や年貢を取りたてる国府政庁や、荘園領主であり、競争相手である関東武士自身であった。在地の有力者から選ばれる郡司や郷司、あるいは荘園の管理人である下司《げし》は、免税などのさまざまな特権が与えられていたから、彼らはきそってその役職についた。しかし、国府政庁や荘園との対立が、根本的に解決したわけではなく、関東武士の地位は、きわめて不安定な状態にあった。

関東武士の棟梁《とうりょう》

国府政庁や荘園領主から、所領を守ってくれ、武士どうしの紛争を調停してくれる保護者を求めていた関東武士の前に登場したのが、中央政界でもかなりの地位にいた源氏であった。源氏と関東武士とのつながりは、十一世紀初めの平忠常《たいらのただつね》の乱の時にはじまるが、源氏が関東を確実にその勢力圏に収めたのは、奥州の安倍氏、清原氏の反乱を平定した、前九年、後三年の役の時であった。反乱討伐軍の軍事指揮官に任命され、関東武士を従えて戦いに臨んだ源頼義《よりよし》・義家《よしいえ》親子は、自ら負傷者を手当てしたり、雪に凍《こご》える者を抱いて温めたりしたという。長い戦いの中から生まれた義理と人情の関係、保護者をまちのぞむ関東武士と、地方に勢力を広げることによって、都での地位を上げようとする源氏との利害の一致等によって、源氏は関東武士の棟梁（親分）となることができたのである。

関東、そして鎌倉

当時、関東平野の中央部は、坂東《ばんどう》太郎とよばれた利根川の氾濫のために、開拓の困難な低湿地帯であった。そのため、古代からの関東平野の開発は、その端の部分から始められてきた。関東武士たちの領地も、平野をとりかこむ山々のふもとに開かれたものであった。特に、武蔵《むさし》、相模《さがみ》には、武蔵七党とか坂東平氏とかよばれる武士団が、多数集中していた。

鎌倉は、関東武士団の中心となった相模、武蔵の武士たちを西と北とにひかえ、又三浦半島から、舟で房総半島に渡る、古東海道のコースにも入っていたから、房総や常陸《ひたち》との交流もあり、関東武士を支配するのに、好都合な位置にあった。

現在、訪れる人もあまりいない、材木座の路地の奥の元八幡とよばれる小さな社は、源頼義が京都の石清水《いわしみず》八幡宮の加護によって、前九年の役で勝利を収めたことを感謝し、石清水から勧請《かんじょう》（神の分霊を迎え、まつるこ

関東武士団の象徴であった鶴岡八幡宮の境内。源頼義が康平６年（1063）に石清水八幡宮を鎌倉の由比郷鶴岡（現材木座一丁目）に由比若宮として勧請したのがその始まり。源頼朝が治承４年（1180）に宮を現在の地に遷した。

と）したものである。源氏の氏神とされる八幡宮がたてられたことによって、鎌倉は、源氏が関東を支配するための根拠地と考えられるようになった。頼朝《よりとも》の父義朝《よしとも》が、鎌倉は親代々の領地であると称したように、鎌倉には、頼義の子の八幡太郎義家や、新羅《しんら》三郎義光《よしみつ》をはじめ、義朝・義平親子の館がたてられていたという。頼朝は、親代々の根拠地に幕府を開いたのである。

頼朝に臣従することになった大名・小名の関東武士たちは、みな御家人《ごけにん》とよばれた。御家人と尊称されてはいても、彼らの地位は、大名・小名の従者である家人の地位と、本質的には異ならない。頼朝を主人—棟梁とし、大名・小名の関東武士たちを従者—御家人とする関東武士団は、きわめて関東的な武士団の組織を拡大して、できあがったものである。その意味では、鎌倉は関東という名田を開拓するための拠点であり、主人が住む館であったといえそうである。

八幡さまは源氏の氏神

関東や東北地方南部には、有力な家の氏神だったものを、村全体の氏神としてまつっている所が、現在でも残っている。関東の武士団の多くは、館の主人の氏神を、武士団全体の氏神としてまつり、同族意識をよびさまし、団結を強化するために役だてていた。鎌倉に入った頼朝は、まずはじめに、元八幡から現在地へ神霊を迎え、壮麗な社殿を造営し、鎌倉の中心にすえた。それは、頼朝を主人とし、関東の大名・小名を従者とする関東武士団が、源氏の氏神八幡宮を彼ら全体の氏神としたからである。鶴岡八幡宮は、関東のそれぞれの武士団の氏神の上位におかれ、関東武士の最高の氏神となり、彼らのシンボルとなった。

現在の道からも分るように、鎌倉の中の主要な道路は、古東海道である大町大路、それとほぼ平行に海岸にそって通っていた車大路をのぞくと、そのほとんどは八幡宮から放射線上にのびている。幕府のおかれていた頃、鎌倉から諸国へ向っていた鎌倉街道は、現在も関東各地にその名を残しているが、その起点もすべて鶴岡八幡宮であった。

武神は西へ

平家の残党や、義経に心をよせる者を捜査するという理由で認められた守護、地頭の設置によって、私的な組織であった関東武士団は、朝廷の承認によって、幕府という名に変った。『吾妻鏡《あずまかがみ》』が、しばしば幕府のことを関東と表現しているように、幕府が開かれたことは、関西の中央政府から東夷《あずまえびす》とさげすまれ、植民地の原住民としてしか扱われなかった、関東武士を中心とする人々の政治的権利が、関西と対等となったことを意味した。それだけに、関東の関西に対する敵対意識は強かった。

頼朝によって、地頭に任命された関東武士たちは、彼らの氏神八幡宮の神霊を奉り、任地へむかった。東国ばかりでなく、西国にも鶴岡八幡宮から分れた八幡宮が多いのは、関東武士たちが、彼らの氏神をまず最初に任地にたてたからである。関東武士団のシンボル、鶴岡八幡宮の分霊が、全国に広がっているのは、関東の支配が全国に及んだことを示している。

関東が、政治的に完全に関西の優位にたつきっかけとなった承久《じょうきゅう》の乱の時、京都に弓をひくことをためらっていた関東武士たちに対して、政子は、もう一度はだしで歩きたいのか、と叱咤激励したという。泥まみれになって、牛馬と生活をともにする武装農民と、歌舞遊芸で日をおくる公家との生活、文化の差は、政治的に優位になっても、すぐなくなるものではない。日本文化が、大陸から輸入された文化を消化したものである以上、地理的に考えて、関西のほうが関東より文化の層が厚いのは当りまえである。京都の着道楽、大阪の食い道楽、江戸のはき道楽といわれるように、江戸時代末期まで、関東は関西に対して劣等感をもちつづけた。現在でも、関西の着物や料理のほうが、関東のものより優れていると信じている人は多い。現代とは比較にならないほど、文化的な後進地であった鎌倉時代の関東が、政治的に関西の優位にたった時、どのようにして文化を受けいれ、消化していったかは、興味ある問題である。

八幡宮の大いちょう

大仏のふくむもの

竹田雅子

金銅の鎌倉大仏。寛元元年（1243）に建立された大仏は木造であったが、9年後に金銅仏に鋳なおされた

狭い谷間に

狭い鎌倉にしては、寺院の数も多く、秀れた仏像の数も多いが、それらは豪奢《ごうしゃ》ではなく、質素で、素朴で、どちらかといえば、荒削りであることを感じる。寺院は禅寺が多いせいでもあろうか、そして武士のつくった都市のせいでもあろうか、質実剛健といえる印象である。ワラぶきの貧しい寺、大きくはあるが、決して華美ではなく、それほど費用もかかっていそうにみえない寺々。そんな環境の中で、あの巨大な身体を狭い谷間に露わにしている大仏に出会うと、少しちぐはぐな感じがする。

この長谷の大仏は、現在、八幡宮とともに鎌倉を代表する、まことにポピュラーな存在である。鎌倉に遠足に行く子供たちは、動物園の象の前に出たときのように、この大仏を見てよろこび、年よりたちもまた見上げ、胎内に入って大仏さんに大いに親近感をもち、くつろいだ気持になるだろう。信仰の畏敬の念で手を合わせ、頭を垂れるよりも親しみやすい大仏なのだ。この親しみある

大仏に、歌人与謝野晶子は、

かまくらやみほとけなれど
　釈迦牟尼は
　　美男におはす夏木立かな

と詠んだ。こう詠んだ歌人の気持は、大仏が子供や年よりたちに人気があり、胎内に入ることができることからも、よく理解できることだろう。奈良の大仏は、まっすぐ前方をみつめているが、この鎌倉の大仏は、切れ長な涼しい眼を下に向けて、遊ぶ鳩や子供たちや観光客をやさしく、寂かにうべなっているようにみえる。

それにしても、妙に他の史跡と切りはなされた感じのするこの大仏を造った支配者や、それを受けとめた人々の気持は、どういうものであったのだろう。その宗教上の意図と政治的意図とがどんなふうに合流して、この大仏を生んだのであろうか。

現在、観光的価値の高いこの大仏の生い立ちをさかのぼって考えてみるのも、鎌倉の歴史を知る一つのきっかけであろう。

木造大仏から金銅大仏へ

大仏がどうしてできたのかを調べてみると、意外なほど記録が乏しい。大仏のことがはじめて記録に出てくるのは、『吾妻鏡』の暦仁元年（一二三八）三月二三日の条である。深沢の里（今の長谷）に大仏堂事始とあり、浄光という僧が勧進したことがみえている。そして、仁治二年（一二四一）三月に大仏殿の上棟があり、寛元元年（一二四三）六月には、大仏と大仏殿竣工の供養が行われたという。

だが、この大仏は、現在私たちが見る金銅の大仏ではなく、木造八丈の阿弥陀坐像であった。そして、大仏殿が上棟されたころに書かれた『東関紀行』に「大仏殿は、十二楼のかまえ、望むにたかし」とあり、壮大な堂宇に安置されたものである。

それでは、なぜ、いつ、現在私たちが見る金銅造りの大仏になったのであろう。

吾妻鏡の建長四年（一二五二）八月十七日の記録に、ただ「深沢ノ里ニ金銅八丈ノ釈迦如来像ノ鋳始メ奉ル」とあるだけで、あのはなやかな開眼供養を行った、たった九年ののちに金銅仏を鋳造しはじめねばならない確かな理由は、何も記録されていない。木造から鋳造へのいきさつは謎である。木造仏が鋳造仏の原型であったという説もあるが、すでに開眼供養を行っているのだから、おそらくは宝治元年（一二四七）九月の大暴風雨によって、大仏も大仏殿も破壊されてしまったからだ、という説が妥当のように思える。とにかく、金銅の阿弥陀仏（釈迦如来像は誤記）は建長四年に鋳造が始められたのであるが、いつ完成し、また新しい大仏の開眼供養が行われたのか記録されていない。

しかし、こんな推測がある。当時関東の鋳物師、物部《もののべ》氏の棟梁であった物部重光は、建長七年二月二十一日の銘のある建長寺の梵鐘に「大工大和権守物部重光」と刻まれているが、重光が大和権守と称しているのは、大仏鋳造の功績に対して与えられたものだろうといわれる。

また、この像の様式からみて、鎌倉中期の作品であることは確かであるというから、金銅の大仏は、幕府の力が最も充実していた執権時頼《ときより》の時代に完成していたと考えてよいであろう。

この金銅の大仏も、木造のものと同様に、かつては壮大な堂宇に安置されていたのだが、おそくも室町時代の末のころに堂宇を失って、露座で現在に至ったのである。

人々を驚かせた巨像

金銅の大仏は、高さ十一メートル、九十四トンの重さをもつ。江戸時代の初め、平戸のイギリス商館長をしていたリチャード・コックスは、鎌倉を訪れ、この大仏の巨大さを面白く日記に書いている。

「その頭部の広さは、三十人以上の人が中に立つことができる程と思われる。内部に入って見たが、まるで大きな家のように広かった。私の考えるところでは、それは世界の七不思議の一つとされるローズの像よりも大きいものであろう。そのローズの像はその破片を積むのに九百頭の駱駝《らくだ》を要したと伝えている。しかしこの像の鋼を運び去るには優に三千頭の馬を要すると思われる。要するに驚くべきものである」

奈良の大仏を以前に見た人や、高く巨大な建築物をみなれた現代人は、それほど驚くべきものでもないが、この像が、鎌倉の谷戸《やと》にはじめて姿をあらわしたとき、人々はこの外人以上の驚きを感じたであろう。

もちろん、大仏は巨大なばかりではない。像は、下から順に七段にわけて鋳上げてあり、その技術、仕上がりもまことに見事である。きわめて秀麗な弥陀の顔や、中国の宋朝美術の特色といわれる誇張した衣文《えもん》の表現などは、すがすがしく新鮮な印象を受ける。

鎌倉に移植された文化

さて、鎌倉の地に、このような巨大な、しかも整った仏像をつくりあげる文化的基盤が、一朝一夕になったものではなかろう。幕府がおかれるまでの鎌倉、あるいは広く関東は、京都や奈良を中心にした畿内とくらべると、その文化的伝統に大きな落差があった。その文化的基盤の浅い関東の鎌倉に、もっぱら政治的軍事的な理由から、幕府をあえて開いた頼朝は、鎌倉の都市造りや、寺社の建立を通して、鎌倉の文化的位置を高めていこうとした。その方法は、京にならうことから始め、京の公家風文化を移入し、定着させることにあった。

文化を移すといっても、物や形態の移植ばかりではなく、文化の担い手となる人の移住が、より根本である。幕府はその機能上、武士以外の人間を必要とした。政務にたずさわる者の中には、京都から下って幕府に参加した人々が多くいる。政所《まんどころ》の別当大江広元や、問注所《もんちゅうじょ》の執事三善康信などは、その代表的人物であるが、こうした人々は、おのずから公家の教養や京風の生活様式を鎌倉にもたらした。

一方、建物や儀式をととのえるためにも、技術面での人材が集められた。吾妻鏡には、鎌倉に来た公家、僧侶、文学者ばかりでなく、鞠《まり》師範、仏師、絵師、工匠、舞人、楽人、医師、算術師などの名が記録されている。

そのほか、鍛冶、塗師、石師、畳指、壁塗などの職人も移住したというのだから、幕府の開かれる前後数年の鎌倉は、にわかにはなやぎ、活気に満ちたことであろう。

寺院建立の口火は勝長寿院から

こうして建設期の鎌倉は、京都の文化を移植したが、それは、ことに社寺の造立の面で著しかったようである。寺院建造の口火を切ったものとして、忘れてならないのは、勝長寿院である。平家滅亡の年、文治元年（一一八五）に、頼朝が父義朝の菩提をとむらうために、小町大御堂《おおみどう》ケ谷に南御堂を本堂として建てたものだが、この時、装束、荘厳具、供養導師にいたるまで、ほとんど京都によった。本尊は、南都（奈良・興福寺の仏所）から呼びよせられた仏師の成朝によって、丈六の金色阿弥陀如来が造られた。後壁には、京都の宅磨為久《たくまためひさ》が阿弥陀浄土と二十五菩薩を描いた。今は、後に建て加えられた諸堂とともに、何も残っていないが、ここで注目されるのは、頼朝が、当時まだ伝統的な京都の仏師に押されてあまり振わなかった南都仏所の仏師と、宋の技法をとりいれていた宅磨派の画家をえらんだことである。このことは、のちの鎌倉が選択し、つくりあげた仏教美術を考える際の原点となる。けれども、大きなわくの中でいえば、頼朝が選んで鎌倉にもちこんだものは、宗教上の形式も主題も、藤原時代の貴族の間に流行し、爛熟していた阿弥陀浄土の踏襲であった。それは、頼朝が奥州平泉の中尊寺や毛越寺《もうつじ》を模倣して創建したといわれる永福寺（二階堂）にも同じことがいえる。

慶派と宋朝美術の結合

将軍実朝の時代に入ってからは、南都や京の諸寺、そして伊豆の願成就院に、豪放な、写実主義による仏像などを製作した仏師運慶が、鎌倉にも手を伸ばして諸寺の仏像を作った。運慶も成朝と同じく南都仏所に属した仏師であったから、このころの鎌倉の主な仏像は、南都仏師の作品となり、やがて、それがもととなって、北条氏による執権政治が確立してゆく時代に、運慶風（慶派《けいは》）が鎌倉の地に着々と根を下し、この地に育った仏師の手によって作品が造られるようになった。

しかし、鎌倉時代の前半期、すなわち十三世紀の中葉のころまでは、まだ鎌倉地方に独特な様式が生まれず、結局は、奈良・京の移植と模倣の余波の中にあったのであるが、北条時頼が執権職についていたころになると、慶派の模倣から一歩ぬけ出す面があらわれ始めていた。その一歩というのは、宋朝美術が、仏師に影響しはじめたことにある。

それが、どんなものであったか、現在の私たちは、円応寺（十王堂）の二体の木像によって垣間みることができる。

建長寺のすぐ近くにある円応寺の十王像、すなわち冥府《めいふ》にあって亡者の罪業を裁く閻魔《えんま》大王以下の諸像であるが、十体のうち、閻魔大王と初江王の二体だけが、建長二、三年に鎌倉の仏師が造ったそのままの像として残っている。そのうち、とくに初江王の像は、宋朝の仏画にしばしばみるような、動きの多い複雑な衣の褶曲《しゅうきょく》を立体化して、力強い表現に成功している。しかも、量感を失わない写実性をもっているのは、慶派《けいは》と宋風の美術の結合した好例であるといわれる。

金銅の大仏は、鎌倉の仏師の手になった十王堂の諸像がつくられた、まさにその時代に、鎌倉の仏師と関東の鋳物師たちが力を合せて鋳造したものであった。その故に、圧倒的な量塊をもった鋳造大仏は、うつぶせかげんの顔、幅広く猫の背のようにまるい肩、はりのある肉づき、重厚さ、それらに慶派の様式があらわれ、衣文などに宋朝美術の影響がでているのである。鎌倉の仏教美術は、大仏鋳造のころを分水嶺として、しだいに慶派の影響がうすれ、宋朝美術の様式が色濃くなっていく。ということは、今、私たちのながめみる大仏は、鎌倉が借り物とものまねのあげく身につけた力量のみごとなしめくくりとはいえ、鎌倉前半期の大きな記念碑でもあったといえそうである。

大仏造営の目的

鎌倉の大仏は金銅大仏の前身、木造大仏も含めて、おそらく奈良の大仏を意識して作られたものであろう。鎌倉初期の勝長寿院、永福寺、そして八幡宮寺にもいえることだが、神仏への崇敬の念とともに、その「形」が担う宗教的雰囲気、そこにちらつく政治的意味あいというものが、大仏のような大事業にはあるのである。奈良の大仏は、誰もが承知のように、古代律令制国家の権威を誇るために作られたものだが、この関東の人々の手によって出来た鎌倉の大仏は、どうであったろう。

すでにふれたように、金銅大仏の鋳造については、記録が欠けているため、謎が多い。が、幸いに金銅大仏の前身と思われる木造大仏については、少し資料も残っているので、そこから考えてみよう。

奈良の大仏は、聖武天皇の発願により国家事業としてなされたものだが、鎌倉の木造大仏は、勧進上人《かんじんしょうにん》とか勧進聖《ひじり》とかいわれる一人の僧、浄光《じょうこう》の発願によって事業がおこされ、浄光が「関東のたかき、いやしきを勧め」（『東関紀行』）ることからはじまった、いわば民間事業であった。しかし、鎌倉幕府の膝下の長谷《はせ》に造営される大仏と、無関係であったわけではない。

浄光が勧進を行った時代は、京の朝廷が政権を取りもどそうとして失敗した、あの承久の乱（一二二一年）の後で、武家政治は、もはや動かすことのできないものとなり、北条氏の執権政治が、泰時《やすとき》、経時《つねとき》を経て、次の時頼《ときより》時代の全盛へと進まんとする勢いにあった。延応二年（一二三九）九月の日付のある勧進帳の写し（京都の一条家所蔵）によると、浄光は幕府の下知《げち》（命令）をもらって、一人一文あての勧進をしている。そして、勧進の行われた地域は、『東関紀行』に示された関東だけでなく、北陸、西国にも及んでいる。ということは、高揚期にあった幕府の力をたのんで、浄光は大仏造営のための勧進をしたことになり、うらがえせば、大仏は、幕府の権力によって作られたといってもよいものであろう。

さらに木造八丈の大仏を安置する堂宇の造営費捻出の策として、囚人が逃亡した時、その預り人から過怠（てぬかり）料を徴収している。こうした事情からみて、この大仏は、単なる民間事業でなかったことがはっきりするであろう。しかし、だからといって、奈良の大仏のごとく、莫大な国費が直接投ぜられたものではない。権力の象徴を、同じ大仏という巨大さによって示そうとするにしても、それぞれの政治体制の相違が権力者のかかわり方を変えているといえよう。

木造大仏と大仏殿の造営は、以上のように進められたが、金銅大仏についても、幕府の力が大いに加わっていたと想像してよいであろう。たとえば、大仏を安置する寺の管理責任者として、幕府が公的な別当職をおいた、そのことからもうかがえる。鎌倉の公的な寺院としては、すでにのべた勝長寿院、永福寺、それに幕府のために祈祷を専門に行った五大堂（明王院）、そして八幡宮寺の四所で、その別当職は鎌倉の重職であった。大仏ができると、その列に大仏のある寺も加えられているのは、幕府が、鎌倉における大仏の位置を公的なものと認めていたことを示すであろう。また、その別当職に、真言律宗の忍性《にんしょう》—鎌倉時代後期の仏教界の重鎮、を任じていることは、幕府が大仏をいかに重視したかを示してもいよう。

阿弥陀の大仏

ところで、鎌倉の大仏は、奈良の大仏の向うをはって作られながら、どうして毘盧遮那《びるしゃな》仏と異なる阿弥陀仏にしたのだろう。まったく素朴な疑問だが、そこに奈良時代とはちがった仏教事情の投影がみられるように思える。

幕府の、そして関東の力を大仏造営を通じて、効果的に全国に示そうとし、しかも、その造営費を「たかき」から「いやしき」まで、幅広く集めようとした以上、作られる仏像に何を選ぶか、それは当事者の重要なポイントであったろう。

木造大仏—八丈の阿弥陀仏の造営の時、浄光の西国勧進帳には次のように謳《うた》われている。

「祈るところは、東土利益の本尊なり。已《すで》に東土助成の下知にあずかる。念ずるときは、西方極楽の教主なり。なんぞ西方勧進の中懐を遂げざらん」

大仏として造られる阿弥陀仏は、東土の利益《りやく》を祈る仏であり、西方極楽浄土を念ずる仏であると。「下知」という幕府の権力がちらついてはいるが、ようするに国中の人々に一人一文ずつの寄進を願おうとするのであるから、当時の広範な人々の信仰をかちえていた仏が、大仏の仏でなくてはならなかったであろう。

阿弥陀信仰の推移

平安時代、日本の仏教は、天台、真言の二宗が中心になるが、律令制国家を鎮護する宗教から貴族仏教として、現実の利益や幸福を願う個人的宗教へと、その色合いを強めていった。とくに、その中期以後になると、死後の救済を願うという宗教的関心は、仏の正しい教え—正法が全く消えるという末法観や、現実の天変地異、戦乱の続発による社会秩序の混乱と結びついて、より深められた。また、当時の仏教界は、権力と結びついた特権僧と、武力をほしいままにした僧兵の問題をかかえ混乱、腐敗していた。こうした仏教界の乱れと末法思想の深化を通じて、既成仏教にあきたらない僧俗が、新しい仏教を求めていった。この新しい宗教的機運は、天台の中の浄土系の僧のうちからと、聖《ひじり》・上人《しょうにん》層の中から起り、一方は、藤原貴族と新興の武家の上層部に受け入れられ、一一方は、一般庶民に受け入れられていった。そして、この双方に共通する仏教の特色の一つは、阿弥陀仏の慈悲にすがって、極楽浄土に往生せんとする欣求浄土《ごんぐじょうど》であった。財力に余裕のある貴族などは、華美な阿弥陀堂を作り、定印《じょういん》を結んだ阿弥陀仏にむかって静的な念仏にふけったが、民衆は民間布教者の聖や上人に導かれて、ある時は街なかで、集団的、動的な唱名念仏《しょうみょうねんぶつ》をした。

天台の浄土教から離脱して、一宗を形成した法然《ほうねん》の教えが、鎌倉時代の初頭に熱病のようにひろがっていったのは、そのやさしい表現と理念の簡易化のためでもあったが、法然が、平安中期以後さかんであった上下の阿弥陀信仰を融合させて、昇華させていたからでもある。しかし、法然の教え―浄土宗は、阿弥陀のみに念仏するという専修念仏であったために、結果的には他の神仏を否定することに通じた。この浄土宗の急激な普及は、南都・北嶺を中心とした旧仏教の強い反感をかい、ついに京都の朝廷、鎌倉の幕府による弾圧、禁止令がだされるに至った。専修念仏の禁止は、ちょうど鎌倉に木造阿弥陀の大仏が造営されるころまで続けられたのである。しかし、この禁止の範囲は、いうまでもなく天台の浄土教や、古くから民間布教に力を注いでいた聖・上人層の教える阿弥陀信仰に及ぶものではなかった。

関東武士の中に、法然の教えに熱心に耳を傾けた熊谷《くまがい》直実《なおざね》のような人たちもかなりいたが、幕府膝下の鎌倉では木造大仏の作られるころまで、浄土宗の寺院を建立することは許されなかった。鎌倉の上層武士が、鎌倉にもちこんだ阿弥陀信仰は、天台宗の勝長寿院や永福寺などでも分るように、もっぱら藤原貴族の受け入れていた浄土教のものであった。もちろん鎌倉は、こうした阿弥陀信仰だけでなく、五大堂にみるように真言宗も積極的に取り入れていたのである。つまり大仏造営までの鎌倉は、旧仏教であったといえる。こうした鎌倉の仏教事情と、浄土宗の普及する基盤であった聖・上人層の教える民衆の阿弥陀信仰を考えあわせる時、鎌倉の大仏に阿弥陀が選ばれたのは、一応もっともなことに思われる。

新仏教と大仏

しかし、勧進聖の浄光と幕府の着眼した阿弥陀の大仏は、中世全般の時代精神、つまり大仏造営のころに、すでに流れはじめていた新しい仏教の精神を象徴するものにはなりえなかった。というのは、その阿弥陀の性格が、決して鎌倉新仏教の浄土宗のそれでもなければ、同じ専修念仏の系譜にある親鸞《しんらん》の浄土真宗、一遍《いっぺん》の時宗《じしゅう》の阿弥陀でもなかったからである。そして、それらは、本来壮大な堂宇や仏像を必要とするものでもなかった。すなわち、鎌倉の大仏は、平安中期から鎌倉前半期にかけて、上下に広く、深くゆきわたっていた阿弥陀信仰を、巨大な像と壮大な堂宇に集約したかのようである。そして、金銅大仏を美術史的にみた時と同じように、阿弥陀の大仏は、鎌倉の仏教の分水嶺である。なぜなら、木造大仏や金銅大仏の作られる、まさにその時、鎌倉では新仏教の動きがさかんとなり、人々の心はやがてそちらに傾くからである。

それは良忠《りょうちゅう》の浄土宗、中国僧の直接もたらした禅宗、そして辻に立ってラジカルな説法をする日蓮《にちれん》の法華《ほっけ》宗が、それぞれの特色をかかげて登場してくるからである。鎌倉での禅宗と日蓮宗の位置については「禅の鎌倉・法華の鎌倉」のところでふれる。ただ、このころ、浄土宗が、北条氏の一族に信者をえて、光明寺を建立しえたのは、光明寺の開山である然阿《ねんな》良忠の念仏が、弾圧の過程で、旧仏教との妥協点をみつけだしていたからである。政治都市鎌倉は、支配者層に受けいれられる仏教とそうでないものとを、大仏だけでなく、現在残っている諸宗派の寺院の生い立ちを少し気をつけてみると、実にみごとに示している。（三八頁～四七頁の地図と独案内の項目を参照）

鎌倉幕府が公的にも重視した寺社、勝長寿院、永福寺、五大堂、八幡宮（寺）、そして大仏のあった寺、それらは、幕府の保護をえて、鎌倉の文化的な雰囲気を高めるためにも壮大で華美であったのだが、それらのうちで、八幡宮と大仏をのぞいては、鎌倉が政治の中心でなくなるとともに滅び、いまほとんど旧状を想うてがかりがない。残ったものも、八幡宮は武士の精神のよりどころであったがために、武士社会のつづく江戸末期までもちこたえ、現在に至ったのであるが、大仏は単に金銅であったが故に、露座で生きつづけたにすぎない。

大仏は、江戸時代には、皮肉にも浄土宗の末寺、高徳院に管理されることになったが、その胎内が、しばしば博打《ばくち》場となったと、ある日記は伝えている。それは、もともと大仏が、浄土宗徒の必要とする仏でもなく、中世以後の人々の信仰と無縁な存在であったことをよく物語っているのかもしれない。現在、大仏を観光の対象として、人々が遊びがてらにながめやるのは、いわれなきことでもなさそうである。しかし、権力というしろだての消え去った阿弥陀の大仏は、多少、そらぞらしくはあるが、今、そんなことを何も知らない子供たちと、最も親しげである。

化粧坂の切通し。鎌倉七口の中でも古く、頼朝の開府以前からの交通の要衝だった

禅の鎌倉 法華の鎌倉

柳沢正弘

臨済宗円覚寺。鎌倉五山の第二位の禅寺。弘安5年（1282）、北条時宗が宋僧の無学祖元を開山に迎えて創建した。定期的に座禅会が催される

政治都市

鎌倉は、関東武士団の拠点であり、関東全体の箕輪《みのわ》であり、寄居《よりい》であった。箕輪が防衛のため、高台であったように、鎌倉は三方を山に、一方を海にかこまれる天然の城郭であった。その意味では、政治の中心地であった頃の鎌倉は、中世都市のはしりであったともいえる。しかし、箕輪や寄居が自然発生的につくられたものであるのに対し、鎌倉は、関東武士団の氏神八幡宮が、町の中心に移されたように、政治的な目的のためにつくられた古代都市と同じ性格をもつ町であった。

鎌倉が古代都市から中世都市への過渡的な性格をもつ町だったのは、鎌倉の基本的な町づくりをした頼朝が、関東武士たちの中で占めていた位置と関係がある。頼朝は、関東武士にとって武士団の主人であるとともに、公家でもあった。彼は、関東という植民地から生まれた名主《みょうしゅ》たちの主人ではあったが、名主の出身ではなく、彼らを保護する中央政界の有力者であった。関東が関西を政治的に圧倒した時、関西出身の保護者はすでにその利用価値がなくなっていた。その時、幕府は北条氏の専制という名のもとに、有力武士の合議制となったのである。源氏の本家が、関東武士の主人でありながら、関東武士でなかったように、鎌倉も関東全体の箕輪、寄居という形をとりながら、自然発生的に生まれたものではなかった。鎌倉時代や、関東地方を支配するための鎌倉府がおかれた室町時代前半期には、人口二十万の、京都につぐ大都市であった鎌倉が、鎌倉府の廃止とともに急速に衰えていったのは、自然発生的に生まれた関東各地の集落を、政治的に支配しようとして、人為的につくられた都市だったからである。

都市計画

頼朝がつくった基本的な都市計画は、北条執権時代にもひきつがれていった。政治的権力を確立しても、文化

臨済宗建長寺の梵鐘。建長寺は鎌倉五山の第一位の禅寺。建長3～5年（1251～53）に北条時頼が創建した

的には、まだ京都におくれをとっていたのである。若宮大路をはじめ、八幡宮から放射線上にのびる主要道路にそって、家々がたちならび、町を形づくっていった。雪ノ下、扇《おうぎ》ケ谷《やつ》、小町、東・西御門《みかど》、二階堂などの、八幡宮をかこむ地域に、幕府の政庁や御家人の屋敷、それに幕府権力と強くむすびついた寺院が立ちならび、武士を中心とする町となった。つづいて、大町、材木座方面に、消費都市鎌倉で生計をたてようとする人々が住みつき、庶民を中心とする町ができあがった。

消費都市鎌倉が、一層のにぎわいを増したのは、和賀江《わかえ》島という港が、材木座海岸につくられてからである。現在、海水浴客でにぎわっていることからも分るように、由比ケ浜、材木座という遠浅の浜辺は、船の出入りには全く不適である。執権北条泰時《やすとき》の援助をうけて、往阿弥陀仏《おうあみだぶつ》という僧がきづいた半島形の突堤は、今では春や秋の干潮の時しかその姿を現わさない。しかし、作られた当時は、数百艘の舟が停泊し、まるで近江国の大津の港のようであったと伝えられている。その結果、現在の材木座の町には、材木商の同業組合である材木座をはじめ各種の座がおかれ、いろいろな物資の荷揚げ地として、またその集積地として、かなりのにぎわいをみせていたのである。

材木座海岸に荷揚げされ、集められた商品は、大町の商点街で売りさばかれ、武士たちの住む地域へと運ばれた。和賀江島から、大町をへて、八幡宮にいたる小町大路がその通り道であった。そのにぎわいは、現在の小町大路の静かなたたずまいからは想像もできないが、当時は道にそって、いくつかの商業地区が指定されていたのである。特に小町大路が古東海道の大町大路と交叉するあたりは、商店がたちならび、鎌倉随一の繁華街であった。

山の手の寺院と下町の寺院

商業の中心地大町にも、御家人の屋敷があり、八幡宮のすぐ近くの、現在の宝戒寺《ほうかいじ》あたりにも商業地区があったが、大体、八幡宮をかこむ地域には武士の住む山の手が、大町、材木座方面には庶民の住む下町が形つくられていった。山の手と下町とは、それをむすぶ小町大路が滑川《なめりかわ》をわたる夷堂《えびすどう》橋あたりで、分けられていたらしい。商人の往来でにぎわった小町大路で、有名な辻説法をおこなった日蓮の法華宗の寺院が下町に多く、禅宗などの、上層武士に帰依された寺院は山の手地域に多い。

建長寺・円覚寺、あるいは江戸時代に特別な保護を与えられた寺院をのぞいて、山の手地域にあった寺院は、その名が高いにもかかわらず、余りにも貧弱でほとんどがカヤぶきのお堂にすぎない。しかし、鎌倉を訪れる人々は、外観の上では自分たちの町や村の寺にも劣るそれらの寺院を見て、味噌を肴にして酒をくみかわした、執権北条時頼を代表とする鎌倉武士の気風をそこに見いだし、満足して帰っていく。

宋文化のにない手――禅僧

鎌倉時代における禅と幕府とのむすびつきを、禅僧と執権との個人的なふれあいにはじまるという考えが、しばしば見られる。確かに、武装農民出身の北条氏は質実剛健の気風を重んじたかもしれない。しかし、日本にもちこまれた宋代の禅宗は、外面的には俗世の最高の文化を身につけていた宗派だったのである。今でこそ質実剛健を絵にしたようなカヤぶきの禅宗寺院も、建てられた時には、宋の禅宗寺院をそのまま鎌倉に移しかえたような最新流行の建築が軒をならべていたのである。建長寺は、いまなお宋代の禅宗寺院の伽藍《がらん》配置を残しているといわれている。

奈良などにわずかに残る天竺様《てんじくよう》とよばれる宋朝建築は、平安時代、あるいは室町時代以後の、ちまちましてはいるが、自然と何げなく調和する伝統的な建築様式と異なって、自然を拒否する人間の力を感じさせる。山の手地域の寺院には、それが宋朝建築のなごりであるかどうかは分らないが、軒にくらべて棟が極端に短く、上から見ると正方形に近い屋根の建物が多い。それらにも、宋朝建築を見た時と同じような、あくの強さが感じられる。

今でこそ、自然と調和する風景となっているが、創建当時、宋朝建築は日本的伝統にそぐわないものと感じられたにちがいない。

源平合戦や関ガ原の戦いを、農本主義と重商主義の戦いであるとする説があるように、昔から関東は農業を経済の中心とする地方であった。江戸時代の鎖国政策にみられるように、自給自足が可能ならば、外国との交流は不必要であった。しかし鎌倉幕府は、中国の文化や、それをたずさえてくる人々を積極的に受けいれつづけた。永福寺や勝長寿院など、幕府と強いつながりのある寺院の改修の費用をつくるため、鎌倉時代の終りに入宋船《にっそうせん》が出されているが、幕府が宋と交流をもとうとしたのは、経済的な理由よりも、中国の先進文化を鎌倉に受けいれることによって、京都に代表される文化に追いつき、追いこそうとしていたからにちがいない。将軍実朝が宋に渡ろうとしたことや、現在、材木座海岸から中国の青磁の破片が大量に発掘されていることは、鎌倉と大陸の近さ、あるいは交流の深さを示している。

鎌倉時代、宋から渡ってきた建築技師や石工たちが鎌倉に来ている。結局は設計上のミスから成功しなかったが、陳和卿《ちんなけい》が将軍実朝の渡宋のために大船をつくったのは有名な話である。また鎌倉のあちこちに、その端整な姿を見せている宝篋印塔《ほうきょういんとう》なども、宋から渡ってきた石工たちによって作られはじめたものである。しかし、何といっても、鎌倉に大量の、質の高い文化をもちこんだのは、宋でも最高の教養をもつ禅僧たちであった。禅宗の保護者となった北条氏の別荘山ノ内には、執権時頼を開基とし、中国僧蘭渓道隆《らんけいどうりゅう》を開山とする建長寺の建立をきっかけとして、禅宗寺院がつぎつぎに建てられていった。当時、宋の文化は、京都に代表される日本の伝統文化よりも、数等すぐれていると考えられていたから、北条氏が自らの別荘地であり、本拠ともしていた山ノ内に、宋朝建築そのものの禅宗寺院を建てめぐらしたことは、北条氏に象徴される幕府が、文化的にも関西を追いこしたことを誇示したがっていたからではないかと考えられる。

鎮護国家と鎌倉禅

京都にさきがけて、日本ではじめての純粋の禅宗寺院としてたてられた建長寺は、その正式寺号を建長興国禅寺という。そして、それは、天皇・将軍・重臣の長寿を祈り、天下泰平を願うことを目的としてたてられたのである。宋の禅宗は、官僚支配階級である知識人の信仰をうけ、その寺院は官寺としてあつかわれていた。そのため、禅宗は国家主義的な思想を強くもつとともに、高度な教養を身につけることになったのである。北条氏が禅を採用したのは、それが先進文化を日本にもたらす役目をになっていたからであり、国家主義的な思想をもっていたからでもあった。

天台沙門《しゃもん》・栄西《えいさい》

源氏の菩提寺である勝長寿院《しょうちょうじゅいん》、そして源平合戦や奥州討伐の時に死んだ武士たちをとむらうための永福寺《ようふくじ》は、頼朝によってたてられた、鎌倉でもっとも大きな天台寺院であった。天台宗は、鎮護国家を根本思想としていたから、平安時代以降、朝廷からあつく帰依されたばかりでなく、新興政権の幕府にも受けいれられたのである。法華思想を根本とする天台宗は、密教的なイメージが強いが、浄土も禅もふくむ教団であった。栄西は、宋の禅をとり入れることによって天台宗を改革し、鎮護国家に役だてようと主張する、天台派内の修正主義者であった。天台、真言、禅を学ぶ道場として、栄西が開いた京都の建仁寺、鎌倉の寿福寺は、将軍頼家を檀那とし、発起人としている。栄西の教えが幕府の上層武士たちに信仰されたのは、それが鎮護国家を根本思想とする天台宗であり、しかも宗の臨済禅をとりいれたものであったからである。幕府は、宗教面においても、京都とは別の独自なものを求めていたのである。

栄西の時代、禅はまだ単独の宗派とはなっていなかった。しかし栄西の天台宗が鎌倉の上層武士の中に広まったことによって、純粋な禅宗が鎌倉にうけいれられる基盤はできあがっていたのである。

上層武士と禅

鎌倉の禅宗寺院が、山ノ内ばかりでなく、浄明寺や扇ヶ谷方面にもあるのは、そこに公方《くぼう》屋敷、管領《かんれい》屋敷という、室町時代の鎌倉府の重要な役所があったからである。鎌倉幕府だけでなく、室町幕府によっても、禅宗はひきつづいて信仰されていたのである。鎮護国家を根本思想とする南都北嶺の旧仏教が、支配者であった平安貴族の保護のもとに発展したように、国家主義的な思想の強い禅宗は、上層武士の保護によって発展していった。それと同時に、室町時代初期には、禅宗寺院は寺の格式によって、五山《ござん》・十刹《じゅっさつ》・甲刹《こうさつ》の三階級に分けられ、住持の任命・免職、寺領の増加・減少など、すべて幕府の統制をうけることになった。

室町時代の半ばに、鎌倉府が廃止されると、主人を失った山の手地域と、保護者を失った禅寺は急速に衰えていった。それ以後、日蓮宗を中心とする、民衆の信仰をうけた寺院が、少しではあるが増加さえしているのに、建長寺をはじめとする鎌倉五山の力は、まったくふるわなくなった。現在の鎌倉の禅寺の多くが、カヤぶきの貧弱な建物であるのは、教義や気風のためではなく、ただ保護者である武士を失ったからにすぎない。

法華経の再発見

禅宗が、幕府権力の保護をうけたのに対し、日蓮宗は幕府の弾圧をうけた宗派である。その寺院が、かつての山の手地域に全く存在しないのはそれを如実に示している。

しかし、日蓮は、幕府と対立しようとしたのではなく、かえって幕府権力の中に入りこむことによって、日本を法華の世界に改造しようとしていたのである。『立正安国論』の中で、天台沙門日蓮と称しているように、彼は天台宗の僧であった。彼は天台宗の経典である法華経の重要性を再発見し、法華経こそ釈迦の生《なま》の声であり、他の諸経よりもはるかにすぐれていると考えるようになった。この立場から、日蓮は既成の教団や、民衆の中に浸透しはじめていた浄土教団を、激しく批判したので、他の宗派から、強い反感を買うことになったのである。

日蓮の教えが、北条氏に受けいれられなかったのは、北条氏が天台宗、真言宗、禅宗を信仰していたことや、彼に対する他の宗派からの非難があったことにもよる。しかし、第一の原因は、彼の考えそのものが、北条氏の政治理念と相反するものだったからである。

日蓮によれば、世界は釈迦のものであり、日本はその一部にすぎない。だから、釈迦の生の声である法華経を信じないかぎり、日本の支配者は仮の支配者にすぎず、真の支配者にはなりえないというのである。天台宗、真言宗、禅宗を保護し、鎮護国家を祈らせている北条氏が、宗教を政治の上におき、法華経を信じないかぎり、真の支配者になりえないとする日蓮の考えを受けいれなかったのは当然である。

弾圧者と支持層

日蓮は、「竜《たつ》ノ口法難」など、何度も幕府の弾圧をうけている。しかし、その教えは、地頭クラスの武士に広まっていった。比企《ひき》ヶ谷《やつ》の妙本寺は、日蓮の弟子日朗の開山であるが、ここはもと比企能本《よしもと》の屋敷であった。能本の父・比企能員《よしかず》は、修善寺で暗殺された二代将軍頼家の舅で、彼自身も北条氏によって殺害されている。

北条氏は、幕府第一の実力者ではあったが、源氏のように武士の棟梁となれる家柄ではなかった。頼朝にとっては、他の武士と同じように御家人にすぎなかったのである。その北条氏が、頼家、実朝を暗殺し、有力御家人を滅ぼして、事実上武士の支配者となり、専制をおこなうようになったことは、他の御家人の強い反発を買ったにちがいない。和田氏や三浦氏といった有力御家人が反乱をおこしたのは、北条氏の策謀に対してであった。北条氏に対抗できる有力御家人の滅亡によって、表面的には北条氏に従っても、腹の中では臣従することを、いさぎよしとしない意識がなおも残っていたのであろう。この時期に、関東の本拠をすて、東北や西国へ地頭になって移り住んだ有力武士があいついでいる。

条件つきではあるが、北条氏を真の支配者ではないとする日蓮の考えは、別の意味で、多くの関東武士、特に比企能本などのような境遇の武士に、共感を与えたにちがいない。彼らは、日蓮やその弟子たちの保護者となり、日蓮宗の拡大に一役買うことになる。

日蓮宗の信者になったのは、地頭クラスの武士だけではない。商人や武士・僧侶などの往来でにぎわう小町大路に立って、日蓮は直接民衆に辻説法をおこない、その教えを広めていった。大町にある常栄寺は、江戸時代初めの慶長年間に建てられた寺であるが、ここには、竜ノ口の刑場にひかれていく日蓮に、ぼたもちを勧めた老いた尼が住んでいたという。老尼の親切に喜んだ日蓮は、「われ権勢に敵をもつとも、民衆に味方あり」といって、涙を流したという。そのため、常栄寺は、一名ぼたもち寺ともよばれるのである。

一遍と時宗

幕府がおそれていたのは、特定の宗教が鎌倉の民衆とむすび、社会不安をかもしだすことだったのではあるまいか。時宗の宗祖一遍が、巨福呂《こぶくろ》坂から鎌倉へ入ろうとした時、今日は太守（執権）が山ノ内へ来るからと、通行をさえぎられ、ついに鎌倉に入れなかったのも、鉦《かね》・鼓《つづみ》を打ちならし、狂熱的に念仏を唱える踊念仏に、民衆がひきこまれるのを恐れたからであろう。しかし、幕府が遊行《ゆぎょう》（行脚）僧を隠密に利用するようになると、時宗は権力とむすびつくことになった。その結果、宗祖一遍が一歩も入ることができなかった鎌倉に、時宗寺院が建つこととなった。十二所《じゅうにそう》の光触《こうそく》寺、大町の別願寺は、鎌倉時代終りに創建されたと伝えられている。しかし権力とむすびついた時宗は、すでに民衆の味方ではなかった。

武士の去ったのちに

時宗が権力に迎合していったのに対し、鎌倉・室町時代の日蓮宗は、権力への敵対の姿勢をくずさなかった。鎌倉公方足利持氏《もちうじ》が、鎌倉中の十六の法華寺院をうちこわし、武士の信徒と僧侶は流刑にし、庶民の信徒は打ち首にするという布令《ふれ》を出しながら、それをひっこめざるをえなかったのは、日蓮宗の信徒の結束があまりにも強固だったからであった。その後まもなく、鎌倉府が廃止され、消費者である武士が去ったことによって、大町・材木座の商業地区は火の消えたようなさびしさとなった。しかし、それから現代にいたるまで、この地域にかなり集まっている法華寺院は、住民たちにささえられ、信徒のあつい信仰の中で生きつづけてきたのである。

庶民信仰の寺と杜

大町・材木座とともに、長谷《はせ》は鎌倉でもっとも古い歴史をもつ地域である。頼朝のころ、そこは鎌倉にふくまれていなかった。長谷付近が、いわゆる鎌倉らしさとはどこかちがう雰囲気を感じさせるのも、そのためであろ

臨済宗浄妙寺の茅葺の本堂。鎌倉五山の第五位。文治4年（1188）、足利義兼が極楽寺として創建し、義兼の子の義氏が禅寺に改め、元弘元年（1331）に浄妙寺と名を改めた

うか。

　昔、徳道《とくどう》上人という僧が、奈良県の初瀬《はせ》で霊木をみつけ、それで二体の観音像をつくった。一体は大和の長谷寺に安置し、もう一体は流れついた土地の民を救うようにと、海に流された。それは、鎌倉に流れつき、長谷に安置されたという。長谷観音にまつわる話は、全国各地に似たような話が多い。むずかしい教えを理解できない民衆は、彼らなりに仏にすがって生きようとしていたのである。

　密教的な感じを与える、ゴシックな長谷観音、まるでトンネルのように、すき間のないくらいにひしめきあう、佐助の銭洗《ぜにあらい》弁天の鳥居、それらは洗練された美しさをもつものではないが、それだけに、救いや現世利益を求める人々の、哀しいまでの願いがこめられ、圧倒するような量感で、見る人にせまってくる。鎌倉のいたる所に集まり、一つの風景ともなっている観光客も、ここでは、善男善女のかもしだす生々しい雰囲気のために、何となく不つりあいな感じを与える。それは、長谷観音や銭洗弁天が、観光の場ではなく、現在も生きつづける信仰の場だからであろう。

　長谷の社寺ばかりでなく、東御門《ひがしみかど》にある覚園寺《かくおんじ》の黒地蔵や、山ノ内にある建長寺の半僧坊にも、鎌倉近在の人々は参っている。しかし、人々は説教を聞いたり、座禅を組んだりするために、そこへ行くのではない。地獄におちた人々にかわって、自らの身体を地獄の業火《ごうか》で焼いた黒地蔵の情にすがり、幸福と長寿を約束する半僧坊の御利益に期待して、人々はその寺に参るのである。

非人面《ひにんめん》行列

武士に保護された寺院の多くは、見るかげもないほどに衰え、江戸時代には高利貸しをして生きのびた寺さえあった。それに対し、地域住民にささえられてきた寺院、あるいは現世利益を求める人々に親しまれてきた社寺は、政治にかかわりをもたなかったことがさいわいして、武家政権が鎌倉を去った時から現代にいたるまで、民衆の中で生きつづけてきた。それは、八幡宮の流鏑馬が大正時代に復活されるまで、長い間中断していたのに対し、御霊《ごりょう》神社の田楽《でんがく》を起源とする非人面行列が、氏子たちによってうけつがれてきたことにも通じる。

非人面行列は、頼朝が非人の娘をみごもらせたことに始まると、土地柄にふさわしい縁起話がこしらえられている。しかし、御霊神社はこの世に不満を残して死んだ怨霊を祀るものであるから、非人面行列は怨霊をなぐさめるために始められたと考えるほうが自然であろう。古代や中世の人々の、怨霊に対する素朴な恐れからつくられた御霊神社が、長谷観音や銭洗弁天と同じ地域にあったことは、その信仰を現代まで守り育てる上で、もっとも適した環境だったといえるだろう。漁民や農民たちの死者に対する敬虔な祈りからうまれた非人面行列は、観光行事としてでなく、地域住民が主役となる祭本来の姿をのこして、現在も長谷の住民たちにうけつがれている。

鎌倉は古都といえるか

山ノ内から八幡宮をへて、浄明寺にいたる道すじには、古い鎌倉を代表し、政治の中心地であったころの歴史をもの語る遺跡が多い。しかし、鎌倉が京都や奈良の町とちがって何となく軽く感じられるのは、室町時代中ごろから現代にいたるまでの、およそ五百年にわたる人間の生活のつみ重ねを、現代の鎌倉市民が生かしていないからであろう。

人口が激減したとはいえ、武士たちが去ったのちも、鎌倉で生活しつづけた人々が、寺院にお参りし、町ごとの祭りに参加することによって、住民相互の精神的なつながりを通じて生みだしてきた伝統は、完全に忘れ去られてしまっている。明治以後、鎌倉に移り住むようになった人々は、観光客と同じ眼で鎌倉を見てきた。彼らの眼に入るのは、政治の中心地であったころの遺物だけで、先住者の生活や伝統ではなかった。その結果、鎌倉は政治の中心地であった時代と、明治以後新しい住民が住みつくようになってからの時代しか、歴史がなかったとさえ考えられるようになった。

古い鎌倉と新しい鎌倉との間の時間的、伝統的空白をうずめるために、流鏑馬が復活され、薪能《たきぎのう》が開かれるようになった。しかし、それは武家社会の行事を復活したにすぎず、明治以後に入ってきた鎌倉人の感じる伝統にすぎない。五百年以前の行事を復活することによってではなく、先住者の生活と適合し、先住者のもっていた伝統をうけつぐ形で、彼らが鎌倉に入っていたならば、鎌倉はもっと歴史の重みを感じさせる町になっていたのではあるまいか。

鎌倉のやぐら

山崎禅雄

屍蔵《かばねくら》

鎌倉という地名の由来に、こんな話が伝わっている。

昔、神武天皇が東征したとき、この地の夷《えみし》が天皇にそむいた。天皇の軍は、毒矢を射て夷を討ち亡ぼした。その時、夷の屍《かばね》は山となった。そこからこの地は屍蔵と呼ばれるようになり、やがて屍蔵が訛って「かまくら」となったという。

真偽のほどは、私には分らないが、実際、鎌倉の街を三方に囲む百メートル前後の小さくて低い山の起伏に足を踏み入れてみると、そこは、まさに屍蔵ではないかと思わせるものがある。

鎌倉とか大倉、そして屍蔵のくらは、鎌倉やその周辺に、浅くはあるが、みごとに枝わかれしている多くの谷を意味するという。この地では、谷はヤツと呼んでいる。そして、そのヤツをアメーバの偽足のように、家々が埋めている。その家々をぬうように続いている谷道から山に登ることはたやすい。

私は、夏の終り、首すじにまだ日射しの残るころ、鎌倉の寺々にあきて、その裏山に登っていった。山道に数

「小坪まんだらどうやぐら」に納められた五輪塔。
「やぐら」は鎌倉御家人たちの墳墓といわれる

歩入ると、もう岩の背を踏んでいるのに気づく。まろく、やわらかそうな岩は、暖かく親しみがもてる。ここは、薬師堂ケ谷の覚園寺《かくおんじ》の旧山門のあった所から西ヶ谷に登る山道で、両側を岩壁ではさまれて、その間を抜ける涼風が快い。

少し登っていくと、左側のやや高い岩壁に、方形や長方形の穴が数個みえた。木々の根が穴のまわりをしがみつくように這っている。一つは、わずかに雨風をさけられるだけの深さしかないが、中には五輪塔が二つあった。まるで子供の遊びかと見えるほど、風化し、角のとれた可憐な岩たちだ。となりの穴は、からっぽである。鋭利なノミでていねいに削岩《さくがん》された壁面の古びたノミの跡には、うす青緑がかった灰色が拡がっていて美しい。

こうした横穴の岩屋《いわや》が、鎌倉のあちこちの谷間から尾根にかけて、実に多く、それこそ数えきれないほどである。

鎌倉では、この岩壁の横穴式の岩屋を、江戸時代の終りころから「やぐら」と俗称して、「矢倉」とか「巌窟」とかの漢字をあてている。「やぐら」という言葉の意味は分らないが、それらの多くは、鎌倉に武士中心の都市が形成されたのち、鎌倉に集った御家人たちの墳墓であるという。そして、このような山腹から山頂の岩壁に横穴式の墳墓を作った例は、日本の中世社会では、他にほとんど類例をみないとされる。やぐらの分布は、鎌倉の外側の山腹になると、急に少なくなり、三浦半島に、ぽつぽつと散在しているだけである。

古代の日本に古墳時代とよばれるものがあるが、その古墳形式の墳墓は、七世紀から八世紀の初めにかけて、次第に見られなくなった。それは、社会の変革に加えて、仏教思想に基づいた火葬墳墓の出現があったからだとされている。こうして畿内を中心に古墳が消えようとしている時、関東では、さかんにやわらかい凝灰岩の山腹に横穴式の墳墓がつくられていた。鎌倉から三浦半島にかけても、アーチ形の断面をもった多くの末期横穴が発見されたが、これも、平安期に入ると、やはり消えていった。

鎌倉のやぐらは、中世に造られた横穴式の墳墓であるから、一見、古い墓制が復活したようにみえる。しかし、その内部をみれば、やはり、中世ならではの墓であることが分かる。

朱《しゅ》だるきやぐら

山道をさらに登ってみる。尾根にでるのはすぐである。道の両側は、雑草や大きなシダ、そして雑多な木々がしげり、狭い山道をふさぎそうに葛がおおっている。杉木立の中に、古びた五輪塔が、数個ずつ、よりあうように散らばっている。木もれ陽が、薄く苔づいた宝珠《ほうじゅ》に黄色の斑点をつくっている。どこかのやぐらにあったものらしい。

鎌倉の街と相模湾を一望できる十王岩《じゅうおういわ》から道を南斜面にそれて、杉林を下って行くと、やがて檜林にかわる。このあたりは、十王岩から大きな堂宇の屋根をみせていた建長寺の一支谷の最奥にあたる。

そこの岩壁に二十ばかりのやぐら群が、四角な口をあけていた。さきの粗末なやぐらとは、少々趣がちがい、一群のやぐらの中央に、あたかもそれらを従えるようにみえるのがある。普通のやぐらの数倍もありそうな岩屋である。「朱だるきやぐら」と名付けられたものだ。入口に、カーテンのように小さなつたが下がっている。入ってみると、入り口の羨道《えんどう》と呼ばれる短い通路の天井に、ほのかな朱色のたて縞が、幾本も描かれ、左側の壁には、位牌《いはい》形の浮彫りが二つあって、おそらく漆喰《しっくい》塗がほどこされていたらしい跡が残る。その奥は、ほの暗い長方の空間である。生温く、少々かびくさい空気が肌にふれる。人気のない谷の奥で、見知らぬ洞窟に入るのは、ただでさえ薄気味わるい。しかも、そこはやぐらの玄室とよばれる納骨堂である。奥壁や左右の側壁、あるいは底部に方形や円形の穴が掘られ、そこにたいていは火葬された骨が納められているはずである。しかし、他のやぐらに見られるような納骨穴は、どこにもない。奥壁の中央に仏像を安置したらしい基壇と光背《こうはい》が残り、雄揮な筆致の唐草模様の刻込みが走っている。そして光背の真上の天井には、天蓋のあともみえ、光背の左右の奥壁から側壁に低い壇の掘込みがみえる。

真言宗成就院前にあるやぐら。やぐら内の五輪塔は傾いていた

　後に、赤星直忠氏のやぐらに関する論文で知ったことだが、この窟は、周囲のやぐら全体に対す仏殿の役目をはたしたところで、低壇の上には、五輪塔や宝篋印塔《ほうきょういんとう》、あるいは板碑《いたひ》などが、死者の供養のために奉納された場所であった。さらに、羨道の朱線は垂木《たるき》を示し、玄室の入口には扉があって、室内は白色に塗られていたというのである。

　だが、このように荘厳にされた仏殿とその一群の墓穴は、いったい誰の、いや何という一族の墓所であったのか分らない。鎌倉期の相当有力な一族のものであったろうと想像されるだけである。

　私は、この朱だるきやぐらを去って、山道をまた下った。今、足を進めている草木におおわれた、あるかなしかの道は、かつて死者の骨をいだいた家族のものが、僧をともなって登り、忌日ごとに供養のために岩屋に詣でた同じ道なのだろう。この道が、人の通うことのまれな道になったのは、鎌倉から武士たちが去っていった室町中期のころであろうか。それとも、もっと早く、鎌倉幕府が亡んで、人脈の異なった武士が鎌倉に入ってきた、あの南北朝の混乱期なのであろうか。鎌倉が政治都市から、ありふれた農村にかえろうとするころ、街や多くの寺々が寂《さび》れていったように、山腹の墳墓たちも寂れてゆく運命にあった。ただ自然の推移にまかされ、あるものは地震に崩れ、地中に埋っていったのである。

　再び、ちらほらと人が訪れるようになったのは、明治以後であろうか。日本の墓制に関心のある考古学者、そして観光のために鎌倉をおとずれるものが、ちらちらと顔をのぞけていったようだ。聞けば、それらの者にまじって、盗掘者もあらわれたようで、鎌倉のあちこちのやぐらから、石塔類はおろか、時には、納骨穴に入れられた陶器の骨壷さえ盗まれ、売られたという。おそらく、どこかの好事家の庭や床の間に、美術品としておかれているものであろう。あの朱だるきやぐらにも、もう仏像も主塔もなかった。岩屋の荘厳さからしても、そこの石造品は、盗掘者のねらうだけの美しいものであったのかも知れない。

私がやぐらに興味がわき、山や谷の奥に足をはこんだきっかけは、鎌倉期や室町前期に造られた石塔の美しさであった。極楽寺の裏山墓地の大きな五輪塔（忍性塔《にんしょう》）、覚園寺の宝篋印塔などは、石造美術の一つの頂点であると思えた。中世の石造美術は、全般に秀れているといわれるが、たしかに洗練された彫りと、全体のバランスのよさは、後世のものをよせつけない。やぐらの外でみた多くの五輪塔は、まろく澄んで微笑のような表情を見せていた。私は、同じものをやぐらの玄室にも求めたのだが、多くは、朱だるきやぐらのように空っぽになっていた。

百八やぐら

百八やぐらとよばれる覚園寺の裏山のやぐら群は、山腹に一列、あるいは五列に並んでいる。百五十穴以上はあるといい、鎌倉のやぐらの中で、質量とも他を圧している。それらを遠くから見ると、まるで墓のアパートのようだ。この山腹が、武家の墓所となったのは、鎌倉でも最も古いとみられている。『吾妻鏡《あずまかがみ》』には、建保三年（一二一五）九月、佐藤伊賀前司朝光が、行政（のちに二階堂氏を名のる）の後山に葬られたとあるが、その後山は、現在の百八やぐら群のある地域のどこかであるらしい。八幡宮の附近から今日の二階堂にかけては、上層武士の主な居住地であったから、覚園寺や瑞泉寺の裏山は、武家の格好の墓所となったのである。

一見、どれもこれも同じ風にみえるこれら死者の住いは、規模も内部の趣も、それぞれ異なっていて、個性をさえ感じる。同じ武家の墳墓といっても、小さいので一メートル平方、大きいので四メートル平方の玄室と大小さまざまであるが、二メートル平方のものが多い。また、一人の死者のための一窟もあれば、数人、あるいは数十人の死者の共同の窟もある。しかし、ここのやぐらは、あの朱だるきやぐら群のように、供養堂を兼ねた仏殿の窟を独立にもっているものはないから、どのやぐらも納骨窟であると同時に、仏殿、供養堂でもあった。だから、納骨穴のある玄室に、石の仏や地蔵菩薩像、そして五輪塔が置かれていたのもあれば、壁面に五輪塔が浮彫されたり、線刻されたりしたのもある。さらに壁面を舟形に彫り込んだ中に、小さな阿弥陀などの仏、菩薩像が浮彫にされ、その脇にそれぞれの仏、菩薩の種子《しゅじ》（梵《ぼん》字）が月輪《げつりん》にかこんで刻み込まれていたのもある。だが、それらは、どれとても時の流れに抗《あらが》って風化をまぬがれ、完全な形状を残しているというようなものはない。

ほの暗い玄室の壁面に浮彫されたある仏像は、目も鼻も、口も耳も頬の円みの中に消えていたし、あるものは

海蔵寺・十六ノ井やぐらの側壁に刻まれた観音立像

やわ肌の壁面に、ほとんど吸込まれていた。それは形あるものの宿命であるが、あまりに風化が激しすぎる。凝灰岩の岩壁は、掘るにも易く、風化するにも易かったというだけではあるまい。岩壁と同質の石で造られた五輪塔や仏像ならともかくも、凝灰岩よりかなり硬質な安山岩の塔も、玄室の中で風化し、生気がなかったのは、なぜであろうか。

　昔の石工は、石も一つの生物《いきもの》だという。石造品は土の上で風雨にさらされたほうが、生きやすいという。だから、石の生《しょう》が抜けて、ぼろぼろになりやすいのは、かえって屋内なのである。深く薄暗い立派な玄室であればあるほど、生のある石像は、腐蝕しやすかったのである。反対に、もともと作りも浅く、羨道も早く崩れ、玄室が陽光に照らされているような粗末なやぐらの石像は、どこでも美しかった。密室を出て草の香を吸うと、ほっとするように、生物の石塔も野に出されて、生気をとりもどすのであろう。やぐらは、たしかに死者の入る所ではある。

　現在のように内も外も風化の激しいこうした墳墓から、旧状を想像することは、かなりむつかしい。とくに、玄室が漆喰塗されたものや、壁面や五輪塔に刻まれた梵字を金泥や金泊で装飾したものなどは、現状とは全く異なった宗教的雰囲気であったのではなかろうか。その閉された小さな空間で、香を焚き、灯明をともした時、金色の梵字は、怪しくきらめいたにちがいない。

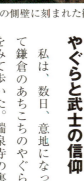

やぐらと武士の信仰

　私は、数日、意地になって鎌倉のあちこちのやぐらをみて歩いた。瑞泉寺の裏山、釈迦堂ケ谷のトンネル上から衣張山《きぬはりやま》の山腹のやぐら群、名越切通しのすぐ近くの山腹にある小坪まんだらどうやぐら群、そして寿福寺山内のやぐら群、扇ケ谷や化粧坂《けわいざか》附近のやぐら群、北条氏一門の亡びの跡である腹切りやぐらなどである。陰鬱なやぐらもあったが、中には、初秋の日射しの中で、白や赤の萩に囲まれていたまんだらどうやぐらのように、人の心を和ませるものもあった。しかし、多くは、ぼうぼうたる草むらで、あるいは杉や竹林の奥で、全く人に忘れられていた。

こうしたやぐらの玄室をのぞいて思うことは、鎌倉の武士たちの信仰である。鎌倉の寺々を散策すると、彼らの仏教信仰は、新仏教の禅宗に強く引かれていたように思えてくるが、墳墓をみていると、その禅とはまるで関係ないように感じられてくる。直接、死と結びつくところで、武士の宗教心をゆり動かしていたのは、別のものであった。それは、平安の中期以後、まず貴族が意識しだし、やがて武士や庶民へと波及していった浄土への願いである。

末法の世の到来という思想と表裏にあるこの欣求浄土《ごんぐじょうど》は、平安の末期の仏教界に大きな影響を与え、種々の宗教活動を起していった。阿弥陀にたのんで浄土を求めることに、その典型がみられるが、法華経の写経、経塚の造営、地蔵信仰、そして、大日如来の姿を示す五輪信仰、現世、来世の救済力に富む宝篋印陀羅尼経《ほうきょういんだらにきょう》の信仰なども、要するに、それぞれの功徳によって死後の安楽を求めんとする行為であった。そしてこのころ、日本の仏教は、公的な、国家的なものから、個々人の救済、それも死後の救済を重んじるようにもなっていった。こうした仏教の新しい局面はおのずと、個人の墓をどのように営むかということに影響せずにはおかなかったであろう。

鎌倉の武士たちの墳墓は、たしかに横穴式の墳墓という点では、特殊であったが、玄室にあらわされたものは、平安末期の仏教の特色をそのままきざみつけている。壁面に浮彫された種々の仏像や菩薩像、日輪の中に刻まれた仏・菩薩の種子《しゅじ》、あるいは供養塔や墓塔として安置された五輪塔と宝篋印塔、そして卒塔婆の一種である板碑といったものは、真言や天台の密教思想にもとづいて死者のいる場所を構成したものだが、その目的は、地蔵石像を主尊に置き、あるいは法華経の経文を小石に書いて敷きつめたものと同じように、死者の救済、極楽往生を求めたものである。

やぐらの中には、ごくまれに、浄土系の仏教が顔を出しているものもあった。阿弥陀三尊の種子のみが壁面に刻まれていたり、あるいは阿弥陀の来迎図を彫刻した板碑が納めてあったりしたが、それは、欣求浄土を仏教の正面に押し出した法然の説く浄土教に接近した武士の墓であったのかも知れない。

鎌倉にやぐらが多く営まれた時と同じころ、関東、とくに荒川中流域で土豪の武士が、やはり死者の供養や墓碑として、おびただしい板碑を造立している。秩父青石の板碑には、やぐらの壁面に刻まれたと同じ仏・菩薩の種子が、力強く薬研彫《やげんぼ》りされているが、その種子の中で、圧倒的に多いのが、阿弥陀の種子であるという。五輪塔が胎蔵界の大日如来を示したように、板碑も、そこに大日如来の種子を刻めば、五輪塔と同じ意味の塔になるもので、中世の全国の板碑には、大日如来を中心とした仏・菩薩の種子が、刻まれることが多かった。しかし、荒川中流域を中心とした関東で、とくに阿弥陀の種子の板碑が多いのは、大日如来と阿弥陀如来が同体であるという思想によるところもあったのだろうが、この地域の武士には、法然の浄土の教えを信仰する者が、かなり多かったことを示していると思われる。

　鎌倉幕府の膝下にいる武士は、その墳墓に、圧倒的に多く五輪塔—大日如来の姿を納め、一方、幕府の基盤である関東のある地域の武士は、阿弥陀の板碑を多く立てた。この墓所にあらわれた仏の差異は、どこか関東武士が鎌倉から遊離しはじめてゆくしるしのように思わせる。

■如来の種子のみかた

仏や菩薩などは、普通には、像として具体化することが多いが、梵字によって示す場合もある。それを種子といっている。中世の時代、石などに仏、菩薩の種子を刻むことが多くなる。ここに、いくつかの如来の種子をあげておこう。

　私は、鎌倉の武士たちの墳墓や寺院の僧侶の墓塔をみながら、時々思った。中世の鎌倉は、武士や僧侶だけの都市ではなかったと。人の数として多かったのは、むろん庶民である。すると彼らの墓所はどこであったのだろう。やぐら群の中の、ある一群ぐらいは、庶民の共同の墓地であってもよさそうに思えもしたが、結局、分らなかった。もともと中世の都市の庶民は、特定の墓所などもちえなかったのだろう。京都の庶民の葬送の場でもあった鳥部《とりべ》山やあだし野にあたる場所は、鎌倉の都市にもあってよいであろうが、私にはそれも分らずにいる。というのも、鎌倉の内側は、都市としてはあまりに狭く、葬送の場になりそうな所には、武士のやぐら群があり、また谷々の奥にも、当時は庶民とほとんど関係のなかった寺院や寺院址、そして上層武士の邸宅址があって、そこらは、とても庶民の葬送の場になりそうになかった。

　今日、市街を形成している町の中にある日蓮宗や時宗の寺などを訪れると、その本堂の近くに江戸時代の庶民の墓が、小さな地蔵や観音などの石仏たちと並んでいて、やっと庶民の世界が、顔を出していた。結局、今日の鎌倉は、みごとに中世の庶民の生活の跡も、死の跡も消し去っているようである。

　ただ、あのおびただしいやぐらを掘り、美しい石塔や石仏を造った無名の石工たちを、石造品の背後に想い浮べる。

　自ら石をたたく職人である鈴木正夫氏は、『日本の石彫』という本の中で、こう語っておられる。……石工たちは、神や仏、そして死者のために石を切り出し、石をたたいて石造品を作れば作るほど、石工の身体はむしばまれ、命をちぢめてゆくという正に皮肉な結果がまっている……と。

　戯れに砂で塔を造る真似をし、爪で壁に仏像を描いた幼童でさえも、仏の慈愛に救われるという『法華経』の教えを、自らの命をちぢめて、本物の塔や仏像をきざんだこれらの石工たちは、知っていたであろうか。

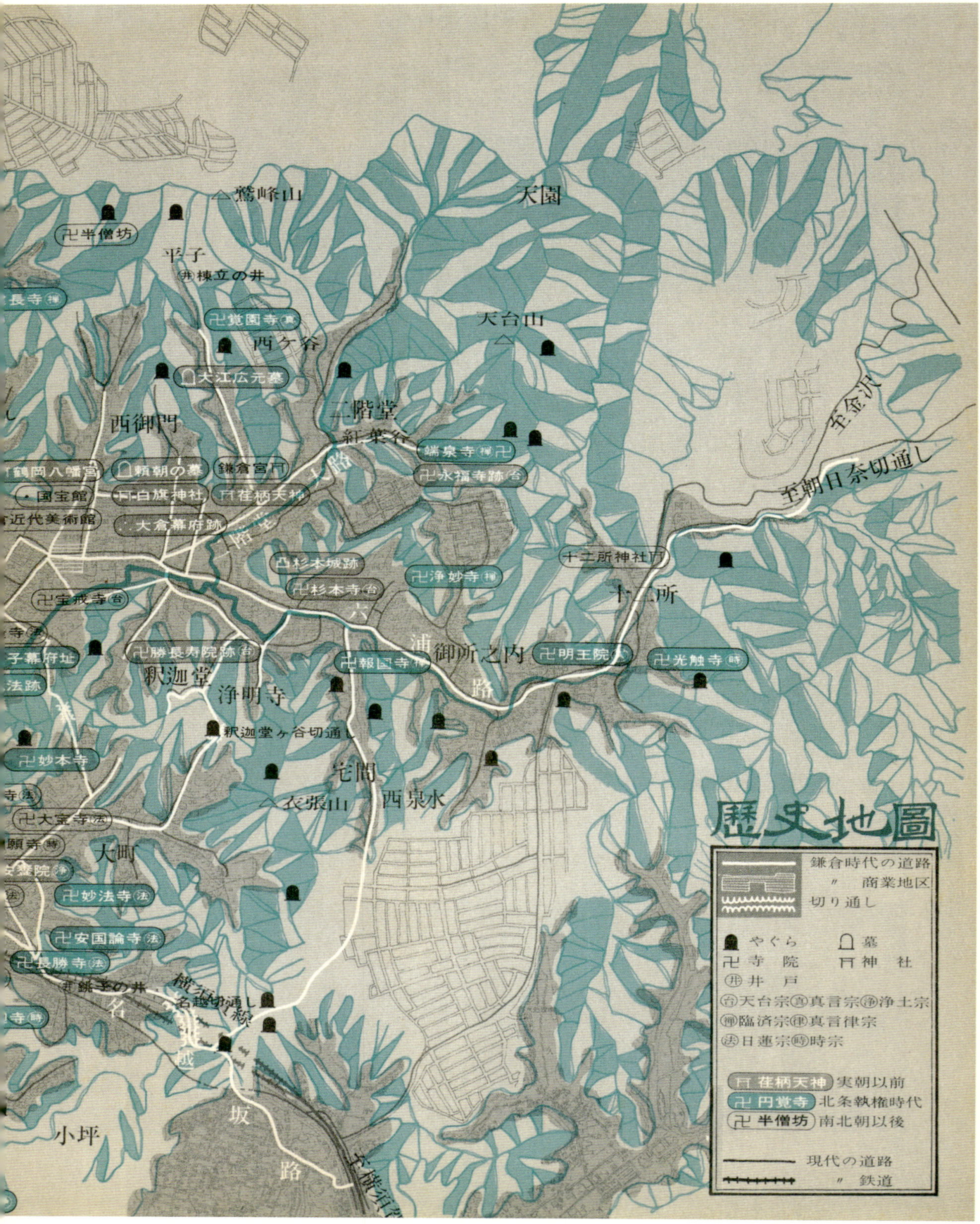
歴史地圖
鷲峰山
天園
半僧坊
平子
棟立の井
覚園寺
西ケ谷
天台山
大江広元墓
西御門
二階堂
紅葉谷
瑞泉寺
永福寺跡
鶴岡八幡宮
頼朝の墓
鎌倉宮
国宝館
白旗神社
荏柄天神
近代美術館
大倉幕府跡
至金沢
至朝日奈切通し
十二所神社
杉本城跡
浄妙寺
杉本寺
宝戒寺
十二所
六浦路
御所之内
勝長寿院跡
報国寺
明王院
光触寺
釈迦堂
浄明寺
釈迦堂ヶ谷切通し
妙本寺
宅間
衣張山
西泉水
大宝寺
大町
妙法寺
安国論寺
長勝寺
名越切通し
小坪
坂
路
鎌倉時代の道路
〃 商業地区
切り通し
やぐら
墓
寺院
神社
井戸
天台宗
真言宗
浄土宗
臨済宗
真言律宗
日蓮宗
時宗
荏柄天神 実朝以前
円覚寺 北条執権時代
半僧坊 南北朝以後
現代の道路
〃 鉄道

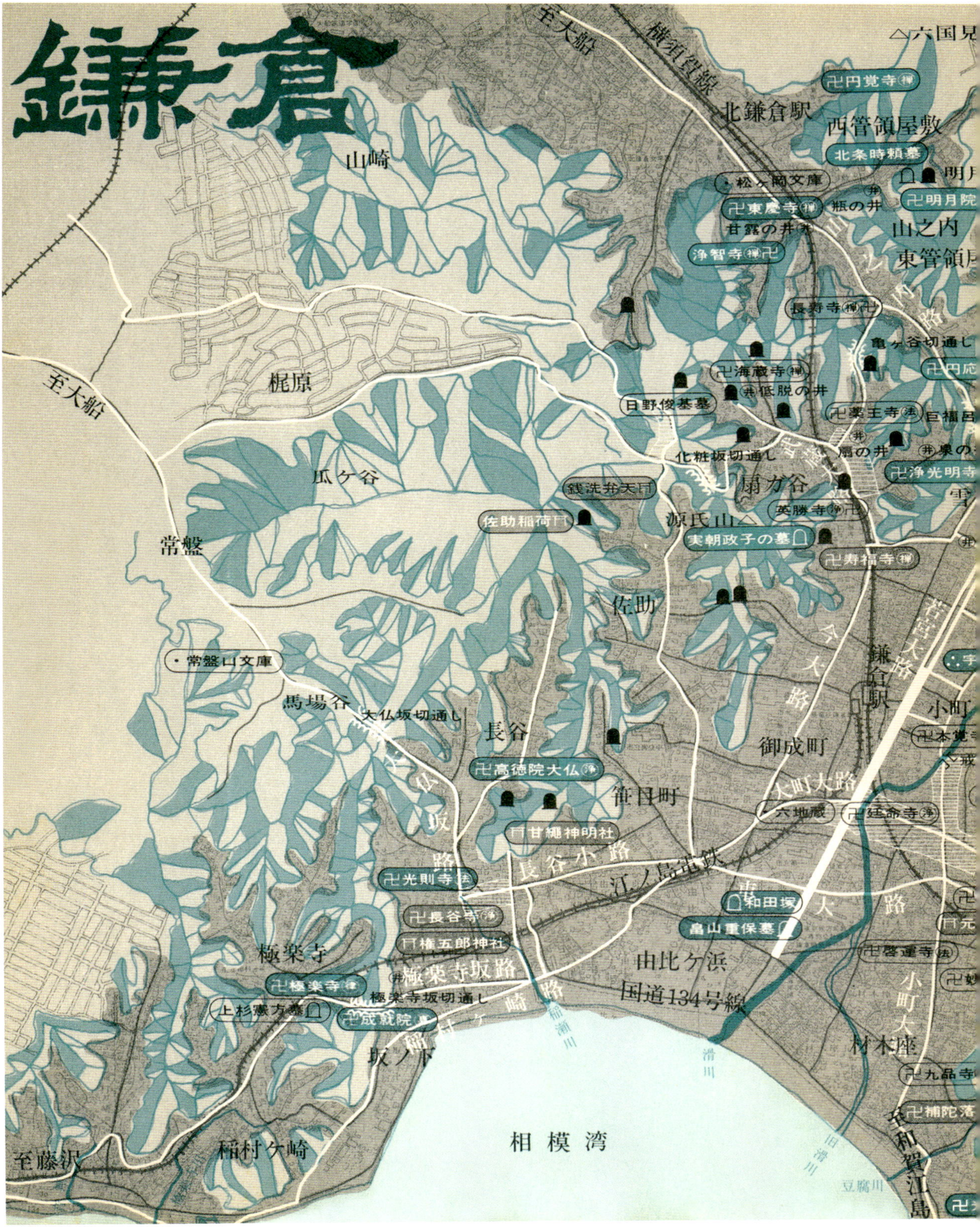

鎌倉
至大船
横須賀線
六国見
円覚寺
北鎌倉駅
西管領屋敷
北条時頼墓
松ヶ岡文庫
東慶寺
瓶の井
明月院
甘露の井
山之内
浄智寺
東管領屋
山崎
長寿寺
亀ヶ谷切通し
海蔵寺
底脱の井
円応
日野俊基墓
薬王寺
巨福呂
化粧坂切通し
扇の井
泉の井
浄光明寺
梶原
至大船
瓜ケ谷
銭洗弁天
扇ガ谷
英勝寺
佐助稲荷
源氏山
実朝政子の墓
寿福寺
常盤
佐助
若宮大路
常盤山文庫
今大路
鎌倉駅
馬場谷
大仏坂切通し
長谷
小町
本覚寺
御成町
高徳院大仏
大仏坂
大町大路
笹目町
六地蔵
延命寺
甘縄神明社
長谷小路
江ノ島電鉄
光則寺
和田塚
長谷寺
畠山重保墓
権五郎神社
極楽寺
由比ケ浜
妙
極楽寺
極楽寺坂路
国道134号線
上杉憲方墓
極楽寺坂切通し
成就院
稲村ケ崎路
小町大路
坂ノ下
稲瀬川
滑川
材木座
九品寺
補陀落
相模湾
至和賀江島
至藤沢
稲村ケ崎
旧滑川
豆腐川

鎌倉独案内
—時の流れを追って—

文・写真　柳沢正弘
竹田雅子
山崎禅雄

鎌倉を訪ねるのに、いつという季節はありません。何かのついでがあったり、ふっと気がむいたときに足をむけてみて下さい。いろいろな形で伝えられている鎌倉のイメージはさておいて、そこには、たしかに見るべき多くのものがあります。私たちが選んでみた項目は、散策のコースに従ったものではありません。鎌倉に流れすぎた時間に従って並べました。でも、なにせ狭い土地です。ぶらぶらと歩いているうちに、必ずどこかで、どれかにぶつかるはずです。

項目の配列は次のとおりです。

Ⅰ　鎌倉の地名
Ⅱ　実朝の暗殺まで
Ⅲ　北条執権時代
Ⅳ　南北朝以後

Ⅰ 鎌倉の地名

滑川《なめりがわ》

十二所《じゅうにそう》あたりを水源とし鎌倉市内を流れ、相模湾に注ぐ川。上流を胡桃《くるみ》川、浄妙寺付近を滑川、文覚屋敷付近を座禅川、小町付近を夷堂《えびすどう》川、延命寺付近をすみつり川、閻魔堂付近を閻魔川というが、現在は滑川の名で通っている。東勝寺付近は、青砥《あおと》藤綱が川に落とした十一文を捨てるにしのびず、五十文の松明を買って探させたという物語の発祥地である。

滑川（宝戒寺裏付近）

やつ（谷）と切通し

鎌倉には大小さまざまの谷が多い。これを「やつ」と呼んでいる。谷と谷とを結ぶために山を切り開いて作られた洞門や道のことを切通しという。切通しは交通の便のために作られたものであるが、戦時の関門ともなった

鎌倉街道

鎌倉に政治の中心が置かれて以降、鎌倉に通ずる主道、間道すべてを鎌倉街道と称した。主道には、東ノ道（下ノ道）、中ノ道、西ノ道（上ノ道）の三道があった。鎌倉街道はすべて鶴岡八幡宮を基点としている。

巨福呂坂《こぶくろざか》切通し

八幡宮と建長寺の間にある。西の極楽寺坂とともに最も重要な切通し。北にのびる鎌倉街道は、ここをぬけて武蔵方面へ向かっていた。建長寺は山号を巨福山といい、坂の名をとったものであるが、建立以前はここに処刑場があったという。鎌倉七口のひとつ。

亀ヶ谷切通し

山ノ内路の上町から扇ケ谷にぬける急な坂道。鎌倉七口の一つ。亀ヶ谷は現在は扇ヶ谷にふくまれたため、扇ヶ谷切通しともいわれる。

化粧坂《けわいざか》切通し

佐助ヶ谷と今小路とを結ぶ。鎌倉七口のなかでも古く、頼朝の開府以前から交通の要衝であった。傾斜の急な坂は、まだ往時のおもかげをよく残す。曽我物語をはじめ、さまざまの歴史上の物語がまつわっている。新田軍が鎌倉に攻め入った古戦場でもある。

大仏切通し

長谷と常盤とを結ぶ。大船方面との交通に利用された。鎌倉七口の一つ。大仏に近いことから、この名がつけられた。

極楽寺坂切通し

鎌倉と腰越方面との交通は、古代には稲村ヶ崎を経由していた。しかし、この道は険しかったため、鎌倉時代に極楽寺付近の山を切り崩して道を作った。鎌倉七口の一つ。

朝比奈切通し

十二所《じゅうにそう》と横浜市の六浦とを結ぶ切通し。三浦半島や房総半島との交通に使われた鎌倉七口の一つ。

釈迦堂ヶ谷切通し

釈迦堂ヶ谷と大町方面とを結ぶ切通し。急な坂の上にあり、人通りも少なく、両側にやぐらが残っている。

名越《なごえ》切通し

鎌倉と三浦半島とを結ぶ切通し。切通しができる以前、古代の東海道は

鎌倉略年表

数冊の歴史年表をひっくり返して、鎌倉に関する事項を拾いあげ、主なものを並べてみました。これをみると、鎌倉を流れすぎた時間の濃淡が、よくあらわれてくるようです。

本文、独案内の記事を読むときの参考にしてみて下さい。

七三四　天平六・杉本寺建てられる
七九四　延暦十三・平安遷都
一〇六三　康平六・源頼義、由比郷に八幡宮を建立
一〇八一　永保元・源義家、由比郷の八幡宮を修理
一一四四　天養元・源義朝、和田氏、三浦氏と共に伊勢神宮の荘園に乱入
一一五六　保元元・保元の乱
一一五九　平治元・平治の乱
一一八〇　治承四・源頼朝、伊豆に挙兵。鎌倉に入り大倉に御所を建てる
一一八一　養和元・八幡宮を由比郷より、現在の場所に移す
一一八五　寿永四・壇ノ浦に平家滅ぶ
一一八九　文治五・奥州藤原氏滅ぶ
一一九一　建久二・栄西、宋から帰国
一一九二　建久三・頼朝、征夷大将軍となる
一一九四　建久五・鎌倉中の道路を建設
一一九九　正治元・頼朝没し、頼家が鎌倉殿となる。
一二〇三　建仁三・頼家、修善寺に幽閉され、実朝が鎌倉殿となる。翌年、頼家殺される
一二一三　建保元・由比ヶ浜で和田一族戦死

鎌倉を通り、名越を山越えして三浦半島へぬけ、そこから船で房総へと続いていた。鎌倉七口の一つ。

東・西御門《みかど》

古くは大倉と呼ばれ、頼朝によって設置された大倉幕府のあった所。御門の地名は幕府所在地のなごりをとどめている。付近には、頼朝の墓など、幕府開設当初の遺跡が多い。

二階堂

頼朝は奥州征服後、それまでに戦死した武士を弔うために、平泉中尊寺の二階堂を模して永福寺《ようふくじ》を建てた。このために、いつの頃からか、二階堂といわれるようになった。

山ノ内

首藤氏がこの地に住み、山内氏を号したことによる。鎌倉時代には北条氏の別荘があり、そこに建長寺、円覚寺、最明寺（明月院）などが建てられた。室町時代には、関東管領の上杉氏の一族もここに邸をかまえ、山ノ内上杉と称された。

東・西管領屋敷

室町時代、鎌倉には鎌倉府が置かれ、公方とそれを助ける管領が関東を支配した。明月院付近に管領屋敷があったことから、この名がついた。一方、鎌倉公方の屋敷は、現在公方屋敷という地名が残る、浄妙寺付近にあったと考えられている。

扇ヶ谷

頼朝の父義朝が一時住んでいた所で、その跡に寿福寺が建てられた。頼朝はここに政庁を置こうとしたが、狭いために大倉に設置した。関東管領上杉氏の一族もこの地に邸を置き、扇ヶ谷上杉と称された。

源氏山から扇ヶ谷をのぞむ

小町

幕府所在地に近く、鎌倉時代には御家人の邸宅地であった。当時、鎌倉は八幡宮を中心とする地域が政庁や御家人の邸が建ちならぶ山の手を形づくり、海岸に近い方面は商店が軒をならべる下町となっていた。

大町

鎌倉時代、大町は商人の町で、商店が立ちならんでいた。当時、大町には、米町、魚町、辻町などの町が含まれていた。

材木座

鎌倉時代に「材木座」があったことによる。北条泰時による和賀江島《わかえのしま》の築港により、この地に諸国の材木が集積し、その売買が盛んだったと考えられる。このほかに絹の座、米の座、紙の座などがあった。

長谷

長谷寺が建立されたことによる。稲村ヶ崎を経由する古東海道、極楽寺坂切通し、大仏坂切通しをへて西へむかう道は、すべて長谷を出入口としていた。そのため、ここには商業地区がもうけられ、往来でにぎわった。

由比《ゆい》ヶ浜

古くは稲村ヶ崎から飯島ヶ崎にいたる鎌倉の海岸全体をさしたが、現在は滑川の西をさす。鎌倉時代から、坂の下を中心とした漁村が開けていた。由比の地名は農民や漁民の共同作業を意味するユイからうまれたといわれている。

稲村ヶ崎

鎌倉七口の切通しを突破できなかった新田義貞が、海に剣を奉じて神に祈り、潮の引いた稲村ケ崎から鎌倉に攻めこみ、北条氏を滅ぼしたという話は有名である。

七里ヶ浜

稲村ヶ崎から腰越の小動ヶ崎にのびる海浜をいう。昔は鎌倉へ入る重要な街道であった。北には鎌倉の山地が海崖となって迫り、砂浜は狭い。

竜《たつ》ノ口

鎌倉時代に刑場があり、蒙古のフビライの使者が処刑されたり、日蓮が処刑されようとした場所。その後、日蓮の弟子が竜ノ口の法難の地に竜口寺《りゅうこうじ》を建てた。付近の八ヶ寺が輪番に住職になっている。

江ノ島

鎌倉時代から霊地として信仰の的であった島。江戸時代には伊勢参りなどと共に、江戸町民の江ノ島参りが盛んであった。明治の神仏分離以前は金亀山與願寺という寺院で、弁財天と三

一二一五 **建保三**・鎌倉市中の商人の数を定める
一二一七 **建保五**・陳和卿の造った大船を由比の浦に浮かべる
一二一九 **承久元**・実朝、八幡宮で公暁に殺される
一二二一 **承久三**・承久の乱
一二二五 **嘉禄元**・北条政子死す
一二三四 **文暦元**・幕府、専修念仏宗を禁止
一二三六 **嘉禎二**・幕府、宇都宮辻子（若宮大路）に移る
一二四〇 **仁治元**・鎌倉の町々に奉行をおく。山ノ内路開通
一二四一 **仁治二**・六浦路開通
一二四七 **宝治元**・三浦一族、北条氏に攻められ、法華堂に自殺す
一二五〇 **建長二**・鎌倉市中の無益の者を追放。鎌倉市中で庶民が夜行のさいに刀、弓矢をもち歩くことを禁止
一二五一 **建長三**・鎌倉に商業地域を定める
一二五三 **建長五**・日蓮、安房より鎌倉松葉ヶ谷に移る。建長寺建立
一二六〇 **文応元**・日蓮、『立正安国論』を時頼に勧める。鎌倉の僧徒、日蓮の草庵を焼く
一二七一 **文永八**・幕府、日蓮を竜ノ口で切ろうとする（竜ノ口法難）
一二七四 **文永十一**・文永の役
一二八一 **弘安四**・弘安の役
一二八三 **弘安五**・一遍、鎌倉に入ろうとして、はばまれる。円覚寺建立
一三二七 **嘉暦二**・夢窓疎石、瑞泉寺を建てる
一三三三 **元弘三**・新田義貞、鎌倉を攻め北条高時自殺、鎌倉幕府滅亡

女神の神仏が混同されたまま栄えた。八臂弁財天坐像は鎌倉時代のもの。

鎌倉十井

底脱《そこぬ》けの井、鉄《くろがね》の井、銚子の井、星月夜の井、泉の井、扇の井、甘露の井、棟立の井、六角の井、瓶の井を鎌倉十井という。また、鎌倉五名水というのは、金竜水、不老水、銭洗水、梶原太刀洗水、日蓮乞水の五つをさす。

Ⅱ 実朝の暗殺まで

元八幡

源頼義が前九年の役の勝利を感謝し、由比郷に八幡宮を京都の石清水《いわしみず》八幡宮から勧請した。これ以後、鎌倉は源氏の拠点となり、幕府が置かれる遠因となった。鶴岡八幡宮は、頼朝がここから神社を遷して建てたもの。

御霊《ごりょう》神社（権五郎神社）

鎌倉時代以前からあった古社。祭神の鎌倉権五郎景政《かげまさ》は、後三年の役で源義家に従軍した勇士で、幕府を開く以前から源氏が鎌倉の土豪を支配していたことが分かる。

非人面行列

非人面行列

権五郎神社（坂の下神社）の例祭。十八日に行われる。面掛《めんかけ》行列とも、はらみっと行列ともいい、おかめのはらみ女を先頭に異様な面をつけた行列が練り歩く。頼朝が非人の女と通じて子をはらませたことに由来するというが、根拠はない。本来は鶴ヶ岡八幡宮の行事であったが、明治初年に、その年の祭当番だった権五郎神社に移されたものらしい。

鶴岡八幡宮

鎌倉に入った頼朝は、まず八幡宮をこの地に遷し、鎌倉の要とした。八幡宮を京都の大裏に、若宮大路を朱雀大路に見立てて都市計画したという。武家の尊崇があつく、武士の都の象徴となった。明治以降も武運長久を祈る参拝客が絶えず、元旦には全国一、二を争う参詣者を集めている。

八幡宮の大公孫樹《いちょう》

八幡宮社殿の正面石段左手に、大きなイチョウがそびえている。これが、公暁《くぎょう》が三代将軍実朝を暗殺した際、身をひそめていたという隠れイチョウで、県の天然記念物に指定されている。

やぶさめ（流鏑馬）

頼朝が鎌倉武士に質実剛健の気風を養うことを目的として、八幡宮に奉納したのに始まるという。以後やぶさめは武士のたしなみとして流行したといわれる。一時中絶していたが大正十一年に再興され、現在は例年九月十六日に同宮のやぶさめ馬場で、おびただしい観光客を集めて行われている。

段葛《だんかづら》

頼朝は妻政子の懐妊を祝い、安産祈願のために、鶴岡八幡宮から由比ヶ浜まで真直ぐな参道を造った。葛石を積んで一段高くした道であるため段葛といい、また置石ともいう。現在は二の鳥居までが残っているが、段葛の幅は遠近感を強調して広さに変化がつけられている。

二十五坊跡

鶴岡八幡宮は明治の神仏分離までは八幡宮寺と称し、八幡大菩薩をまつっていた。本尊を供奉するのは　別当を長とする供僧《ぐそう》であった。供僧の住んだのが供僧坊で、八幡宮には二十五の坊があつた。神仏分離の結果、僧坊は廃止されたが、その頃にはすでに十二坊に減っていた。

甘縄《あまなわ》神明社

頼朝、政子、実朝らに信仰されたといわれる長谷の鎮守、甘縄は海士《あま》や漁業と関係する地名といわれ、この地が漁村であったことを裏づけている。

荏柄《えがら》天神社

日本三天神の一つ。鎌倉の鬼門に位置するため、頼朝は鎌倉鎮護の神社として社殿を修復し、それ以後、鎌倉武士の信仰をうけた。

佐助稲荷神社

頼朝が蛭《ひる》ヶ小島《おじま》に流されていた時、扇ヶ谷の隠れ里の稲荷という翁が夢枕にあらわれて、天下統一を予言し助力を告げたという。佐殿《すけどの》（頼朝）を助けたとい意味で「佐助稲荷」と称す。「出世稲荷」とも呼ばれる。

白旗神社（法華堂址）

江戸時代までは法華堂といい、頼朝の持仏堂であったが、明治の神仏分離

一三三四 **建武元**・建武中興。護良親王、鎌倉に幽閉される

一三三五 **建武二**・北条尊氏、北条氏の残党を討ち、鎌倉にはいる

一三四〇 **興国元**・足利直義、円覚寺の規則を定める

一三四九 **正平四**・尊氏、次男の基氏を関東管領とする。鎌倉府の成立

一三五一 **正平六**・尊氏、鶴岡八幡宮に天下安全武運長久を祈る

一三六四 **正平十九**・足利基氏、関東の禅宗寺院を管理

一三七三 **文中二**・幕府、鎌倉五山の住持を定める

一四一六 **応永二三**・上杉禅秀、鎌倉府を襲う（上杉禅秀の乱）。このころ関東管領上杉氏、山内、犬懸両家に分かれて対立

一四三六 **永享八**・鎌倉公方足利持氏、鎌倉中の法華寺院の打ちこわしを命令

一四三九 **永享十一**・上杉憲実ら、持氏を攻め、自殺させる（永享の乱）

一四五五 **康正元**・今川範忠、幕府の命令により鎌倉に入る。公方足利成氏、古河へ移る

一五一二 **永正九**・小田原の北条長氏、玉縄城を築き、鎌倉を支配

一五二六 **大永六**・安房の里見氏、鎌倉にて北条氏と戦う。鶴岡八幡宮炎上

一五三三 **天文二**・北条氏綱、鶴岡八幡宮を造営

一五七三 **天正元**・室町幕府滅亡

一五九〇 **天正十八**・秀吉、鶴岡八幡宮参詣

一六〇〇 **慶長五**・家康、鶴岡八幡宮に参詣

によって法華堂は廃された。北条氏に攻められた三浦一族はここで滅んだ。

頼朝の墓

大倉幕府跡を見おろす大倉山の中腹にある。この石造多層塔そのものは近世に建てられたと伝える。

大江広元の墓

頼朝の墓の東に、京都の公卿でありながら頼朝の官僚となった大江広元の墓がある。それに並んで、彼の子の毛利季光、頼朝の庶子といわれる島津忠久の墓もあり、近世に至るまで、毛利・島津氏が参詣していた。また近くには、北条氏に滅ぼされた三浦一族の墓が山腹のやぐらにまつられている。

杉本城址

杉本寺の背後左手の丘陵にあった城。頼朝の挙兵以前に、三浦義明の子、杉本義宗が三浦の衣笠《きぬがさ》の支城として館を築いた。金沢街道に臨む要害の地である。

杉本寺

天台宗。大蔵観音ともいい、天平六年（七三四）行基の創建と伝えられ、鎌倉最古の寺院。素朴なたたずまいの本堂には十一面観音の立像三体が安置される。この観音への信仰は古く、頼朝、政子、実朝らがしばしば参詣している。坂東三十三ヶ所の第一番札所。

杉本寺山門

永福寺《ようふくじ》

頼朝が木曽義仲、平家、奥州平泉との戦いで死んだ将兵を弔うために建てた寺院。平泉中尊寺二階堂を模して造ったといわれ、その威容は頼朝の勢力を誇示していた。室町時代に公方や管領が鎌倉を去るとしだいに衰え、やがて廃寺になったと考えられている。

勝長寿院跡

頼朝が父義朝の菩提を弔うために建てた寺院。義朝のほか実朝もこの寺院に葬むられており、源氏の菩提寺という性格をもっていた。鶴岡八幡宮寺、永福寺とともに、鎌倉を代表する大寺院であったが、永福寺と同じ運命をたどった。

満福寺

真言宗。行基の開山と伝える。文治元年（一一八五）五月、義経が平宗盛親子を護送して鎌倉に下る途中、頼朝の不興をこうむって腰越の当寺にとどまったと伝えられ、弁慶筆と称する「腰越状」が残っている。

補陀落寺《ふだらくじ》

真言宗。文覚上人を開山とする。

長谷寺

浄土宗。もと光明寺の末寺。八世紀、大和長谷寺の徳道上人が楠の大木で観音像を刻んで海に流したところ、十六年の後に三浦半島に着き、それを安置して長谷寺を建てたと伝えられる。この本尊十一面観音像は高さ十メートル。足利尊氏によって修理されている。坂東三十三ヶ所の第四番札所。寺宝には重文の銅造懸仏や梵鐘がある。

長谷観音縁日

寿福寺

臨済宗。鎌倉五山の第三位。正治二年（一二〇〇）、政子が栄西を開山に迎えて七堂伽藍の禅寺に改め、鎌倉の禅宗発展の基となった。実朝も栄西に帰依し、しばしば参詣した。栄西が実朝に献じたという『喫茶養生記』は栄西が宋から持ち帰った茶の徳を説いたもので、日本の喫茶の風の起源となった。栄西禅師坐像や優れた地蔵像がある。

政子・実朝の墓

寿福寺より、源氏山への途中に、絵かきやぐらとよばれる一群の墓地があり、その中央のやぐらに二つの五輪塔がある。それが尼将軍政子と実朝の墓と伝えられるが、後世の供養塔と考えられている。

Ⅲ 北条執権時代

安養院

浄土宗。創建当時は律宗。開山は願行律師。嘉禄元年（一二二五）、政子が頼朝の菩提を弔うために佐々目《ささめ》谷に建てた長楽寺を、火災後移転したと伝える。のち政子の法名安養院が寺号となった。北条氏関係の古文書を多く蔵し、また政子の墓と伝える宝篋印塔がある。もと比企ヶ谷にあった田代観音堂があり、坂東三十三ヶ所の第三番札所でもある。

建長寺

臨済宗。鎌倉五山の第一位。建長年間、北条時頼が宋僧の蘭渓道隆《らんけいどうりゅう》に帰依して、禅宗専門の堂宇を地獄ヶ谷（もと処刑場）に建立した。落慶供養は建長五年（一二五三）。本尊が地蔵菩薩であるのは、旧地蔵堂に因む。伽藍配置は中国の禅院を手本としたもので、日本の禅宗建築史の上で重視されている。現在の堂宇の多くは、この寺を保護した徳川氏が再建し

一六一六　元和二・平戸の商館長リチャード・コックス鎌倉を訪れる
一六三六　寛永十三・英勝寺が建てられる
一九二二　大正十一・流鏑馬復活
一九五九　昭和三四・鎌倉宮の薪能はじまる

建長寺仏殿

たもの。時頼坐像などの国宝、重文を収蔵する。奥の院の近くに人々の信仰の厚い半僧坊がある。

円覚寺

臨済宗。鎌倉五山の第二位。弘安五年（一二八二）、北条時宗が宋僧無学祖元を開山に迎えて創建した。盛時は七堂伽藍、塔頭四十二院を備えた大寺院である。鎌倉幕府や、以後の権力者の保護を受け、長く日本の禅宗界に大きな勢力をもって現在に至っている。堂宇のうち、舎利殿のみが鎌倉時代の遺構である。塔頭《たっちゅう》の一つの帰源院は、夏目漱石が参禅した時に滞在したところ。

浄智寺

臨済宗。鎌倉五山の第四位。北条宗政、師時が創建、宋の禅者兀庵普寧《ごったんふねい》が開山。北条氏、足利氏の保護を受け、鎌倉後期から南北朝にかけては堂塔の完備した大寺であったが、戦国期には衰微した。仏殿には南北朝時代の釈迦、阿弥陀、弥勒の三世仏が本尊として安置される。他に地蔵菩薩坐像は名高い。

浄妙寺

臨済宗。鎌倉五山の第五位。文治四年（一一八八）、足利義兼が極楽寺として創健したものと伝えられる。義兼の子義氏が禅寺に改め、さらに元弘元年（一三三一）尊氏の父貞氏を当寺に葬ったところから、その法名をとって浄妙寺と改めた。当時は七堂伽藍を備え、塔頭二十三院を数える大寺であった。今は仏殿のみ残す。重文の開山退耕行勇の木像のほか、足利氏累代の墓と伝えられる石塔がある。

常楽寺

臨済宗。もと天台宗で開山は退耕行勇。北条泰時が嘉禎三年（一二三七）に建て、はじめ粟船《あわふね》御堂といった。寺宝には鎌倉最古といわれる銅鐘がある。墓地には泰時の墓のほか、木曽義仲の嫡子の義高の首を埋めたという木曽塚がある。

瑞泉《ずいせん》寺

臨済宗。鎌倉末から南北朝時代の代表的な禅僧、夢窓疎石が開山。嘉暦二年（一三二七）、幕府の有力な御家人で、才学で名高い二階堂道蘊《どううん》が開基である。尊氏の子で鎌倉公方の基氏が中興して以来その塔所となって栄え、関東十刹の第二位となった。寺域には、疎石ゆかりの庭園や一覧亭址がある。

報国寺

臨済宗。足利尊氏の祖父家時の創建と伝える。（一説に上杉重兼ともいう）開山は鎌倉末の名僧仏乗禅師。別名宅間寺と呼ばれ、有名な宅間法眼の造った迦葉《かしょう》尊者像（明治二二年焼失）があった。寺域に足利家時、義久の墓がある。

明月院

臨済宗。北条時頼が住んだ最明寺の地に、時宗が禅興寺を開き、当院はその塔頭だった。寺伝では管領上杉憲方が中興開基で、明月院とは彼の法名をとったもの。北条時頼坐像、上杉重房像（重文）、明月院絵図などを伝える。背後のやぐらの中に、上杉憲方の墓がある。境内に紫陽花が多く近年は、「あじさい寺」として有名。

明月院、別称あじさい寺

東慶寺

尼五山の一つ、北条時宗の妻覚山尼が創建した尼寺。代々皇女をはじめ名門の女性が住職となり、格式が非常に高かった。かけ込み寺としての権限を保てたのも、その格式と無関係ではない。明治以後は男僧が住持となっている。豊臣秀頼の娘天秀尼などの住職の墓のほか、明治以後の名士の墓が多い。

覚園寺《かくおんじ》

もとは四宗を兼学する道場であったが、明治以後は古義真言宗。建保六年（一二一八）、北条義時が霊夢に感じて薬師堂を建て、のち北条貞時が寺に改め覚園寺と称した。足利尊氏の再興した薬師堂に安置される薬師如来は運慶の作と伝えられる。境内には他に愛染堂、地蔵堂、やぐら、重要文化財の宝篋印塔などがある。

黒地蔵縁日

覚園寺で八月十日に行なわれる。重文の地蔵菩薩像は、黒地蔵または火焼《ひたき》地蔵とも呼ばれ、地獄の釜に落ちた罪人の苦しみを救うので、彩色しても一夜で黒ずんでしまうといわれる。この四万六千日の功徳日には「朝まいり」といって、夜の白む前から午前中いっぱい多くの参詣者がつめかける。新盆の家では三年続けておまいりする習わしがあり、近在の信仰があつい。

黒地蔵縁日

明王院《みょうおう》

真言宗。寛喜寺明王院五大堂と号し、不動明王を本尊とする。嘉禎元年（一二三五）、将軍頼経《よりつね》が創建し、もと鶴岡八幡宮の別当であった定豪が初代の別当となった。鎌倉の鬼門に当り、真言秘密の護摩を焚く壇所で、鎌倉幕府、室町期の鎌倉御所の命によって種々の国家的祈祷が行われた。そのため、当院の別当は重職であったという。

成就院

真言宗。北条泰時の開基という。

浄光明寺《じょうこうみょうじ》

古義真言宗。北条長時が、はじめ浄土宗の寺として建立したが、のち四宗を兼学する道場に改められ、盛時には塔頭九院を数えたという。鎌倉末に作られた阿弥陀三尊が安置される堂宇はもとの永福寺の材で、元和の頃建立されたと伝える。堂の後の山腹に、綱引地蔵と呼ばれる石像の安置されるやぐらがある。

円応寺（十王堂）

臨済宗。本尊の閻魔《えんま》大王などの十王像、奪衣婆《だついば》などの木像が安置される。建長二年（一二五〇）の創建の頃は真言宗の寺で、由比ヶ浜見越岩にあり、のち元八幡の前方の海辺に移された。十六世紀初頭、禅宗に改宗し、江戸時代に現在の地に移された。運慶の作といわれる閻魔大王、初江王、倶生神、鬼卒、人頭杖などは鎌倉仏師の作として名高い。

青蓮寺《しょうれんじ》

真言宗。鎖大師《くさりだいし》として名高い弘法大師の坐像（重文）を本尊とする。鎌倉時代に創建された寺と考えられるが、不詳。鎖大師は、はじめ八幡宮の等覚院大師堂に安置されていたもの。この木造の像は裸体に作られ、膝関節に特殊なからくり装置があって動くようになっている。

極楽寺

真言律宗。北条重時の念仏堂を深沢の里から現地に移したことに始まり、子の長時、業時が力を合わせて七堂伽藍、四十九院、それに慈善救済の施設などを備える壮大な極楽寺を経営した。開山の忍性は菩薩とあがめられた鎌倉後期の代表的な僧であり、鎌倉地方の土木事業にも大きな影響を与えた人でもある。建武元年の戦火やその後のたび重なる火災にあって堂塔を消失し、いまは吉祥院を残すのみである。本尊の釈迦如来像は清涼寺式として名高い。その他、十大弟子像、忍性の墓とされる五輪塔などの文化財を蔵している。

極楽寺忍性の墓

称名寺

真言律宗。北条実時が金沢の別荘に建てた持仏堂を起源とし、金沢北条氏の保護のもとに伽藍が軒をならべる大寺院となった。その苑池は、鎌倉期の庭園の遺構として名高い。また、多数の文化財は金沢文庫に保管されている。

金沢文庫

北条実時が和漢の書物を集めて創立し、顕時《あきとき》、貞顕《さだあき》、貞将《さだまさ》らの子孫がさらに文庫を充実させ、中世の関東の学問の中心として足利学校と並び称された。北条氏滅亡の後は、称名寺が書籍を管理した。現在の文庫（県立）は、昭和五年の建造で、約二万巻の古書、五千通の古文書などを蔵している。

光明寺

浄土宗。北条経時《つねとき》が佐助ヶ谷にたてた蓮華寺が、材木座に移り、光明寺と改名した。浄土宗を東国にひろめるのに功績のあった然阿良忠が開山。十五世紀末から浄土宗関東総本山に定められ、徳川家康の尊崇をうけた。広い境内には、壮大な山門、本堂、長廊下などがたち並ぶ。寺宝も、国宝当麻曼荼羅《たいままんだら》縁起絵巻をはじめとして数多い。年十月六～十五日の「お十夜」には、多くの参詣人が集まる。

高徳院

浄土宗。本尊の国宝阿弥陀如来坐像、いわゆる大仏さまで有名である。鎌倉大仏殿高徳院と称して、大仏の別当院である。建長寺の所有となったこともあったが、十八世紀の祐天上人の再興以来、浄土宗となり光明院奥院となった。

和賀江島《わかえのしま》

和賀江は港として栄えたところである。北条泰時は勧進僧の往阿弥陀仏の申請により、船の接岸のために堤を築いた。この築堤により、材木の集荷をはじめ益するところが大きかった。付近から中国青磁の破片が出たことから、中国船も入港したと考えられる。和賀江島は堤の突端で、現在は干潮時にのみ姿をあらわし、陸とつながる。

来迎寺

時宗。鎌倉時代の創建といわれている。本尊は阿弥陀如来で、もと頼朝の法華堂本尊であった如意輪観音坐像なども安置されている。境内には、頼朝の挙兵に参加した三浦義明の廟があり、背後には義朝と多々良三郎の墓といわれる五輪塔が並んでいる。

来迎寺の三浦義明らの五輪塔

光触寺《こうそくじ》

時宗。鎌倉時代の創建といわれる。本尊阿弥陀如来は、頬焼《ほおやき》阿弥陀といわれ、その由来を描いた縁起絵巻とともに重要文化財。現在はさびれているが、寺に伝わる室町時代の古図には、金沢街道の賑いと寺の盛んな様が描かれている。現在の本堂は十八世紀の再建といわれる。境内の塩嘗《しおなめ》地蔵はもと金沢街道にあったもので、六浦からの塩売りの信仰があつかった。

遊行寺《ゆぎょうじ》

時宗の総本山。正しくは清浄光寺という。時宗開祖一遍は止住をきらったが、遊行四世の呑海がここを開山してからは、歴代の遊行上人が遊行をおえるとこの寺に住むようになった。足利尊氏の寄進で寺の基礎が確立し、管領家の信仰を得て発展し、時宗そのものの本山となった。藤沢はこの寺の門前町として発展した。

辻説法跡

大町・材木座には日蓮宗寺院が多い。鎌倉時代の大町・材木座方面は、商店が軒をつらねる民衆の町であった。日蓮は、その辻々に立って直接民衆に教えを説いた。現在、小町大路に辻説法跡と伝える碑が建っている。

妙本寺

日蓮宗。境内は頼朝の重臣比企《ひき》能員《よしかず》の邸であった。能員の子能本が、日蓮の高弟日朗を招いて開いた。雄大な建築、南北朝時代に造られた日蓮木像など、見るべきものが多い。

光則寺《こうそくじ》

光則寺の日朗の土牢

日蓮宗。開山は日蓮の弟子の日朗。開基は宿屋光則。光則は北条氏の臣で寺社職にあり、『立正安国論』は彼の手を経て北条時頼に上った。日蓮が佐渡に流された際、彼が日朗らを預かって自宅裏の土牢に入れたが、のち入信して邸宅を寺にしたという。この牢は、日朗土牢として本堂の背後に残っている。また、境内のバラ科落葉低木、海棠《かいどう》は名高い。

安国論寺

日蓮宗。開山は日蓮。建長五年（一二五三）、日蓮は安房国を追われて鎌倉に移り、松葉ヶ谷に小庵を営んだ。文応元年（一二六〇）に北条時頼に献上した『立正安国論』は、この庵の後の岩窟で書かれた。

日蓮に非難されて憤激した念仏宗徒は、その松葉ヶ谷の庵を焼き打ちした。これを松葉ヶ谷の法難という。庵の跡に建てられたのが安国論寺であるというが、異説もある。

長勝寺《ちょうしょうじ》

日蓮宗。開山は日蓮。石井長勝が日蓮宗に帰依し、自分の邸に寺を建てたことに始まるというが、不明。京都の本国寺はもとこの地にあったと伝える。法華堂は文永八年（一二七一）建立といわれる。祖師堂前には洗足池畔から移された日蓮像が、鎌倉の街を見おろすように立っている。

畠山重保の墓

重保は畠山重忠の長男で、北条時政と争って殺され、畠山一族も滅んだ。八幡宮一ノ鳥居の脇にある「六郎さま」とよばれる宝篋印塔が重保の墓とされている。重保はゼンソクもちだったといわれ、そのためにゼンソクを病む人が今でもおまいりして、全快を祈っている。

北条時頼の墓

時頼は、謡曲「鉢ノ木」の話などで知られる執権で、北条氏の最盛期をつくりあげた。彼の廟は彼の創建になる最明寺（現在の明月院）にあり、そのかたわらに墓が建っている。

和田塚

北条氏と争って憤死した和田義盛一族の墓と伝えられる。この地は、和田合戦や新田攻めなどの戦場だったらしく、刀傷をもつ多数の人骨が出土している。また、ここからは埴輪も出土しているので、古代にも古墳があったと思われる。

Ⅳ 南北朝以後

長寿寺

臨済宗。関東諸山の第一に列せられた。寺伝では足利基氏が父尊氏の菩提のために建立したというが、不明。仏殿背後の山腹に尊氏の墓と伝える石塔がある。寺の南は尊氏屋敷と呼ばれる。

海蔵寺

臨済宗。鎌倉公方足利氏満の時代、上杉氏定が命を奉じて建立し、盛時には塔頭十院があったという。本尊は俗に泣薬師と呼ばれる。浄智寺より移建された仏殿や、総門などが伽藍を形造っているほか、近くの十六井やぐらの壁にはめこまれていた三尊来迎板碑が収蔵されている。

宝戒寺

天台宗。地蔵菩薩を本尊とする。北条執権屋敷のあったところで、北条氏の滅亡後、足利尊氏がその霊をとむらうため寺を創建したとされる。当時、関東天台律宗の中心で、江戸時代にはかなり栄えた。

常栄寺（ぼたもち寺）

日蓮宗。文永八年（一二七一）、日蓮が竜ノ口の刑場にひかれていく途中、大町の辻でぼたもちを供えてくれる尼がいた、という話にちなんで十七世紀に建てられた。この尼は桟敷《さじき》尼といい、深く日蓮に帰依していた。法名を妙常日栄といい、寺号はこれをとったものである。

大宝寺

日蓮宗。文安元年（一四四四）、日出《にっしゅつ》上人が真言宗多福寺の跡に建てたもの。この地を佐竹屋敷と称するのは、源義家の奥州征伐後、新羅三郎義光がここに館を構え、そのあとに子孫の佐竹秀義ら一族が居住したからだという。

本覚寺

日蓮宗。十五世紀、日出上人が開山。二世日朝が隆盛のもとを築いたことから、この寺は「日朝さま」と呼ばれて親しまれている。また東身延ともいわれるように、鎌倉に多い日蓮宗寺院の中心である。

霊光寺

日蓮宗。日蓮が日照りに苦しむ人々のために、雨乞いの祈祷をささげた、日蓮雨乞い池が近くにある。

別願寺

時宗。鎌倉公方足利氏の菩提寺として栄えた。重要美術品に指定されている石造宝塔は、公方足利持氏の供養塔と伝えられる。

九品《くほん》寺

浄土宗。正平一三年（一三五八）に、新田義貞が建立。開山は風航順西。重文の石造薬師如来坐像は現在（昭和四十七年）国宝館に出陣されている。

英勝寺

浄土宗。鎌倉に残る唯一の尼寺。

寛永十三年（一六三六）建立。創建者の英勝院清春は水戸中納言頼房の養母。代々、水戸家の息女を住職にしたので水戸家御殿と呼ばれ、徳川幕府から特別の保護を受けた。寛永年間の伽藍がそろって残っている。

銭洗《ぜにあらい》弁天

銭洗弁天の鳥居

「隠里」と呼ばれるこの地は、福神の語り合う声がするといって、古くから知られていた。この谷戸《やつ》の洞窟内には、鎌倉五名水に数えられる銭洗水が湧いている。弁財天に灯明をあげてからこの水で銭を洗うと、倍に増えて還ってくるという。頼朝が貧苦にあえぐ人々に神の加護を祈り、宇賀福《うがふく》神が聞きとげたという伝説にちなむ。巳の日には遠くからも信者が集まってにぎわう。

六地蔵

六地蔵の辻は、海岸線に沿って東西に走る道と、八幡宮方面から南にのびる道とが交叉する所にあり、昔から重要な地点であった。鎌倉時代にはここに刑場があり、いつの頃からか供養のために六体の地蔵がたてられた。

上杉憲方《のりかた》の墓

極楽寺の切通しを出た所に、関東管領上杉憲方の供養塔がある。そこから路地を入ると石塔群があり、その中の重要文化財となっている七層塔が上杉憲方の墓である。

日野俊基《としもと》の墓

後醍醐天皇の討幕計画に加わった日野俊基は、幕府に捕えられ、葛原《くずはら》ヶ岡で処刑された。その宝篋印塔の墓は史跡に指定されている。近くにある葛原ヶ丘神社は俊基をまつったものである。

十二所《じゅうにそう》神社

十二柱の神をまつることからこの名がある。初め光触寺の境内にあったらしい。十二所の地名は、この神社にちなむ。

玉縄《たまなわ》城址

関八州の押えとして、北条早雲が永正九年（一五一二）に築いた城。地の利を得て堅塁を誇り、築城以来、敗戦の記録がない。天正十八年（一五九〇）、豊臣秀吉によって小田原北条氏が滅んだ際、玉縄城の北条氏勝はあくまで死守しようとしたが、叔父の竜宝寺住職のすすめで開城した。江戸時代には城代が置かれたが、のち廃城となった。本丸跡の土塁中央部のみが残っている。

住吉城址

玉縄城、杉本城とともに、鎌倉三城の一つ。三浦氏の支城であるが、築城の年代などは、不明。飯島崎にあり、三浦半島を守る要害の地として三浦氏が住んだ。永正九年（一五一二）、北条早雲に岡崎城を落された三浦導寸はここに拠ったが、まもなく弟の道香が北条氏綱に攻められて落城した。

鎌倉宮（大塔宮《だいとうのみや》）

明治天皇の命により建てられた、護良《もりなが》親王をまつる神社。護良親王は後醍醐天皇の皇子で建武中興に功績があったが、足利氏と不和になり、尊氏によって鎌倉に幽閉、殺害された。境内の土牢は親王が幽閉された場所と伝えられる。

薪能《たきぎのう》

例年九月二一日夜に、鎌倉宮の境内で行われる。かがり火で照らされた舞台で行われる薪能は、いかにも幽玄であるが、これは昭和三四年に、金春流宗家の指導によって鎌倉薪能として年中行事になったものである。なお、鎌倉には近年、能楽堂も建てられた。

鎌倉宮境内で行なわれている薪能

鎌倉国宝館

鎌倉周辺の文化財を収容、保存する目的で、昭和三年に設立された市立の国宝館。建長寺大覚禅師像（国宝）など、多くの優れた文化財が収蔵、展示されている。

鎌倉近代美術館

日本で最も古い近代美術館で、昭和二六年の開館。八幡宮の境内、源平池の池畔に建つ建物は、コルビジェの系統をひく坂倉準三氏の設計。しばしば近代、現代の美術を中心とした美術展が催される。

松ヶ岡文庫

東慶寺の境内の山上にある文庫。東慶寺に住んだ明治の禅僧釈宗演の門下、鈴木大拙が、禅文化研究のセンターとして創設したもの。東慶寺の山号、松岡山をとって名づけられた。

鎌倉彫

鎌倉時代、宋の陳和卿《ちんなけい》が将来した彫漆を模して、法華堂の仏具を作ったことに始まり、次第に発達して日常品に応用されるようになった。この彫漆は、文様を浮彫りにし、黒漆を塗り、次に朱漆を塗って磨き、独特の色調を出す。現在、盆、箱物、下駄、アクセサリーなどが作られ、鎌倉特産品として名高い。

大船観音

大船駅前にあるコンクリート造り二十五メートルの観音。昭和四年に造りはじめられ、戦争で中断していたものを昭和三五年に改修完成した。

小木岬半島南部の浦々は平地のある海岸段丘上に水田や畑を拓き、自らは入江の奥の段丘下の谷間になった狭い海際に集落をたてて住んだ。写真中央の入江は琴浦、そこから川の縁にそって右に行った所の集落は宿根木新田の集落。宿根木新田から細い緑の帯が伸びている海際の谷は宿根木の集落　昭和56（1981）年10月

佐渡を訪ねて—
船と小木岬の村

文・写真・図　テム研究所

赤木紀子　揚田美鈴　小島兼一
坂倉真人　里森　滋　砂川康子
中原祥江　真島俊一　村山麗子

写真　相沢韶男

小木《おぎ》岬というところ

宮本常一

佐渡の国小木岬というところは、島の西南隅にある台地状の岬で、この土地の人たちは三崎と書いている。そしてこの台地の上は中世の終頃まで真野の領主吉岡殿、羽茂《はもち》の領主羽茂殿の牧場で馬が放牧されていたというが、その台地の周囲の崖下や台地にきれ込んだ谷に住居をかまえて海を相手に生活をたてている人びとがいた。とくに南海岸には谷間がいくつも見られ、そこに元小木《もとおぎ》、虫谷《むしや》、琴浦《ことうら》、宿根木《しゅくねぎ》などの村があった。谷間の前面は入江になっていて波や風をさけるのに都合がよく、その海はまた海底が岩礁になっていて、岩礁のあるところには海藻がよく茂り、根魚も多く、アワビ、サザエなども豊富で、そういうものをとり、あとは畑にソバ、アワなどを植えて、それを主食にすれば一応安定した生活をたてることができた。

それに南岸は海をへだてて越後に向いあっているため、そこに渡る船を出すこともできたし、越後からわたって来る船も南岸の船のつけやすい入江に入港して来たものであった。そうした浦のうち宿根木は谷もややひろく、前面の海の懐も船をつなぐのによい広さを持っていたので早くから佐渡の渡頭の一つとして知られていた。そして宿根木のすぐ北の岩山の洞窟にはいくつもの岩壁に仏像がきざまれて、岩屋観音とよばれ、島の霊場の一つとして参拝する人も多かった。この仏像の刻まれたのは八百年も前のことであったようである。そういう霊場もあってのことであろうか、鎌倉時代の終頃には時宗の遊行僧たちもここを訪れるようになった。宿根木の称光寺はそうした遊行憎によって建てられた古い寺である。

小木岬の根元にあたる南海岸に小木がある。ここも本土からの渡頭の一つで、その近くの蓮華峰寺《れんげぶじ》は天台宗の名刹で、その金堂は室町時代の建築であり島内でもっとも古い建物といわれている。そういうようなことを通してみてもわかるごとく、この岬の南岸には古い文化が少しずつ根をおろしていっていた。ところが江戸時代に入ってから、日本海の海運を利用して、越後、庄内、横手、津軽などの諸平野の米が廻船によって大阪、江戸などに運ばれ、北海道西南部のニシンが肥料として瀬戸内海地方へ送られることになって、この島の港を風待ち潮待ちに利用する船が夥しくふえて来た。そして小木はそうした風待港として重要なものの一つになった。

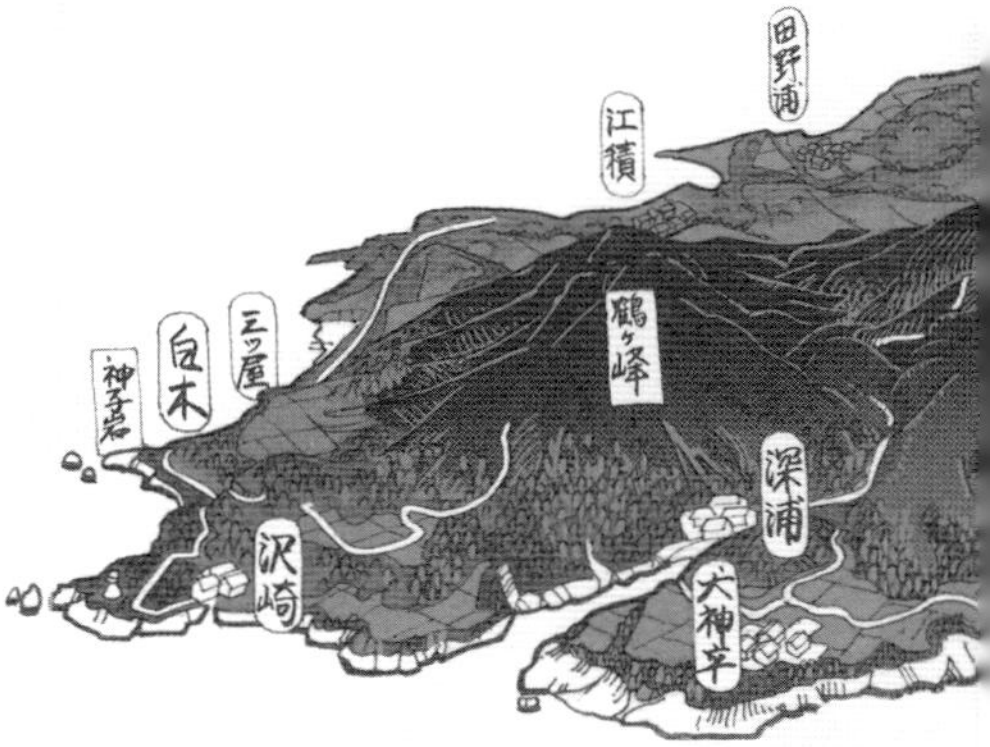

そういう海運に触発されて、島もまた活気を見せて来た。食いあまる米があり、また余暇を利用した藁細工、あるいは海産物、材木など寄港する帆船への需要に応えたり、本土の方へ送ったり、島にも小型の帆船を持つ者があらわれ、海運に成功すると、船も次第に大きくなる。

宿根木は島の古い渡頭として、すぐれた才能を持った人も多かったと

宿根木の直ぐ北の岩山にある岩屋観音。洞窟前には88体の石仏が祀られ、洞窟内の壁には8体の摩崖仏が彫られている

見えて廻船を持つ者、廻船に乗る人などが多く、島内でも富有な村の一つになっていった。せまい谷間に家がびっしりたちならんでいるのだから外観はそれほど見ばえがあるとは言えないが、家の中へはいって見ると建具や家具、建築用材などりっぱなものが多く、文化の厚みを感ずるのである。

宿根木にくらべると琴浦の歴史は新しい。江戸時代に入って開村した。そして漁村としてささやかな生活をたてて来たのであった。ところが明治時代になってから次第に台地の上に畑をひらき、そういうことが分家を可能にし、人家もふえ、農村としての様相がつよくなって来る。

宿根木の場合は帆船の船主、水夫から汽船の船長、水夫として生活をたてていった者も多かったが、働く場が島外が主であるものは次第に村を出てゆき、半農半漁を生活の手段にする人たちが村に残った。しかし沿岸漁業は次第におとろえて村の生活を苦しいものにして来たが琴浦のように大敷網の経営が順調にすすんで活気を取り戻した村もあり、宿根木ではどうすれば村としての新しい道を見出すかに目下心をくだいている。

タライブネが点々と置かれている小木岬北部の白木の海岸。磯の間の浅い水路でもタライブネは漕ぎだせる。
船首を海に向けた磯船はコンクリートをはった船揚場に置かれている　撮影・相沢韶男

佐渡と私達

私達はTEM《テム》というグループです。テムとは英語の「道具と環境と人」の頭文字からとったもので、それらの調査を通じ、日本各地域の文化をとらえようという仲間たちです。

私達が初めて佐渡に渡ったのは、昭和四三年のことでした。当時私達は大学の造形学部に学ぶ学生でした。ちょうど大学紛争で講義もなく、数名の仲間で小木岬の白木村に出かけたのです。仲間で村の中に合宿しながら、日本の農漁村の生活や文化をしることに興味を覚えたのです。

白木村では調査といえるほどのものはできませんでした。でも、佐渡の荒々しい自然や、土地の人々の生活に触れることはできました。それは大学の講義では味わえぬ面白い体験でした。

このことがその後、私達がテムという組織をつくり、東京都府中の民家を借りて共同生活を営み、アルバイトで稼いだ資金で、くりかえし佐渡に通い続ける契機となったのです。

それから七年たちました。そしてつい最近、私達は『南佐渡の漁村と漁業』(テム研究所編集発行・昭和五〇年)という本を書き上げました。佐渡通いの成果の一面が、そういう形にまとめられたのです。

今、私達の興味は佐渡だけでなく、日本中の漁村や地元の府中へと拡がっています。

(真島俊一)

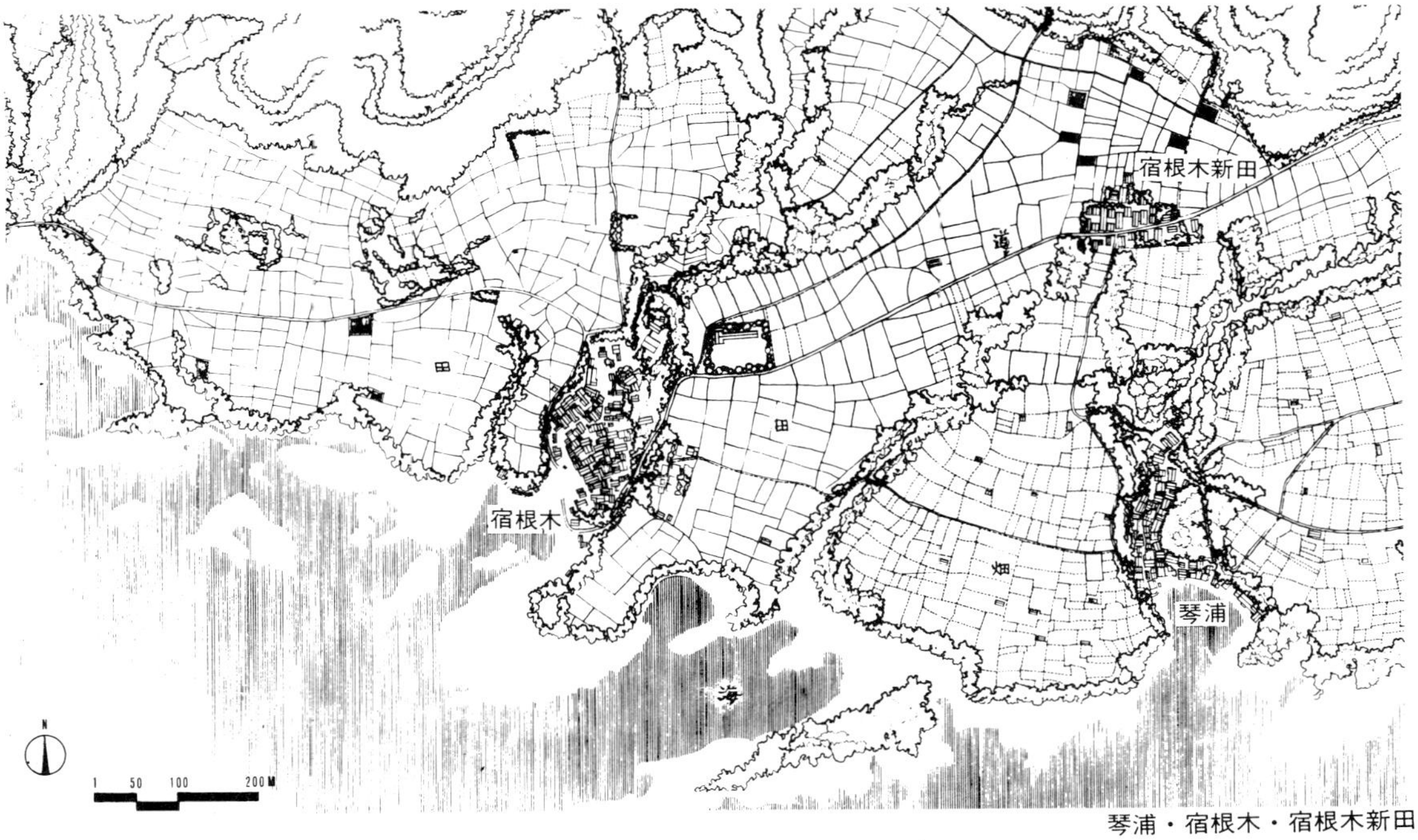

琴浦・宿根木・宿根木新田

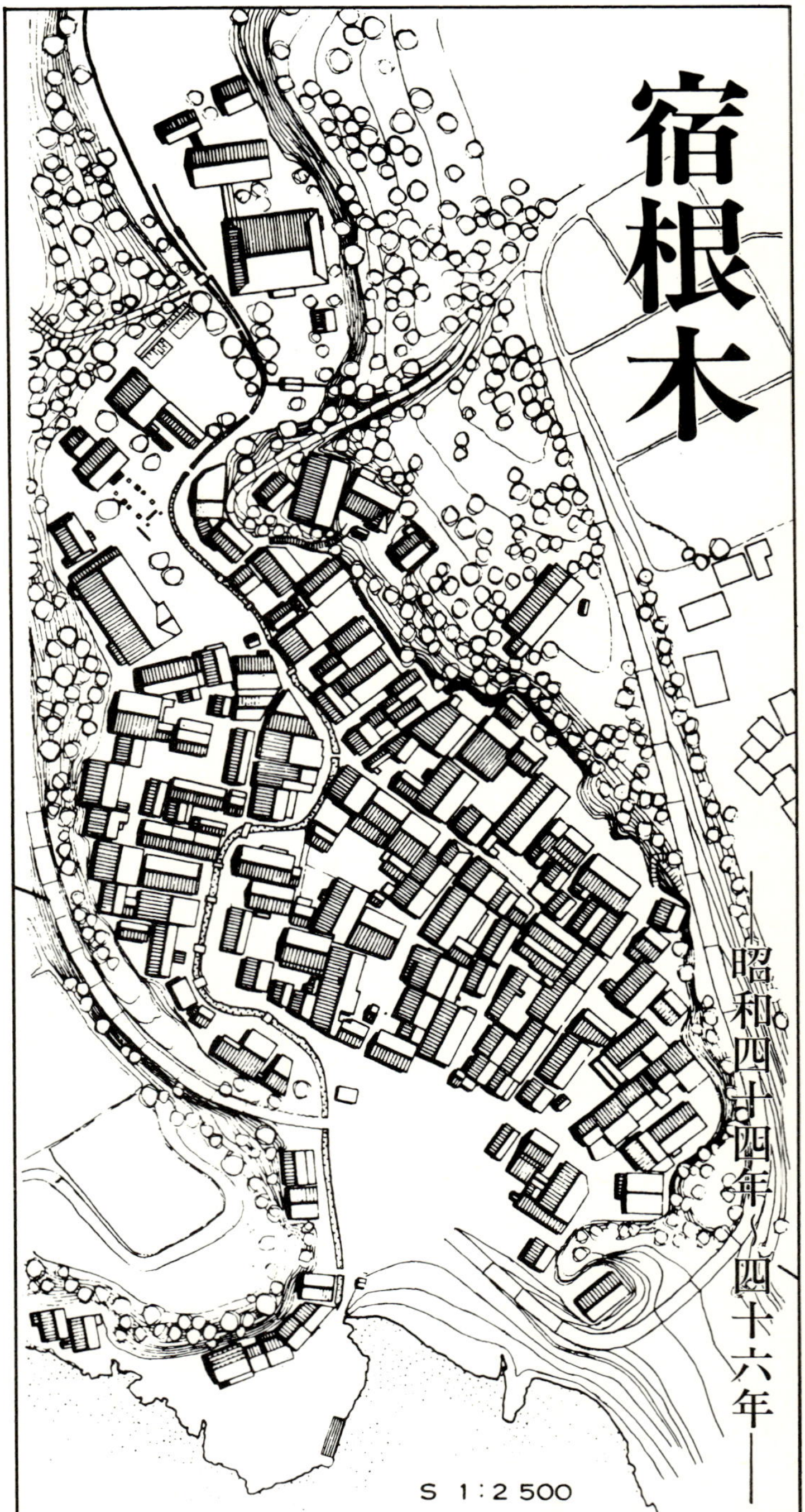

宿根木は小木半島の中でも一番大きな集落である。江戸時代は千石船の寄港地として廻船業でにぎわい、廻船商人や船大工の多い町であった。他にも石工、桶屋、鍛冶屋も住み、その頃、佐渡の金の3分の1を集めた村であると言われている。

■宿根木へ

白木調査を終え、その足で小木岬を一とおりまわってきた我々にとって、宿根木は他の村とは違う何かを感じさせた。白木村と小木町のちょうど中間あたりに位置するこの村は、白木辺りの三崎側の村が、海岸に迫る段丘の下にへばりつくように並んでいるのと対象的に、段丘に切り込まれた海蝕崖の崖に抱えこまれるようにあった。段丘上の田畑の中を走る道を歩いてゆくと、突然足元にびっしりとすき間のない程ひしめきあういらかの波が現われて度肝を抜かれた。村内へ下りて行くと一・五メートル程の幅は狭いが流れの豊かな川が村の中央を流れており、その川沿いの道を奥へ入っていくと、公会堂があり、神社があり、その一番奥にはこんな所にと驚くようなどっしりとした風格のある寺があり、その境内の全ての墓には季節の花が供えられてあった。それでいて村の中はひっそりと静まりかえっている。こうしたものに漠然と心ひかれて、我々はここに足をとめることになった。

■廻船業で栄えた村

村の中を歩いてみるといろいろな事に気付く。ほとんどが二階屋である。家と家との板壁に沿う道は狭く、壁にはさまれて歩くようだ。台地上から村への下り口は四ヶ所あって、浜側と村の奥に二本ずつ、東西に道が続いている。四ヶ所ともお地蔵さんが祭られている。

この村には店が多い。酒屋、豆腐屋、たばこや雑貨を置く店、主に食料品、菓子を扱い雑貨、燃料などを売る店、醤油と塩だけを扱う所もある。この辺りの村では店が一軒あれば便利な方である。それに郵便局もある。

村で一番広い大浜と呼ばれる浜に出ると、波打ぎわに船が四、五そう、ハンギリ（小判型のタライを大きくしたような船）が三つ四つふせてある。入江の中央には白く光る御影石の船杭が目につく。親島と呼ばれる、村の西側に突き出した浜には納屋が並び、小さな定置網が干してある。村の中を流れる川はこの親島の脇から海へ流れ込む。村の広場はこの二つの浜と、村の奥にある公会堂の前の広場で、子供達の遊び場、ゴザを広げて干した豆をたたいたりの農作業などに使われる。

それともう一つ、広場とはいえないが、ちょうど村の中央あたり、村の路地がぶつかった所に少し道幅の広くなった所がある。すぐ脇に洗い場と呼ばれる、川の水を使って洗い物をする場所があり、よく女の人達が洗い物をしながらおしゃべりをしている。洗い場は川上から川下まで十四ヶ所ほどあるが、それぞれ洗うものを分けてあり、川上の洗い場は食器や鍋、釜、野菜の荒洗いや洗濯物のすすぎは中程、泥の沢山ついた農具や肥桶、おしめなどは「クソ川」と呼ばれている川下の洗い場を使っていて、この約束はよく守られているようである。この川の数ヶ所に、川をせきとめる所があり、大火が出た時の防火用水にも使われているようである。

公会堂の前あたりの川には、木の橋と御影石の橋がか

三方を海蝕崖に囲まれた狭い谷間に家々が密集した宿根木の家並

家並の間をぬって港へ通じる宿根木の小路。小路の右側中央の二階屋の屋号は浜上で、元は廻船主
撮影・相沢韶男

かっている。この御影石の橋は「念仏橋」と呼ばれていて、葬式の時寺にお棺を運ぶ時など、特別の時に渡る橋だそうで、肥桶をかついでいる時などは決してこの橋を渡らず、木の橋を渡っている。

公会堂の隣には白山神社とその社務所があり、神社には船絵馬が奉納されている。昔はこの隣にもう一つ神社があったそうだ。あいだ一軒を置いて、最近できた無縁さんの墓がある。そして村の一番奥に寺がある。この宿根木の墓は花が絶えない。毎朝、水を入れるヤカンと花を持って、ゆっくりと杖をついて墓参りにゆくばあちゃんの姿が見られる。冬の花のない時期には、山からネコネコ（猫柳）や榊をたくさん採ってきて川につけておき、少しずつ供えるのだという。

村の中で、村の人達と寝起きするうちに、村の様子が少しずつ解ってきた。村の人達は朝は早く寝るのも早い。十時頃にはほとんどの明りは消える。そうすると、夜番のたたく拍子木の音が聞こえてくる。午後十時、十一時、午前二時の三回、毎日きちんとまわってくる。私達の宿舎になっている社務所だけが、毎晩遅くまでこうこうと明るく灯がついていて、いつ頃からか、時々夜番の人が来て話をしていくようになった。

夜番はたいてい一ヶ月に一回くらいの割で村内の者が交代でまわっているという。村を一まわりするのだが、冬のひどく吹雪く日などはつらくて、一度、三回まわるところを二回にしないかという案も出たが、これだけ密集している谷内で、一度火が出れば大変な事になるということで、三回の夜まわりはずっと毎日欠かさず続けられているという。こうした、村中の一致した力が、この村を守ってきたのだろう。

つらいといえば、水番というのも大変らしい。仲間の一人が、夜、図面を整理していて寸法が狂ってしまい、確かめる為に懐中電燈をつけて出かけた事があった。路地を曲ったとたん、前からも光りが現われ、ギョッとした。水番時計を持った母さんだった。これから田地に水を引きに行くのだという。

宿根木では、明治の終り頃で、宿根木新田も合わせて、畑が四十四町一反歩で、水田は寺の後ろの沢地に少

宿根木の称光寺の境内。称光寺は佐渡を訪れた時宗の遊行僧らが創建した。いつも村人が供える花がたえない

しあるだけだった。長百姓《おさびゃくしょう》と呼ばれる土地持ちは他村に小作地を持っていたが、この土地にも金になる米を作る水田を作る事になった。この辺りは水に乏しく、水脈は小木半島の中央を通る分水界にしかなかった。大正五年、地主達は金を出しあって横井戸を掘って水を得た。得られた水は、ただ無暗に流すのではなく、上の田から下の田へ順に流すよう、水を入れる時間、止める時間が決められた。水の欲しい者はこれに加入し、発起人は加入者の二倍水を得られるような、加入者名と、水門を開け閉めする時刻を克明に記した水番帳というものができ、親時計を基準に、この水番帳にあわせて水門を開け閉めする決まりができた。これが水番といわれるもので、この時間にあわせて、夜、夜中でも水を引きに行かねばならないという。田地が離れた所にある人は、一分、一秒でも惜しくて、山を走りまわるそうである。

こうして見ていると、こういった当番に出ているのはほとんど女の人達である。何故男の人が出ないのかと不思議だったのだが、宿根木は昔から大工や船乗りをしていた人が多く、働き盛りの男はほとんど外へ出ているからだという。

この村は廻船業で栄えた村だった。谷内、高の山、宿根木新田を合わせて百二十戸という人々を潤わせしめるものがここにはあったのである。能登と小木を結ぶ物資の運搬をする地廻りの船の基地であった宿根木は、船乗りから船持ちになる者が増えてくる事で、規模も大きくなり、人も集まり始めて、七十五戸程だった家数が、寛政、天保の頃にはすでに百二十戸になり、この全盛期には「佐渡の金の三分の一は宿根木にある」と言われた。

千石船を作る船大工、鍛冶屋、石工、桶屋など、造船に必要な技術を持った職人が集まり、呉服屋、紺屋、酒屋、菓子屋、風呂屋、髪結い等があったという。明治二十年代、蒸気船の出現や電信の発達により、廻船業が衰退するまで、寺が四つ、神社が二つ、小学校あり、役場あり、郵便局あ

左は千石船に積んだ船箪笥、右は田の用水の水番用の水番時計

宿根木集落の断面図

小木岬半島の南部の集落は、隆起した段丘に入り組んだ澗の奥にある村が多い。耕地は段丘上にあり、村は段丘下にある。村人はこの段丘を「ヤマ」とか「テンジョウ」と呼んでいる。宿根木もこのタイプで集落は崖に囲まれた谷間一杯に密集している

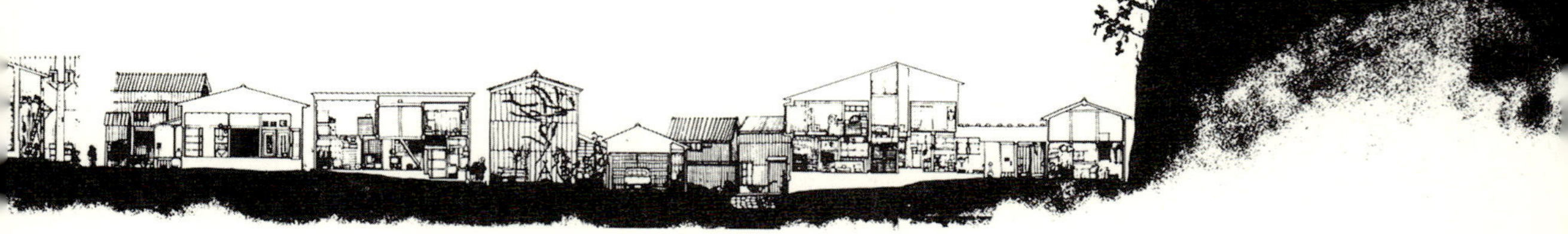

りで、宿根木はこの辺り一帯の中心の村であった。

　廻船がだめになると船大工達や技術を持った職人は、まだ需要のあった北海道へと移動し始めた。一年に二軒、三軒と宿根木の家を引き払って家内で移住する者も続出した。船主であったオヤカタ達は山へ手を伸し始め水田の開発を始めたが、農地改革の打撃もあって、国仲平野あたりにまで持っていた小作地を手放し、次第に衰退していった。そうして残った耕地面積は、農業を専業にしようとすれば三十戸を推持できるかできないかというものであった。

村中を流れる称光寺川。汚物は最下流、衣服は中流、野菜などの食物や食器は最上流と、洗い場が決められていた

　少しずつ村の約束事や組織、知恵などを知り始めた頃、一軒毎の百分の一の縮尺平面図もできてきた。それをつなぎ合わせてみたら、なんと、畳四枚分の大きさになった。

　この配置図を作るには苦労話がある。最初は航空写真を引き伸ばして、その上に一軒一軒の家の図面を落せば楽に配置図ができるはずだ。それだと夜半に公民館の壁に印画紙を張り、投写すればできあがる。が、あまりにも画面が大きくてピントが合わず、かつ大きな印画紙が小木では手に入らなかった。そこで小さな印画紙を何枚も貼り合わせ、ピントを定め「さあ」という時に、なんと皆の顔がはっきりと見えるではないか。いつの間にか朝になっていたのである。もちろん印画紙は全部パアである。こんな事を二度程くりかえして、やっと原図ができあがった。

　図面をとる段階でも問題は起った。詳細な家の間取りを調査する為には押入れや戸棚、寝室も開けて計測

しなければならない。村の人々の応対は様々であった。寝室に座り込んで図面をとっている所へ、事情を知らずに帰ってきた若い人に少なからずお叱りを受けたこともある。この間取り調査は、村の総代さんと称光寺の御前さんの助けや、村の老人達の寛大な好意がなければできなかったであろう。私達に対する苦言がこの人々に集まったと思う。でも、私達には何も言わず最後までだまって見ていて下さったのである。

さて、全体の家屋配置図にとってきた各家の図面を配置してみると、ほぼ予定の図面はとり終えているのに、半分も埋まらない。まだとり忘れの家があるのではないかと、電話帳で調べてみたが、間違いはなかった。

「おい、こんな所に広場があったかなぁ」

「ないと思うけど」

翌日その場所に行ってみると、ちゃんと大きな家がある。はて、これはだれの家だろう。通りがかりの婆ちゃんに聞いてみる。

「ああ、それは○○屋の納屋だぁ」と言う。

私達は宿根木の所帯数と現在の宿根木にある家の数が同じだと思っていたのである。そこに私達の間違いがあったのである。

そこでもう一度、母屋の間取りをとったお宅で聞いてみた。すると納屋ばかりでなく、倉もたくさんあるのがわかった。倉は母屋と同じような板で囲ってあって、そうとは気付かなかったのだ。

倉と納屋を全体配置図に描き込んだ。だが依然としてポッカリ空白が残る。まだ図面をとり残している家があ

廻船が出入港した宿根木の入江。千石船がとも綱をとった石杭が、写真右手の岩や、左手の岩など3ヶ所にみられる。右端の家の左上に立つ小さな鳥居は渡海弁天さん

る。予定の調査日数はとうに過ぎている。

　そこで、ある家のじいちゃんに聞いた。

「ははぁ、今気がついたか。そりやぁ空屋だ。その家の者は北海道に行っておって、そのうちに戻ってくるからというて、わしが預かっとる」。

宿根木の浜には磯船もあるが、稲を干す稲ハザもある（写真中央奥）。磯船は枕木の上を滑らせて浜に引きあげる

　こうしてどうにか宿根木の全体平面図は埋まったのである。

　廻船業の村であったという背景がわかってくると、図面をとりながらもった疑問や、全体平面図のできあがったものを眺めてみて合点のいかないことが一つずつ解けてきた。

　現在は空屋が多いのに、道幅ぎりぎりにわずかな空間に無理して建てたような三角の家、崖ぎわ一杯に、というより家を建てる為にけずったとしか思えない崖、道の曲りなりに角度のついた家。

　どうしても農業を営む家とは思えない間取り。農作業をする為の土間も庭もない。家の中に入ると、外側の風蝕の為に浮き出た木目の白い板壁とはうってかわって、柱も床も天井も建具も、総漆塗りでびっくりさせられた。農業を中心に営むようになって、農作業に必要な土間や庭は、村の共同の浜や広場がその肩代りをするようになった。農作物や農具をしまうのに必要な納屋は、村を出ていった家を買いとって改造した。大きすぎる納屋は、もとは住居だったのである。数多い倉は船持達の持ち物だったもので、今その一つを見せてもらうと、当時の廻船業の商い帳、船だんす、船どっくり、京都近辺の焼物などが納まっていた。北廻りの千石船が、米や魚干物などを上方まで運び、帰りに積んできたものである。帰りの船は荷が軽かった為、船底に御影石などの重い物を積み込んで船を安定させた。千石船を係留したという浜の船杭や、家の土台、念仏橋に使われている御影石が、これである。

　当時の船旅は危険であった。船絵馬や船乗りの髪の毛を切って納めた絵馬などを神社に奉納して航海安全を祈った。一年の半分は、男達は船に乗っていて、残った女達が家を守っていた。夫の事を口に出すのは女々しいとされていたという。こうした流れもあって、この村では今も船乗りや大工が多く、外に出る者が多いが、残っている母さんや子供達にいわゆる出稼ぎの村にあるという暗さが見られない。

　私達の作った宿根木の集落図からは、村全体の様子がおぼろげに理解できたにすぎなかった。なんとかしてこの密集した家並みのもつ意味を、もっと異なった角度か

宿根木の廻船主が羽茂の八王子神社に奉納した千石船の模型

ら確かめてみたかった。

そこで私達が目を付けたのは家系図だった。村人に話を聞いているとよく、「おらの家の二番目の娘が、○○の家に嫁にいったもんし、○○とおらの家は親戚どうしさ」という話がでる。村内の家と家のつながりがどうなっているのか興味が湧いてきた。それで、二人がかりで毎日役場へ通って婚姻による人の出入りを見てみた。

江戸末期頃までの宿根木の戸数は、百二十戸を越えている。村内婚もかなりの数にのぼっている。村外婚もあった。その場合、お嫁さんは小木半島の村や、羽茂、椿尾《つばきお》、小泊、新潟などからもきている。しかし、村外へ嫁に出た人はなかった。入る一方だったようである。この頃の宿根木は廻船がさかんで、他村とくらべると経済的余裕があったようである。

明治初年から三十年頃の間は、日本海から北前船が徐々に姿を消していった時期である。明治十年代になると西洋型帆船や蒸気船がでてきて、和船は使われなくなっていった。また、二十年代から国内鉄道網が張りめぐらされると、迅速かつ安全な鉄道は遅くて危険な和船海運を駆逐した。加えて通信網の発達により、ある所で安く仕入れ、ある所で安く売るという北前商売の投機性もなくなった。

しかし、この時期にも宿根木の戸数は百二十戸を越す。村内婚の数も多い。嫁をだしたりもらったりをすることで、何軒かの家を中心に、村の親戚関係の結びつきがかなり強い力を持っていたと思われる。だが、この頃から、小木、金田新田、琴浦などに嫁にでる人もではじめている。

明治三十七年、宿根木の最後の千石船高砂丸は越後に売られた。大型和船の船大工達はこの頃に北海道に出はじめている。

大正から昭和十年までになると、村の戸数は減少する（大正五年百十九戸、大正十年百五戸）。村の生活に見切りをつけて離村する者が出てきた。村内婚の数が減り、群馬、秋田、茨城からも嫁がくるようになった。名古屋、樺太などに嫁にでていく者もあった。

昭和十年～三十年には戸数百一戸となった。かつての廻船の親方たちが、海をあきらめて耕地を拓きはじめた。北海道や東京に働きにいく職人が増え、人口は減少する一方である。小樽から嫁にきたり、東京に嫁にいったりという関係が増えてきている。

昭和三十四年頃から若者達も職を求めて新潟や東京に出ていく。村内婚は数えるくらいしかない。娘さんも、羽茂、小木や新潟、東京へと嫁や働きにでていってしまう。四十代や五十代の壮年の人々は北海道の造船所にでていたり、家大工で島外にでている人が多い。昭和四十七年には八十二戸となった。

（赤木紀子）

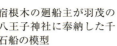

■琴浦へ

三月といっても佐渡の春はまだ遠い。二年間にわたる宿根木調査を終え、女三人、男三人のメンバーで琴浦をたずねたのは、そんな季節だった。

宿根木で御世話になった林道明さんの口添えもあって、総代さんや村の人々は、私達に好意的であった。宿舎も決まり、六人はどっかりあぐらをかいて調査に入った。でも私達が他所者であるのに変りはない。私達は、一日も早く村人とうちとけたいと思っていた。

そんなある日、私達は、ある失敗をやらかした。村の東南の浜の大謀網《だいぼうあみ》の小屋（村の共同網漁の働き手達が集まる場所）のむこうに、村人が（ネコ穴）と呼んでいる大きな洞穴がある。普段、村人は漁船や網などの置き場に利用しているところである。その洞穴の奥には深い穴が二つ程あいていて、中には水がたまっている。そこに落ちたら命がないと、村人が話しをしている穴である。

こともあろうに私達の仲間の一人が、その穴に落ちたのである。幸いにも深さ三メートル程の浅い方の穴だったので、全身ずぶぬれになっただけで、けがはなかった。

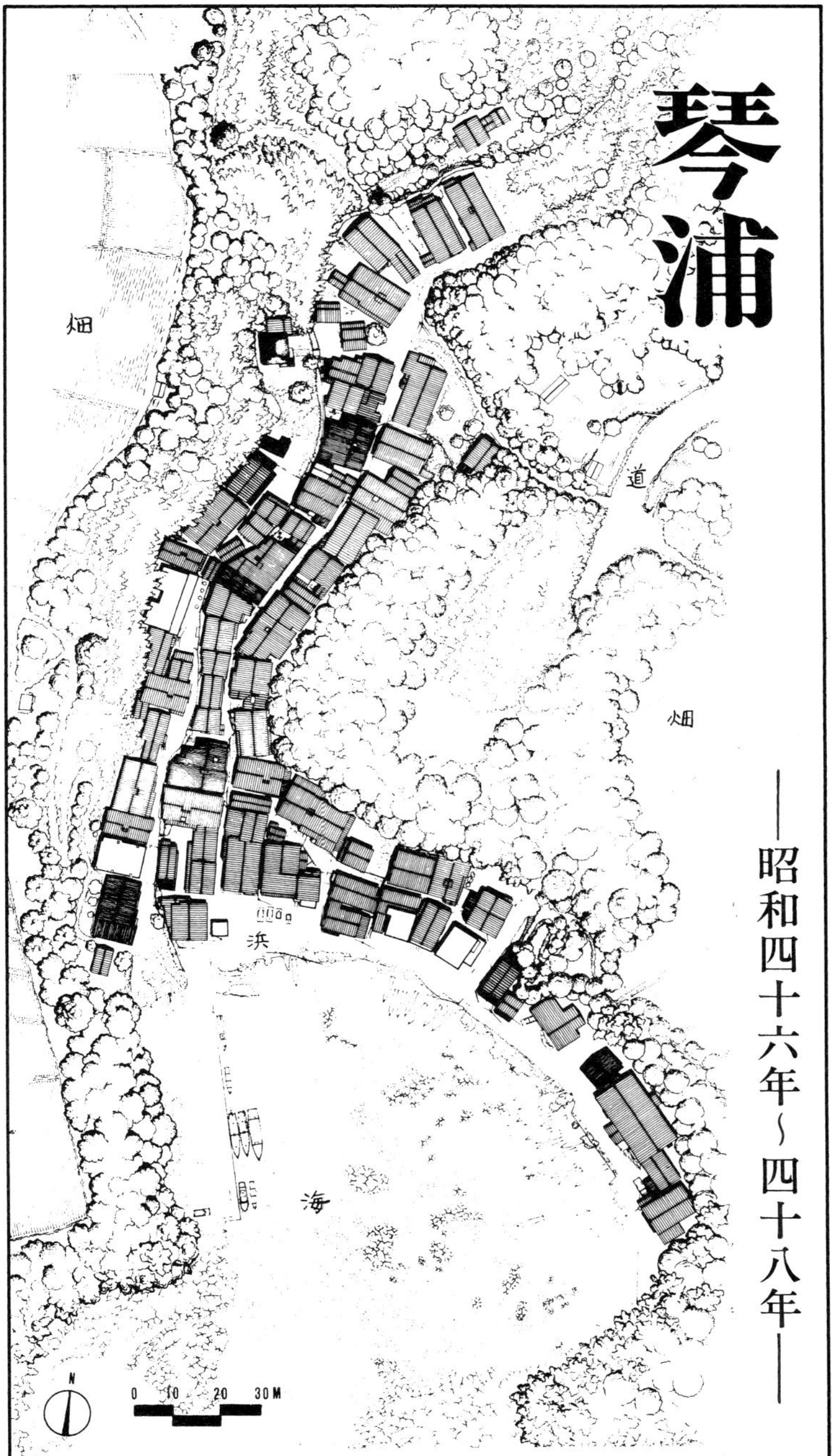

琴浦も段丘にはさまれた谷あいにある。川を境に西側の崖際に並ぶ家並は、元小木から分村した当時の古い家だといわれている。生業が漁業から農業に移行するにつれ、集落は海辺から谷奥へと発展していったものと思われる。

琴浦の集落。男は漁業、女は農業の半農半漁の村である

もう一人の仲間が、近くの大謀小屋に助けをもとめた。たまたま酒盛の最中であった漁師の父さん達が、すぐ駆けつけて助けてくれた。

でも妙な感ちがいもされた。穴に落ちた時、洞穴の中には、仲間の女の子も一緒にいたからである。漁師の父さん達に、「大学生、どうしたい、こんな暗いところで、若いあねさんと二人で何してたんだっちゃ」と、からかわれた。

翌朝、私達は何くわぬ顔で各自調査に出掛けた。しかし行く先々で、「のう、ゆうべ若いあねさんと一緒に穴に落ちたメガネのアンチャンはどのもんだっちゃ」と聞かれる。夕方頃には、バアチャンや子供達までが、「若いあねさんと月見しておって穴に落ちたのは、どのもんだっちゃ」と聞いてくる。

噂が村中に広がるのも早いが、話が変ってゆくのには驚いた。しかしこの事件を機に大謀網の父さん達が、私達の宿舎に顔を見せるようになった。私達のことを、ちょっとドジだが面白い奴等だと思ってくれたからかもしれない。

まもなく青年会の若者も一升瓶をさげて来るようになった。毎晩、誰かがやってきては酒宴を開いた。青年の悩みも聞いた。私達もグデングデンに酔うまで飲まされたこともあった。私達と村の人達は、こうして親しみを深めていった。

（村山麗子）

■加井屋の間取り

「おはようございます。今日もよろしくお願いします。」毎朝、私達は、こう叫んで、図板片手に目的の家を訪ねる。

天気の良い日なら、たいてい家には誰もいない。大人も子供も、朝、早く出かけてしまう。しかしこの辺の村では、玄関に鍵などかけないのが普通だ。いつの頃からか、私達は掛け声をかけ、玄関に（○時から×時まで、おじゃましています。担当××）という張り紙をしただけで、誰もいない家にあがり込んで図面をとることを許されるようになっていた。

私が、先日来、通いつめている家は、屋号を加井屋（かいや）と言う。村のアカスジ通（公道）に添って建っている家で、ちょうど村のまん中にあたる。一棟の中に、母屋と木造三階建ての納屋がいっしょにあり、さらに三階建ての倉もくっついている家だ。昔、琴浦部落の一軒の屋敷どりは、アカスジ道を境にして、片側に母屋、片側に納屋、倉という風に別々に建っていたと思われるが、それに比べると加井屋は、特殊な造りと言えよう。

琴浦は、狭い谷内にできた集落で、山側から海側に通る道の両側には、家がびっしりと建っている。隣棟との間隔は三十～五十センチ程だ。「加井屋」の家では、裏に川が走るため、少しでも家を広くしようと川の上にせりだして部屋を作っている。

この家のあるじは、村人から「加井屋のとうさん」と呼ばれている。六十歳過ぎだが、現在村の共同網漁（大謀網）に出て働いている。昔は、桶職人として味噌工場などで働いていた。無類の酒好きで、私達ともよく酒宴をもつ。かあさんはよく働く人だ。孫達も大きくなっているから、畑仕事や家の切り盛りに精をだしている。

同居している息子夫婦は、もうすでに四十歳前後の年齢なのに、この村では、あんちゃん、あねさん、と呼ばれている。まだ家督を受け継いでいないからだ。あんちゃんは越佐汽船の貨物船に乗っている。あねさんは畑仕事の合間に、賃稼ぎに出ている。子供達は、中学生の女の子を筆頭に、小学校五年生の女の子、三年生の男の子がいる。

夏の暑いさなか、私が初めて加井屋を訪ねた時の印象は、今でも忘れない。とうさんは仕事に出る時間を少し遅らせて待っていて下さり、部屋を全部案内してくれた。土間を改造した玄関と台所は、スノコ敷と板の間になっていた。あまり広いという感じはしない。とうさんはここを「ニワ」と呼んでいる。ニワをさらに奥に入ると、納屋と味噌部屋がある。昼間でもそうとう暗い。ニワから一段上るとそこは「オマエ」と呼ばれる十二畳の部屋だ。吹き抜けになっていて、天井を見上げると、すすで黒光りした梁が見える。家の者が集まる部屋だと教えてくれた。その「オマエ」を囲んで、板戸を境に六畳の小座敷、八畳の大座敷、板の間の「納戸」と呼ばれる部屋があった。その他にも、ニワの裏手に倉と納屋があり、ニワから直接出入りできるようになっている。ざっと見ただけではあったが、そのどの部屋にも、生活道具があふれていて、琴浦村の生活があらわれているという気がした。

しかし初めは、敷きっ放しのふとんや、うず高く積まれた衣類に目を見張るばかりであった。それからというもの、毎日毎日、道具がその場所に置かれている状態を、そのままの形で描いた。初めは道具一つ一つの形や大きさが気になるだけであったが、それらの道具は、それぞれ持主が決まっているし、使い方も決まっているから、道具一つ一つを見ているだけで、誰がどこで何をやっているのかがだんだんわかってくる。人がそこに居なくても、この家の生活が手に取るようにわかるなんておもしろい。そう思うと、どんな小さな道具

琴浦の漁港。崖下に掘られた横穴は通称ネコ穴。漁船や漁具などの置場に利用している。集落周囲の崖にも穴があり、イモ穴という。イモや野菜類を入れる。イモ穴は各戸がそれぞれ持っている

加井屋平面図

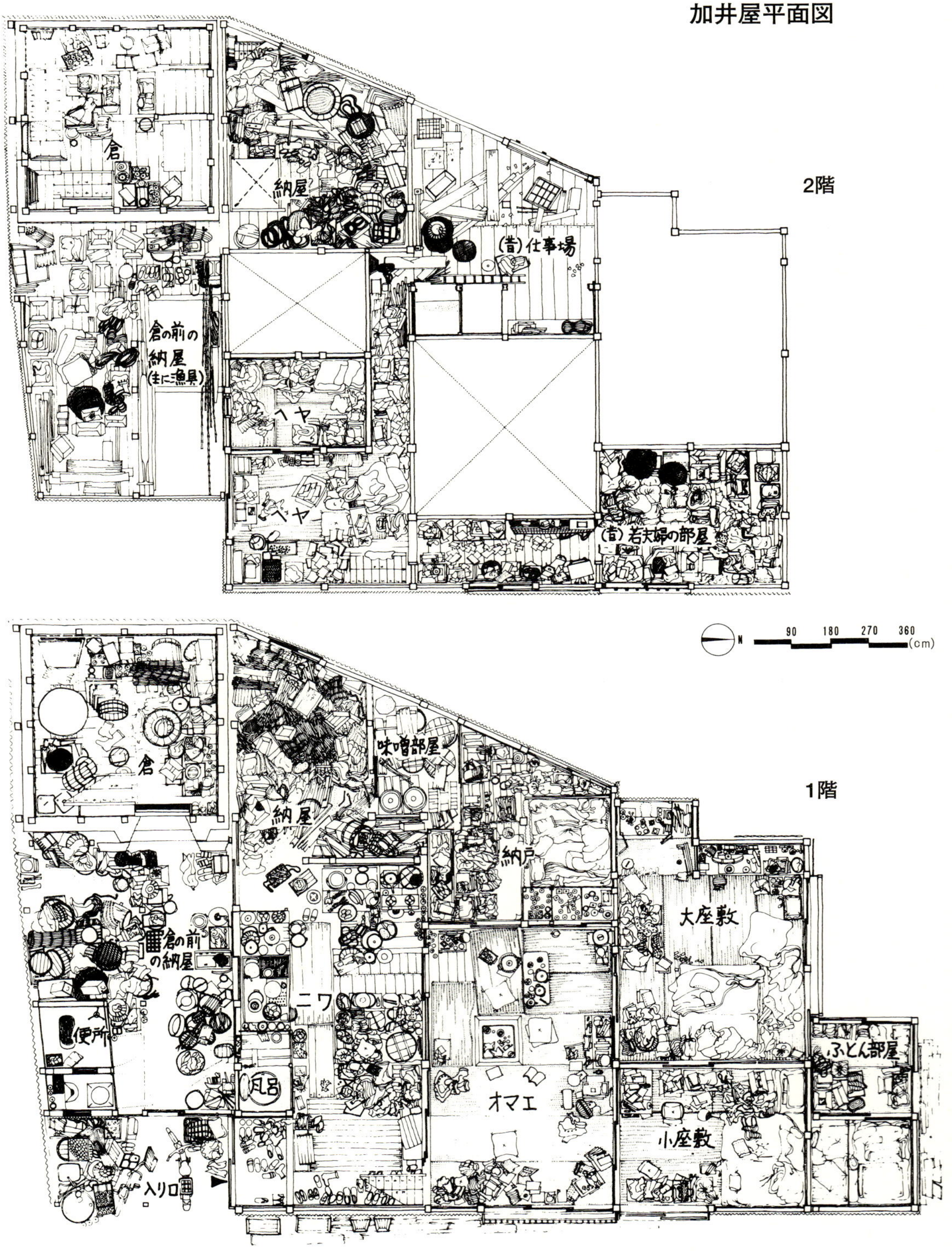

2階
倉
納屋
(昔)仕事場
倉の前の納屋(主に漁具)
ヘヤ
ヘヤ
(昔)若夫婦の部屋
N
90 180 270 360 (cm)
1階
倉
納屋
味噌部屋
納戸
大座敷
倉の前の納屋
ニワ
便所
風呂
オマエ
ふとん部屋
小座敷
入り口

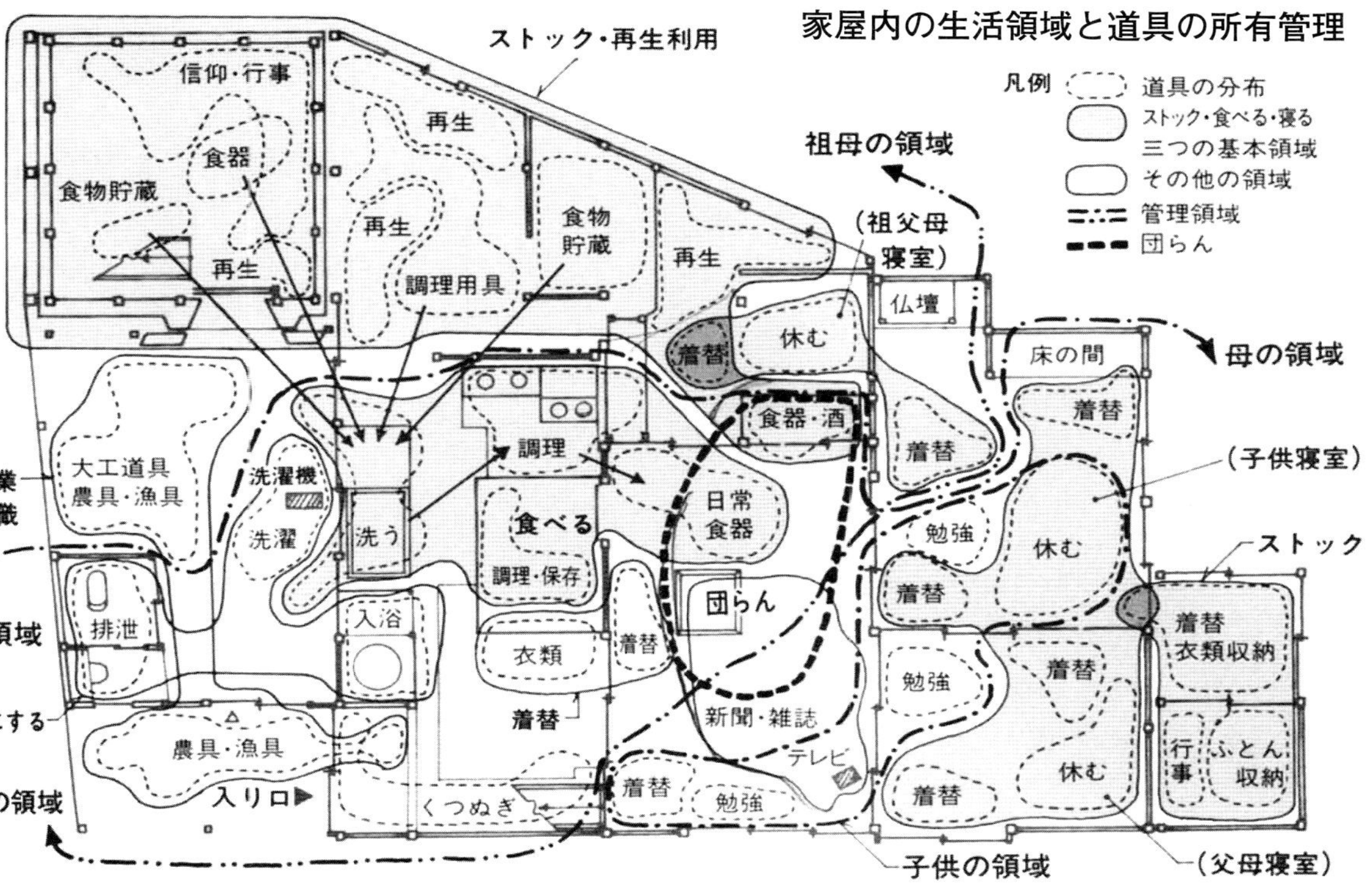

●家屋内の生活領域と道具の所有管理●　（上図）

加井屋の図をもとに、家族が家屋内でどのようなテリトリーを形成しているか検討してみたのが上図である。家庭で所有されている道具類がどのように機能し、住居の中に分布、収納されているかを分析してみた。分析にあたっては、住居内に置かれ収納されている道具類を家人の行為を主体にして、

【１】食べる　【２】清潔にする　【３】着替えする
【４】再生する　【５】寝る、休息する　【６】学習する
【７】生殖、調節する　【３】団らん、テレビを見る
【９】記録、伝達する　【10】信仰、行事を行う
【11】照明をつける　【12】通行、運搬をする（生活上の）
【13】趣味の活動をする【14】外出する（村の外、町や島外へ）
【15】集会・協議を行う【16】買い物に行く
【17】仕事（生業）をする（漁業、農業、諸職）
【18】その他、

に分類して、家庭構成員と道具との対応を見ていってみた。

こうした生活行為の分析から、家族の棲み分けの状態がわかってきた。道具の所有状況からは道具管理の領域、つまり祖父母、父母、子供といった家人の分担と強力による生活運営の姿が、間取り図の中に浮かんできた。この一連の家人の道具の分析を通して住居の間取りを見た印象は、道具は部屋割りに関係なく広がっていて、道具と人間の行為、行動との関連は濃く、間取りとは薄い関係にあるということであった。

加井屋の家族のみなさん

●加井屋の平面図と道具の分布●　（右頁図）

昭和46（1971）年の小木岬の村落調査では、琴浦の全世帯を対象に生活道具と聞き取りの調査を行なった。琴浦の家々はどの家も生業は半農半漁である。この調査では、この村の平均的な家庭が所有している道具類が、どのように機能し、住居の中に分布、収納されているのかを具体的に図に落としてみた。

図に示した家は琴浦の中でも比較的大きな家である。土間に続くオマエ、それを囲んで納戸、大座敷、小座敷がある間取りは琴浦共通のものである。図にはマッチ箱やゴミクズまで描きこんだ。それでこの家の人々の生活がわかるのではないかと、思ったからである。

も見落せなくなった。

ニワは昔、ワラ仕事や農作業をやった所だといわれるが、現在は「玄関」と名付けられた所の戸を開けると、長靴や地下足袋やサンダルが、家族数の三倍は並んでいるし、浴室の前には、間じきりなしで着替えた衣類が積み上げてある。風呂場のとなりは台所。石の流し、クドの周りに鍋、釜、瓶、桶などが置かれている。

納屋にはダンボールや焚き木やワラをうず高く積んでおく。全て風呂とクドの焚きつけとなるものだ。

オマエは、家の中で最も広く人の集まる場所だから、テレビがあるし、炉も残っている。しかし、それだけではない。台所からつながる部分は冷蔵庫が置かれていて、食卓や鍋や釜も置かれている。食堂も兼ねているわけだ。

テレビの周りには、子供達の遊び道具と教科書が置かれている。この室で着替えもするのか子供のパンツもあった。女の子のスカートも何校も脱ぎ捨てられている。ばあちゃんの山着などもかけてある。オマエの部屋は大人には食事や酒宴の場であっても、子供にとっては遊び場や勉強部屋、着替え場に利用されている。

さらに板戸を一枚開けて次に進むと、六畳の小座敷と呼ばれる部屋で蒲団が二枚敷いてある。あんちゃん夫婦の寝室だ。蒲団の脇には、たんすとダンボールが二、三個あって、中からあねさんの服や子供の服が出ている。しかし、寝室だけの役目ではなさそうだ。勉強机が置いてあり、中学生の女の子の制服もかけてあったりするから、勉強部屋も兼ねているのだ。小座敷は、たいてい若夫婦の寝室になっている家が多いが、子供が大きくなってきて自分の部屋を要求した時、子供部屋にも変化する。

隣の部屋の板戸を開けると、八畳に床の間と仏壇がついている部屋。ここは大座敷と言って、客集めの部屋だと言われるが、この家では日常の生活に使われている。ここにも蒲団が二組敷かれていた。子供達の寝床らしい。学校のカバンや遊び道具も蒲団の周りに置いてある。女の子二人の着替えも箱に入れて置いてある。しかし仏壇と床の間側の方には、かあさんの着物や針箱などが置いてあった。人寄せがあればこれらの日常の道具は片付けられ、小座敷との境の板戸がとられると、一部屋になって広間になる。

戸棚と重い板戸を境にしてある納戸は、薄暗くて湿気が多かった。この家の家督をあずかるものがこの部屋に寝起きする。お産の時とか、葬式の時遺体を安置しておくのに使う部屋とも言われるが、年寄りの寝間になっているものが多い。蒲団はやっぱり二組敷いてあった。周りにはタンスが二つ、ダンボール、衣類がひもで凡帳面に縛ってうず高く積まれていた。

これで日常、人が使っている空間はひととおり見たが、どの部屋もたてまえとしての利用法は決めてあるが、用途にはだぶりがあった。人は部屋ごとに使い方を決めている訳ではないようだ。若夫婦や老夫婦は、それぞれ一つの空間を持ってはいるが、子供達はいく部屋にも渡って領域を作っている。

加井屋の家は、大きく分けると、日常生活がなされている空間と、いずれ使う道具だが現在使わぬ物をしまっておく空間がある。ここではそれを「ストックの空間」とでも呼ぶことにする。ストックの空間は、図面の中でも道具がぎっしりつまっている所である。そしてそれらは、村人の生活を動かすにはなくてはならない空間のようだ。風呂を焚くために、たき木を置く所が必要だ。毎年作る味噌を保存するには味噌部屋がいるし、倉は、ふるまい事があった時のための食器や衣類が入れてある。倉の前の納屋は、漬け物の桶や、網、ハエ縄漁の道具、浮きのような漁具が置かれている。

加井屋の二階はほとんど物で一杯だ。冬物の衣類や寝具、子供達のマンガや教科書、テスト用紙等々、そしてかあさん（六十二歳）の育てた八人の子供達の古着と、父さんの大切にしている昔の漁具とが二階を占領している。果して現在これらの道具をしまっておくことは必要なのだろうか。昔は古着をとっておけば再生が可能だったし、木にしてもそうだ。どうにも使えないときは、灰にしてしまってそれを肥料にしたり、洗いものの時洗剤がわりに使った。しかし現在は服でも洗剤でもなんでも苦労せずに簡単に手に入る。同時に、物はどんどん安く出回り新しいものを購入するようになった。再生される日を待っている道具達の活躍場所は、今やないわけだ。

しかし再び利用しようと思ってとっておくものばかりではない。記念に、思い出としてしまっておくものも意外に多い。「ばあちゃんが、オレが死ぬまでびちゃってくれるな（捨ててくれるな）いうて、とっておくもんし物がたまる」と、若夫婦は困り顔で言うが、一つの漁具に、一つの桶に、一着のさしこに、年寄り達は数々の思い出を持っている。そして又、それを納屋の奥で見つけるたびに、子や孫達に、昔の生活をあくことなく語る。そこには、いらないもの、捨てる物では片付けがたいものがある。

都会の家はといえば、ストックの空間を持つ余裕がない。一つの道具を囲んで世代の違うものが語りあえる豊かさはない。ストックの空間がある事は、この琴浦村の余裕であり、そして文化はそういう所から育つ気がする。暑いさなか、すすだらけの納屋や、屋根裏にもぐつて、ワラ一本、ごみ一つを描きながら私はそう思った。

（村山麗子）

■漁の道具

「これはタコ取りの道具だあ。冬十一月から三月頃、夏場水の冷たい沖におったタコが子を産みに浅い岩場に上ってくる。これを獲るわけだ。」

図面をとっている時、納屋二階の片隅に、ほこりをかぶっている漁の道具を見つけて、家のじいちゃんに何に使ったのか聞いた。じいちゃんは海が好きで好きでたまらないというように、漁や道具の話を生き生きと話してくれた。

「タコを突く時は二人で行って一人が、櫓《ろ》こぎで、一人が突く。ナギのええ日や船外機で行く時は一人でもええ。このガラス箱を左手に持って海ん中を見ておって、見つけたら右手に持ったタコヤス（ゴウダラヤス、ユスリともいう）で突くんだ。ガラス箱は潮にもよるが、十尋（漁の一尋＝一・五メートル）も見える時がある。ガラ

ナワカケ
（途中で切れた延縄をひっかけて上げる）

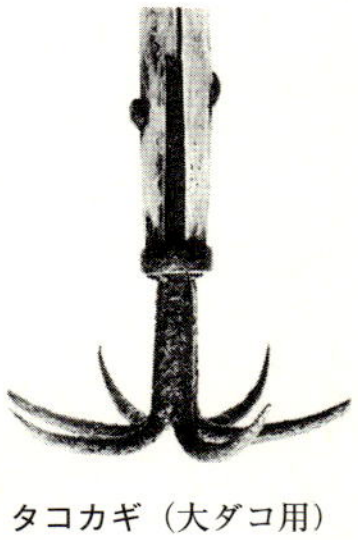

タコカギ（大ダコ用）

ユスリ（タコを突くヤス）

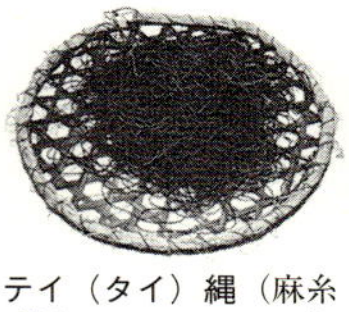

テイ（タイ）縄（麻糸
長さ120ヒロ　180m）

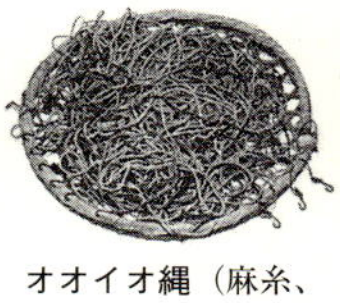

オオイオ縄（麻糸、
長さ100ヒロ　150m）

アラ縄（麻糸、長
さ100ヒロ　150m）

ギバランプ（延縄用
灯り、高さ26cm）

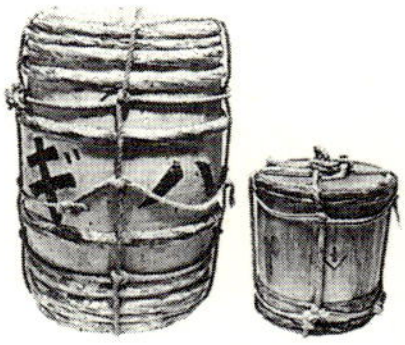

ギバダル（延縄用浮き）
大（直径28cm、高さ56cm）
小（直径21cm、高さ26cm）

タコツボ（直径
15cm、高さ26cm

ス箱は明治の二十何年かに琴浦の大工が作ったのがこの辺りでは初めてだと聞いている。ガラス箱ができる前はネイショちゅう油を海に散いた。夏にたくさん獲れたイカの腹わたを腐らせ、浮いた油を竹の筒に入れて船端につけておいて、細い竹の先に綿や布きれをまきつけたもんに油を含ませてタコが居りそうな所に振りまくんだ。そうするとその油で波が静まって、風のねえ日にゃ七尋くれえのとこまで突けたもんだ。

タコはたいてえ五尋から七尋くれえの所におる。タコの好物のゴウダラっちゅう魚を糸でエラの所を結んだのんやクモダコを餌にして、岩に隠れとるタコを突きやすい所に引き出して突く。タコヤスやサスリで突いて追い出すこともある。サスリに使うてある木はタモ木というてな。粘りのある木でちょっとの事では折れん。この木は軽いので重しに樫の木をついである。つつかれたタコが泳ぎ出そうとする瞬間にこのタコカギで足の中程をたたくんだ。そうすると足をあげてカギにからんでくるからそれをねじって岩に吸いつく前に引き上げるのんさ。

マダコ（メス）は普通二～三キロ。ミズダコはいくら大きゅうても値が悪い。エサにするクモダコは三～八百匁くれえの小せえタコで九月頃よくとれる。竹の先に赤い布きれをつけたエサをピラピラやれば吸いついてくる。タコちゅうもんは、イボが一つでも岩に吸いついたら絶対あげられん。あげてからも船端に吸いついて足が一本もげても離れはせん。そういう時にゃあ、たいてえ船のオモテ（舳先側）の方に逃げていって海に入るし、この時をねらうてあげるのがコツだ。ヤスで刺しておくとヤスが動くしタコの動くのんがようわかる。

これは水樽ゆうて、アラバやスケトウバとかいう沖漁に出る時、水を入れた樽だ。スケトウバはまだ冬の海のしけとる三月四月で、三月（旧）の節句頃が一番盛んだった。朝早う二時三時から出るが、アンコというて一番若《わけ》え者は一番先に起きて水樽に水を用意してすぐ出られるようにしておかんと船頭に張り倒された。スケトウの漁場は琴浦と深浦沖の二里、三里くれえの所で一日海に出とるし、水、チゲにつめた飯、味噌、塩、七輪を持っていって沖で汁をこしろうて飯を食うた。とれたての魚を煮たのんに味噌をつけて喰うのがうもうてのう。沖船いう三丁櫓の船に親せきの者四人で乗り組んで行ったが、今なら動力船で一時間もあればええけも、手押なら朝三時から櫓をこいで、ついた時は八時くれえだった。

帆をかけりゃ早えけも、風が良うないとかけられんし、帰りは、遅い時にゃ夜の十時も十一時もなった。こんな日が十日も続く日にゃ眠とうて櫓を押しながら居眠りしたもんだ。

　これはナワザルというてハエナワを入れるもんだが、スケトウはハエナワでとった。山見《やまみ》をしながら一人が櫓を押してあとの三人がナワをはえこんだ。スケトウは瀬のへりに居るもんし、潮加減ではえにくい。ナワザル一枚で二十二～二十三尋あるのを、たいてえ四～五十枚くれえはえた。エサはセイナゴ（ヤリイカ）だ。良うつく時にゃ、スケトウの群れが白う見えるくれえ来ておって、ナワをはえ込んでおる途中から喰いついてくる。その時にゃあナワが細いし手が痛うて一人ではようあげられんかった。

琴浦の磯ネギ漁（見突き漁）。海底を磯鏡で見て、アワビやサザエなどを突き獲る。写真は家族総出でおこなう春先のワカメ漁。岡からもワカメを刈っている

　ナギの良え日や、喰いの良え日は、日に二遍ハエ込んだ。漁がすんで帰ると次の日すぐに漁に出られるように用意せにゃならん。ナワを干してナワザルに取り込んだり、船頭はとられた針を作らんならん。針の加減で漁が決まるもんし、針は船頭がこしろうた。重りは若えもんが赤ガネ（銅）を溶かして鋳型に流し込んでこしろうた。どんなに遅うに帰ってきても疲れておっても、これをしておかんと次の漁に出れんし。昔は糸からなんから、みんな自分でこしろうたのんさ。

（赤木紀子）

■大謀網漁

　琴浦にいる間にしばしば大謀網を起こしに連れていっていただいた。

　大謀網漁の朝は早い。五時半にはもう大謀網の人達は船に乗りこんでいる。

　タララン、タララン……。引き船が威勢のいい音をたてて走り出す。一番前が磯船、真中が中船、一番後ろは沖船という。こうして三隻の

船は網のところまで動力船にひかれていく。磯船に乗っているのは若い人が多い。中船には年寄りが乗る。

網に着くと引き船から離れ、磯船は磯側、沖船は沖側、中船はその間に櫓を押して配置につく。中船の櫓番は船浦のジィヤンで、「わしが来んとだめなんじゃ」と、得意そうに櫓を漕ぐ。

配置がすむと網を張っているロープを、院京屋のあんちゃんがカギで引っかけた。それを金六屋の父さんが中船の巻取機にかけ、ロープを巻く。磯船も同じようにロープを引く。声が飛びかい皆の動きが活発になる。

網が見えはじめた。船頭と船浦のジィヤンがその網をたぐり寄せ、船端に並んだ皆に網の端を渡す。「さあ！いくぞ！」。船頭がいい調子で掛け声をかけはじめ、皆、それにあわせて、ゆっくりゆっくり網をたぐる。足元にたまった網はうまく足先にかけ、網を裏返しにして海中に落とす。

磯船と沖船は網を斜めに引き、中船は垂直に引く。斜めに引くのは相当の力がいる。いくらも引かぬうちに腰が痛くなる。軍手をはめた手も痛くなる。「腰を引いたらいかん、もっと腰をいれろ」。船頭はどなる。「この巻取機がねえ時代は、水夫《かこ》ももっといったし、網を上げるのにずいぶん時間もかかったさあ」。今、水夫は二十三〜四人ですんでいる。が、かつては五十五人の水夫がいったそうだ。

網目が引くほどに細かく変ってきた。小さな魚がピシャピシャと飛びはねる。私達には海面を泳ぐフグやエイの姿しか見えないのに、船浦のジィヤンは、「おお、はいっとる、大漁だ大漁だ」。と気を吐いている。

三隻の船がオモテとトモを突き合わせて網を囲む。網の中には、マス、ドモ（ホッケ）、フクラゲ（ブリの子）、ヒラメ、セイナゴ、フグ、バク（カワハギ）等々が、ごっちゃになって跳ねまわっている。ドモが一番多い。フクラゲはまだ小さい。バクがたくさん網に入るようになると、その後はラゲ（ブリ）がたくさん入るようになるという。

網を磯船に引き上げ、タモで網をすくう。マスは船にあげると、暴れてウロコが飛ぶ。ウロコのとれたマスは値が安くなるので、すぐに棒でマスの脳天を一発なぐる。ドモはぬめりのある魚で、マスをこの魚の上に乗せると、ウロコがとれにくい。

魚を全て船にあげると、今度はツボ網を起しにいった。ツボ網は四隻の船で網を起こす。時間はそうかからなかった。

ツボ網にはマスが群れをなしていた。今度のマスは大きく、皆の顔もほころんでいる。「銀鱗がおどる」と権助屋の父さんはニコニコしながら、跳ねまわるマスの頭をなぐっている。タモで魚をすくっていたアンチャンも、たまらなくなってカギでマスの頭をなぐりはじめた。

魚を積んだ磯船が港につくと、浜で遊んでいた子供たちやバアチャンたちがゾロゾロと集まってくる。そして、先ずマスから箱詰めを始める。詰め終った箱には「小木町大謀組合」のハンコをバンと押す。他の魚はカゴに入れてから計量し、箱につめる。そしてトラックに積まれた荷は小木の市場へ直ちに送られる。

大謀網漁業は琴浦村の共同漁業。ホッケやマス、ブリなどさまざまな魚が獲れる

値の良いマスは新潟まで送られる。ススキやドモは番屋のまかないになる。私達も手伝賃として、ドモやフクラゲをいただいた。

脇の方には大きなフクラゲがよけてあった。漁の良い日は、村の海潮寺の「サクラヒメさん」に御礼に持っていくためだ。サクラヒメは琴浦の漁の神様なのである。

（赤木紀子）

■漁師の話

この琴浦では、今の四十～五十歳代から上の男衆なら必ず海に出た経験を持っている。村の人達が自ら「漁百姓」といっているように、男衆は海へ、女衆は山と呼ばれている段丘上の畑を耕しながら暮してきた。この父さんも、長男として生れ、一回も外には出ずに村の中で生き抜いてきた人である。

「わしは明治四十二年生れで、今年（昭和四十七年時点）六十二歳になる。わしが十二の時、親父が流行性感冒で亡くなった。親父は気丈夫なおっかねえ人でなあ。世の者がおとける（驚く）ような仕事をしたが、疲れておったのかコロッといった。まだわしが尋常五年の時だった。尋常を卒業して、それからわしは、姉さんが嫁に行った先の船に乗せてもろうて、漁師をやってふんばったさあ。魚を獲らんと生活できんもん。この頃わしんとこの畑は八反五畝くれえあった。余計持っとる家で一町、少ねえところでは五～六反もなかったし、自分のところのまかないと、小木に毎日ちょこっと出売りに行く分くれえしかとれんかった。男衆は十五になりゃ、みんな海に出とったさ。一船に四人乗ってアラ釣りに出た。アラは一年中獲れたし、海がナギさえよけりゃ出た。他にハチメ、イカ、コウナゴも獲った。十六歳からはイワシ場にも出た。やっぱり親戚の船に乗せてもろうた。この時分にゃふんばっとることもあって力もついとったし、十六歳でも一人前に見てくれた。十七歳の時には三十貫もあるカジをとった。

かあさんはワシが二十二歳の時もろうた。かあさんはヨビ年（かぞえ）で十七歳だった。百姓仕事は作付けの切り替えの時手伝うくれえで、他はかあさんにまかせっきりでわしは海へ出た。その頃漁を専門にやっとる者は、年中浜におって網をつくろったりして沖を眺めては、日よりばっかり見ておった。家においても仕事はなかったしな。金は海からとらんと、とるところがねえもん。

戦後建設会社の土方のような仕事ができるようになったが、それまではお金をとるのに御苦労したさあ。大正の末から昭和の始め頃は北海道の築港に土方に出る者も七、八人おったが、今のような出稼ぎに出るようになったのは、昭和の三十七年頃からだ。

沖に出る漁だと、山あてのうまいもんと下手な者ではえらい差があった。潮が悪い時にゃあ、一日中海で遊んでくる事もあった。何にも獲れんでなぁ。海のもんは獲れる時は獲れるけも、ねえ時は何もねえ。時化にでも会えば命はねえ。村中の男衆がアラ場に出とって時化におうて死にはぐったこともある。九日ダオシ、ゆうてな、毎年四月頃になると海が荒れて、それまでにも何人か時化におうて死んどる。今でも四月九日のその日には、ばあさん達が集まってお念仏をやっとるが。

タバコの葉の収穫。琴浦集落の上の段丘上には水田や畑が拓かれている

それでもナギの日には、一日一回は海に出た。イワシ場がねえときはイカ場、アラ場、ほとんど海で暮すようなもんだった。イカ場のねえ時はカマス、テバ……年中海さ。

畑で採れたカボチャ、ニドイモ（ジャガイモ）サツマイモのようなもんは、イモグロ（段丘の崖に掘った穴でイモなどをしまっておく）に囲っておいて、少しずつ出しては小木まで行って売ったが、持って戻るのは醤油一本とか、その日その日の日用品だけさ。大きい買物は、海で獲ったものでやるわけだ。それだし、盆とか祭りとか大年《おおどし》（大晦日）前には余計ふん張って、それで餅米を買うたんだ。大根の大売りもけっこうええ金になったが。アラは値が良くてなあ。大年前のナギの時に、一、二回も海へ出りゃ、それで正月の餅が買えたりしたもんだ。

漁師は十年くれぇやったか。船長が年とって、船が出んようになったしやめたんだ。それに戦争だったしな。戦後はそれまでビシャル（捨てる）くれぇ獲れとったイワシが、バッタリ来んようになるし、鹿児島あたりからアグリ船いう機械船が来て、底引のような網で大きなのんから小《こま》いのんまでみんな獲ってしもうて、磯から泳いどるのが見えるようにおった魚が、寄りつかんようになってしもうた。この辺りの笹船のようなもんじゃ、とてもたちうちできんもん。

　戦後三十歳過ぎてから、役員をやるようになった。漁業会の役員、農家組合長もやった。終戦の年あたりから、二十四年くらいまでワカメ騒動というのがあって大変だった。それまで磯ネギ（磯まわりの魚貝類、海藻などを獲る漁）の地先は村毎に決まっておったのを、国からの規則で、どこで獲ってもええというのんができたもんし、地先の広い所と、地先のねえ所が分かれてけんかしたのんだ。ちょうどワカメの時期で、ねえ所は刈らせえいうて頑張るし、広い所は刈らせんいうて、三崎の村が二つに分かれてけんかしたのんさ。琴浦、宿根木の海境の新谷崎沖でぶつかった。両方から、あるだけの船、みんな出して何十そうとグイグイ櫓を押してきた。えらい騒ぎだったのさ。結局、話し合いをして、琴浦だけは

海岸にある家から台地の上まで上って小学校に通う琴浦の小学生

入会《いりあい》になったが、みんな食うのに一生懸命だった。

　溜池作りの時にゃあわしは組合長だったし、土地改良の理事をやっておって、工事を始める五年も前から県に運動に行っておった。計画を始めたんのは昭和二十四年か五年だった。

　ここは水田のねえとこだし、溜池を作って一つ田地をやらんかという事で県の技術者に土地を見てもろうてやれるというのんで始めたわけだ。兵隊から帰ってきたもので人手も多かったし。村の共同事業で始めたし、家ごとに男の者一人出さんならんかった。外へ大工や職人で出とる者も仕事休んで共同の人足に出た。人足には日当出したけも、自分で出した金だしタコが足を食うようなもんだという者もおった。溜池は春三月から始めて夏の間中やって、雨の多くなる十一月からは田地作って、雪が降り始めてからは、わしは三月までセイナゴ漁に出ておった。

　溜池作りと並行して、一度掘りかけてやめておった横井戸を新潟大学の先生にみてもろうて、あと六十間掘りや水が出るいうのんでまた掘り始めておった。何回かチヨロッと出たことはあったけもいくら掘ってもポロポロした岩が出るばっかりで、あきらめかけて今日で六十間になるという日に村の者が寄って、やめるか続けるかの投票をやった。一票差でやめる方に決まった所に「水が出たぞー」いうて、その日の当番の者が顔色変えて飛び込んできた。それから突貫工事さ。水路工事して、三反二畝ずつ畑出し合うて、田地こしろうて共同水田ができ

たんだ。自分達の作った米が食いてぇ、米を作っとりゃお上が保障してくれるいうのんで水田を作るのが村中の夢だった。溜池は昭和三十年までかかったけも、断層があって水が溜まらんでうまくなかった。

昭和三十二、三年には溜池工事も終って人足に出んでもええようになって、また男衆はもとの仕事に戻った。共同水田やっとる頃は、一家の働き手が人足に出とったもんし、金とることもできんで、人足の暇に海に出とったけも、それからは海に出る者も少のうなった。

魚群を魚取部の袋網に導く導網（ワラ縄でできている）を整理している琴浦の大謀網の乗組員たち

わしん所ではタバコを始めた。初めは村で均等割の三反三畝だったが、今は自由になっとる。村内で十一軒やっておったが今は九軒に減った。タバコは作った面積は同じでも、出来の良し悪しで、米でいやあ良かった所と悪かった所では米十俵も違う。手間もいるしこればっかりはやり方で出来が決まるしなあ。

昭和三十九年には大謀網（大型定置）を琴浦沖へ持ってきた。琴浦では大勢で金がもうかるというのんでやりたがっておったが、ちょうど両隣の元小木と宿根木でやっておった大謀が網が近すぎて漁が少ないいうのんで一つにせんかということになった。この時もわしは漁協の役員しとったし、これを小木町大謀組合という株式会社にして小木町全体に呼びかけて、琴浦は小木町の資本家に金を出してもろうて株主になった。この借金は五、六年前に返してすんだ。

今大謀に出とるカコ（水夫）はほとんど琴浦の者だ。若い者は外に出た方が良えいうて、大謀に出とるのは村に残っとる長男が多いもんし、年々年とるばっかりだけも。共同耕作も人足の出し方やらなんやらで問題が出てきとる。

それでもまだ溜池の時借りた金も、開墾の時の借金も残っとるしな。この金を返すまではワシも理事をやめられん」

（赤木紀子）

船を求めて

―昭和四十八年〜四十九年―

磯船・平面図・側面図・前後正面図

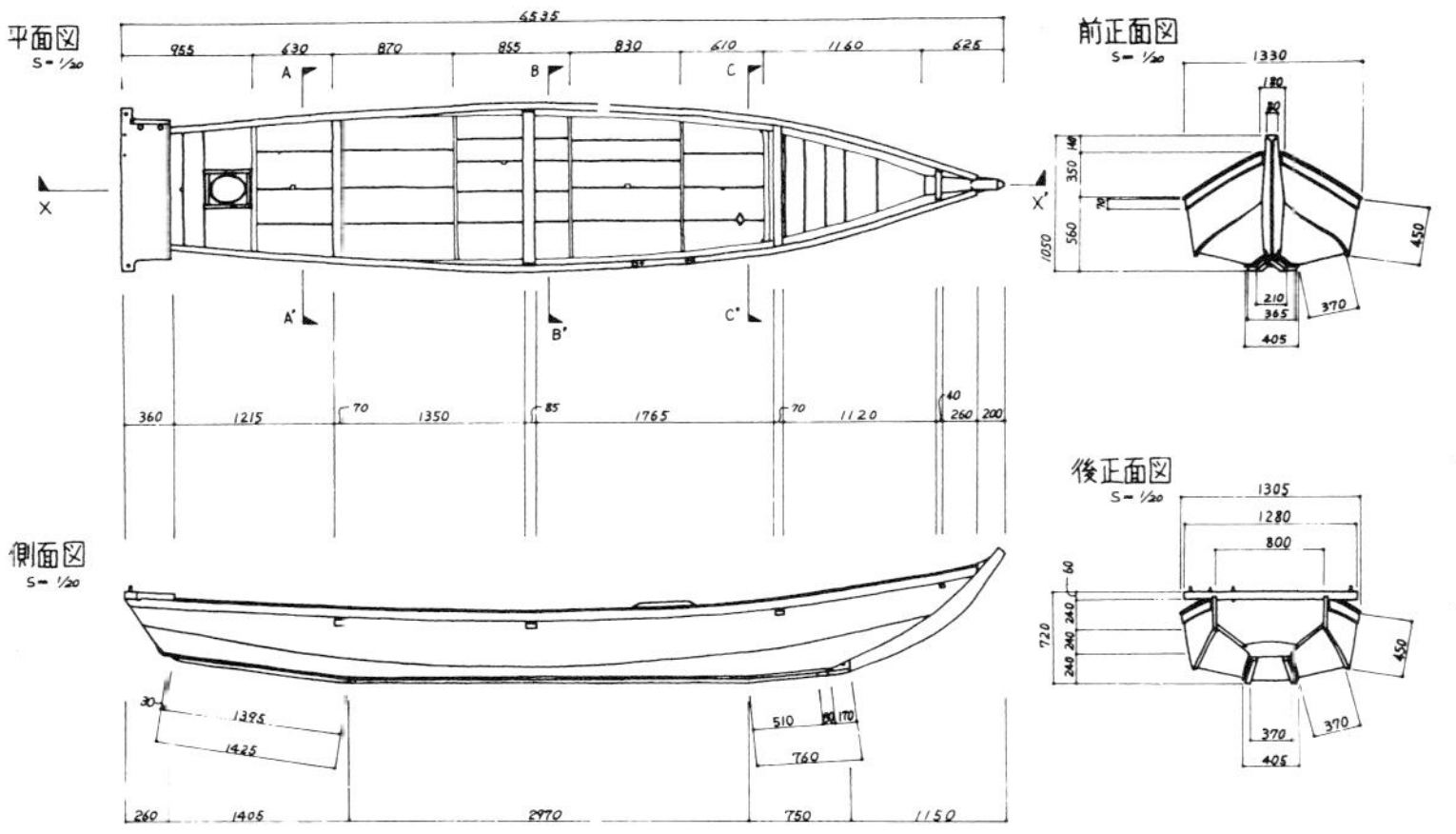

小木の磯船は船梁がつきトコバチの角が出っぱっていて巾の広い船が多く見られる。型は少しごついが丈夫で乗っていても安心できる。

手櫂船・平面図・側面区・前後正面図

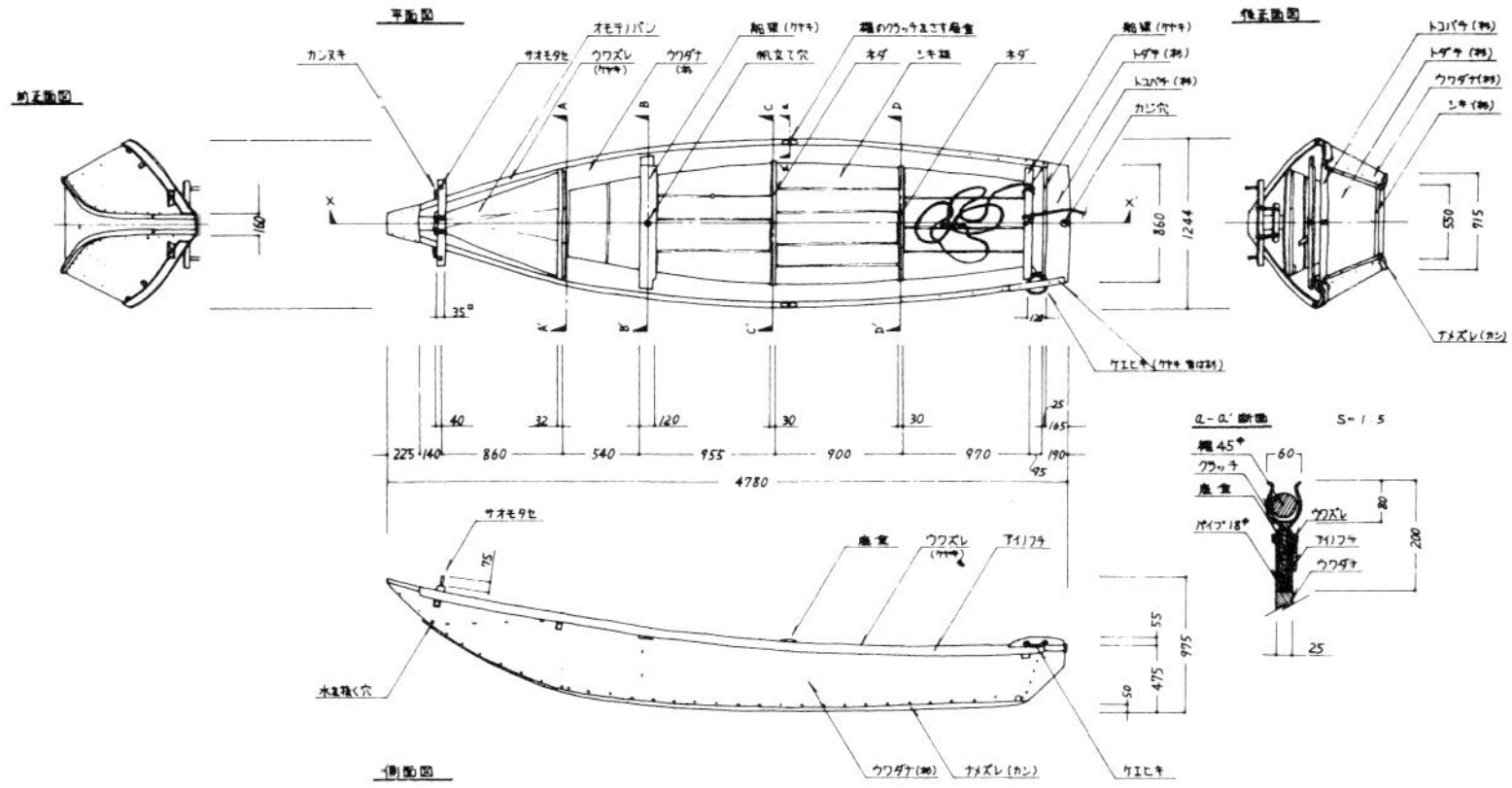

内海府に多い箱型船は、シキ一枚タナ一枚づつで水押がなくテガイ、テンガイと呼ばれる。シキも一枚で巾が広く波には強いが荷はたっぷり積める。

カンコ船・平面図・側面図・前後正面図

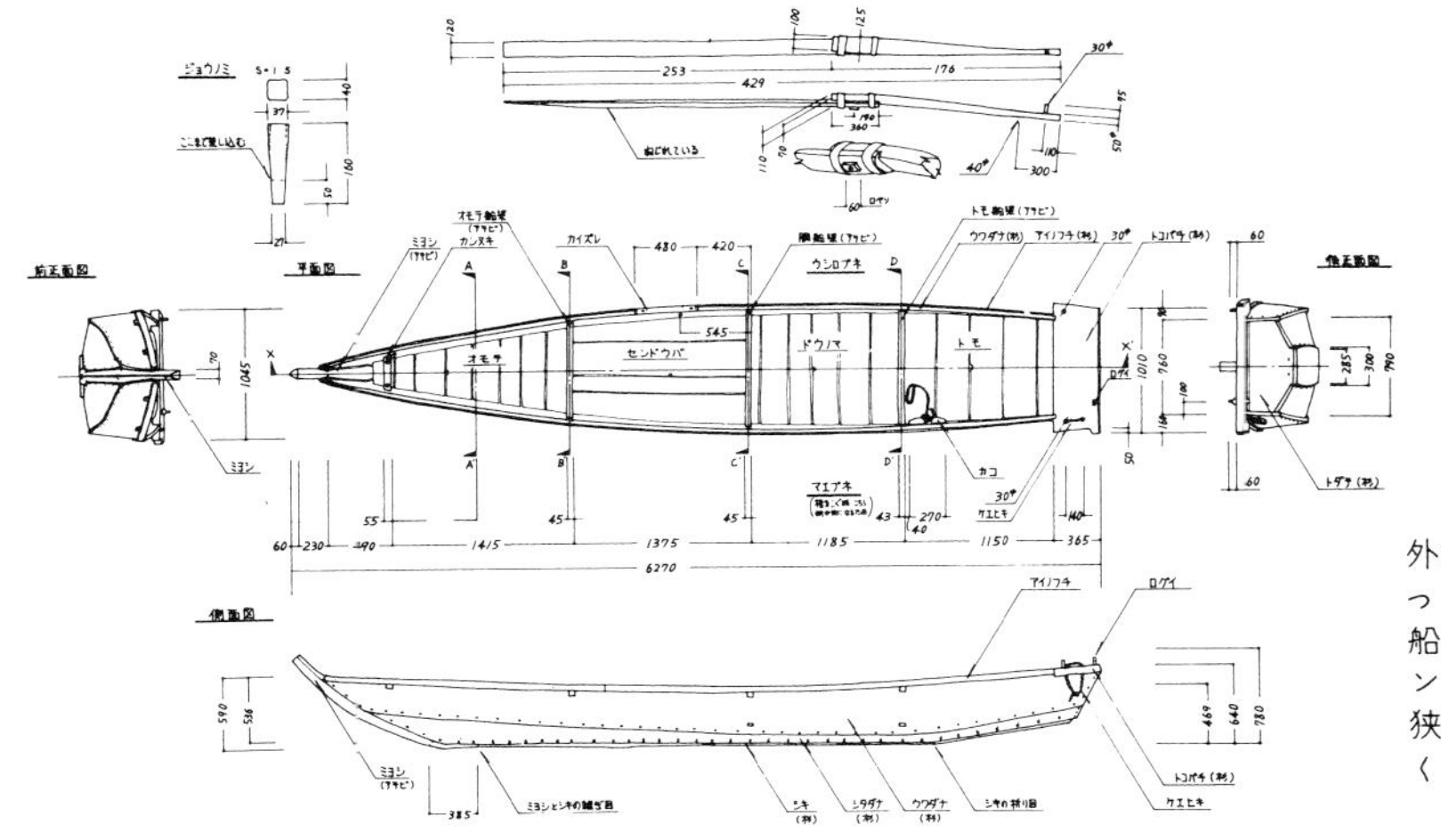

外海府では水押の真っすぐで巾が狭く、船梁の付いているカンコ船が多い。巾が狭いので波切りが良く荒海に強い。

北片辺のカンコブネの舳先

■船への興味

旧宿根木小学校、現在の小木民俗資料館と私達は長いつきあいである。資料館の管理をしている老夫婦は宿根木の人である。ばあちゃんはまだシャキシャキだが、じいちゃんは大きく腰が曲っている。明治二十九年生れ、今年七十九歳のじいちゃんは若い頃は腕の良い船大工だった。曲っている腰は船大工をやっていたころ、冷たい海水に腰までつかって船を曳いたり、船の下にもぐりこんだりしたための職業病である。

宿根木の調査しているころから、このじいちゃんに船大工の話をよく聞いていた。その記録を残そうと毎日博物館に通った。じいちゃんの子供の頃の宿根木のようす、船大工修業のこと、廻船業がすたれ、習い覚えた和船の技術が全く役にたたず、始めからやりなおしで北海道へ渡ったのを皮切りに、横浜、大阪を転々とし洋型船の技術を覚えたこと、戦時中の船大工のこと……。船の作り方の話も聞いた。だが不慣れな船大工の専門用語、大工道具の名前、船の部分名称、解からぬことだらけであった。幸いにも資料館には船大工の道具がおいてあって、じいちゃんはこの道具を手に取りながら、くり返し、かんで含めるように説明してくれた。和船の作り方を、磯船を作る行程で説明してもらった。

次に私達は磯船を実際に復元できるように、その工程を図面におこす作業を始めた。だがこれは思いの他困難な作業だった。船大工に聞いた話だけでは図面に書けなかったのである。また補足に実物の船を実測してきたものも基準点をどこでとったかわからず、同じ磯船でも少しずつ型が異なっていた。結局、あれこれ資料を寄せ集め、宿根木の舟大工から借りた板図を参考に、なんとか磯船の図面とその工程図を書きあげた。このなかで水産庁には大きな廻船の資料はあっても、漁業に使われている小船の資料のないことや、同時に木の技術の結集ともいうべき木製の船がどんどん消えつつあるのを知った。

そこで四十八年の春、メンバー全員で全島を廻った。そして各地で見た船は、私達が苦労して書き上げた宿根木の磯船とは型が異なっているのに気づいた。佐渡は島国である。狭い島国の中でどうして船の型が異なっているのだろうか。そこで再度全島をまわり、磯船の型を調べ大別してみようと思いたった。一旦、東京に戻り磯船調査の企画を練った。そうして一人が各地の磯船の写真、図面、作り方、分布などを調べることになった。

（村山麗子）

■東海岸の船

四月、佐渡の海はもうすっかり春の穏やかさを取りもどしている。青い海、青い空、東海岸沿いの道を先ず北上した。

道は細く、山が海岸ぎわまで迫っている。その海と山とのわずかな平地に家々が並んでいる。赤泊村の小熊である。

カンコブネは船板が薄く、波切りが良いように細身に造られている（北片辺）

水押が湾曲している赤泊の磯船

道に車を止め、小熊の浜に下りてみた。山を背に母屋、海に向かって船小屋がある。船小屋と浜の間に石で垣が作られていて、海から村を守っている。

浜には丸石がごろごろしている。海の青、石の白さ、ギラギラ照りつける太陽、一瞬夏を思わせる。しかし夏には浜は船がたくさんでているのに、今は一隻の船が置かれているだけ。

近づいて見ると、その船から父さんと母さんが忙しそうにワカメを取りだしている。朝、漁に出て帰ってきたばかりなのだ。採れたばかしのワカメをカマで葉と根に分けて切っている。

「こんにちわ」と私は声をかけた。と、父さんの無愛想で、シワがきざみこまれた顔が急にくずれた。顔は気持よいほど陽に焼けている。

「ネカブ食べてみんか。」と言う。ワカメの茎の根元についているフリル状の物のことらしい。私が「商売ものを食べちゃ申しわけない」と答えると、「売り物ではない」と言う。隅に積んであったネカブの一片を食べてみた。カリッと歯ごたえがあり、パッーと潮の香が口いっぱいにひろがった。ちょっと渋味があって何とも言えずおいしい。ネカブは生で食べる場合もあるが、多くは乾燥させ保存し、みそ汁の具にしたり酢のものにして食べているようである。

小熊から少し東海岸を南下すると赤泊の港である。赤泊は少し町らしい所だ。灰色の家並みに不釣合な近代的な白い大きな船が桟橋に着いている。新潟から赤泊への定期船である。昔から開かれていた港だけあって、小木港についで整備された港だ。浜もコンクリートで舗装され、浜と納屋の間には立派な道がつくられつつある。

港には大きい船用の桟橋と磯船用の船を海から引きあげて置く傾斜のある浜と二ヶ所ある。佐渡では漁をしない時は小船を浜に引き上げておくのである。

浜には小船がいっぱい並んでいる。三十隻はあるだろう。それも想像以上に異なった種類の小船がある。木製の船。FRP〔強化プラスチック〕の船。木製でも表面にFRPを張った船。同じ木製でも船梁がある船や、曲った木を使ったもの等々。

そして小木の船とは明らかに型がことなっている。小木の船は、水押《みおし》〔船の舳先の水切り〕が斜め前方に突きだされている。赤泊のは水押が上に立っている。側面のタナも小木の船より深い。

何故だろう。町のはずれの大きな造船所を訪ねてみた。

水押がない和木の手櫂船。底板と側板がそれぞれ一枚の板で造られ、田船のような船型

誰もいなかった。外の浜で若い人が船外機を修繕している。船造りを手伝っているという。そこで船の型についてたずねてみた。

だが、昔からあの型をしていると言う。また、水押の立ち方が違うので、当然、タナ板の曲がり方も違い、立った水押に合うように、船中をオモテの方でせばめてあるのだと言う。船底のシキの作り方も小木の船とは異なっている。カイズレ（櫓をこぐところ）の位置もちがう。

たった数キロ離れた所なのに、なぜもこう船の型が変るのか。造船所の兄ちゃんにもわからない。兄ちゃんはＦＲＰの船を造ることが多く、木製の船はあまり作らないという。

私は一つ一つの村に止まり、船をたんねんに見ていった。同じ東海岸でも山がひらけ、谷がそのまま海にまで開けた所もある。

両津市野浦村ではその谷の斜面に畑を作っている。道沿いの畑ではじいちゃんが一生懸命に鍬をふるっていた。そのじいちゃんが船の話をしてくれた。

「小木の船は細いがここらの船はゆったりしとる。船のアバラには崖に生えとる杉の根元の曲ったところを使うんだ。」

佐渡の杉は、平地が少なく傾斜面に生える。またその根に雪がつもったりして根元から曲る。その自然にできた型を利用しているのである。

（砂川康子）

■西海岸の船

その後いったん小木に戻り、再び西海岸に沿って北上した。この辺りも東海岸と同じく山が海際まで迫っている。しかし家は山の上に点在している場合が多く、純粋の漁村ではないようである。道も山の上につけられていて海岸がどこにあるのかもわからない。

道沿いの店の人に聞いてみると、やはり村ごとに浜を持っていて、船も持っているという。真野町田切須《たぎりす》にて教えられたとおり、背の高い草をかきわけ、人ひとりがやっと通れる小道を海に向って下りた。十分ほど歩いてやっと浜がはるか下に見えた。崖がそそり立ち、そのわずかな地面にへばりつくように、四、五棟の船小屋が並んでいる。

船小屋には一、二隻の磯漁の小船がきちんといれてあり、船小屋にしっかりとつながれていた。母屋から浜が離れているせいか、また漁の季節でないせいか常に使用している様子はない。

船小屋は瓦屋根のものもあり、昔のままのワラ葺きのものもある。ここの船の型は小木のものと似ているが、トコバチの型は全く違っている。シキの作り方も違う。

更に西海岸を北上して真野湾の豊田に来た。漁港らし

小木の磯船は側板が厚く船幅も広くがっしりしている

ワカメを積んで帰ってきた坊ヶ崎の手櫂船

く船も多く活気がある。磯漁用の小船も中型の船もあった。

国仲平野を流れる佐渡で一番大きい国府川では小船で漁をやっている人がいた。国仲平野付近の海岸は砂浜で、大きい船は入れないし又漁もしていない

大佐渡の南端、二見半島ではかろうじて小船が見られ、漁村がある。この辺りの船は、全体の型としては小木と似かよっていて、どっしりとしている。しかし、ここの船大工さんの話では、各部材の種類もシキの作り方も違っていた。

相川町から更に北上しはじめた頃から、天候がくずれ、小佐渡のあのさわやかな青い海が、灰色の暗い海になってしまった。

相川町北片辺の白い砂浜にどす黒い波が打ちよせ、黒くそそり立つ岩に波が当たって砕ける。崖を後方にした母屋や納屋は入口を固くとざしている。その灰色の板壁に潮が容赦なく当たっている。浜には人っ子ひとり居ない。

この村の船小屋は村のはずれにあった。村の前に護岸を築いたので移動したのであろう。船小屋は杉皮葺きで屋根には石が置いてある。ここの船は幅がとても狭い。板も薄い。ゴテゴテと補強の板もついてない。すごく素朴できゃしゃな船だ。この荒波に浮くと、まさに笹の葉船のような感じさえする。

何故土地によってこんなに船の型が違うのか。見ていただけではわからない。そこで実際に船を造っている船大工に聞いてみることにした。

この外海府《そとかいふ》では三人の船大工の名前が聞かれた。相川町全域だと七〜八人いるようだ。だが磯漁用の船を専門に造る人は、もうほとんどいない。出稼ぎに出たり、農業の片手間にやったり、先細りになっている。一つの村に二人の船大工がいる場合、一人は農業や出稼ぎをやるようになり、他の一人は大きい遊覧船も手がけ、船大工だけで食べている。造船の技術を持つ人が、その腕を生かす時がないのはすごく惜しまれる。

相川町小川の村はずれにある、納屋を少し大きくしたような造船所をたずねる。中は薄暗く、おそるおそる中に入ると、男の人がタナ板を切っていた。

私に気がついて仕事の手を休め、船のことを話してくれた。話を聞くうちに、船の型はその土地の漁や地理的条件によって決ってくるのでないかと思えてきた。

この外海府では波が荒いため、船を岩にぶっつけたりして、早く傷み易いという。どうせ傷むものなら良い材木で造らずともいい。外海府の村の背になる山は木が豊

富であるから、それをどんどん使えば良いという。どうせ十年しかもたないものならば、十年で使い切るようなものでいい訳である。

　小木の船は、板も厚く三十年は使える船だと聞いていた。外海府とは使い方がまるで違うのである。また外海府北端の真更村《まさら》では、母屋は山の上にあり、浜らしい浜もないので、操業する時には、山の上から海へ船をかついでおろしたと言う。その為、板も薄く、小さく、軽く、簡単に一人でも動かせる船が必要だったのである。

　また、外海府の船の幅が狭いのも、この荒海から生れた知恵である。横ゆれは激しいが転覆はしにくいのである。荒海では幅の広い底の平らな船はすぐに転覆する。

　両津市北小浦の村は今、ワカメの取り入れと乾燥で活気づいていた。村の端から端まで、ずらっとワカメを干してある。ワカメを満載にした船が帰ってくる。母さんたちによって荷揚げされ、たちまち、葉とネカブに分けられる。葉はザブザブと水洗いされ、干される。乾燥機のある家ではそれで乾かす。

　そうしてワカメを下ろした船を見ると、幅が広くゆったりとしている。あんなにワカメを積むのだから、ここでは外海府の細い船では役にたたないのだろう。

　ここの船は底が平板一枚でできている。両側面も一枚板である。水押はなく、底板がだんだん幅狭になり、水押の部分まで上ってきている。一見すると水田で見かける田船のような箱型である。底が平たく幅も広いのでいくら穏やかな内海府の海といっても転覆の危険を感じた。元々、この海で使われていたのだろうかという疑問がふと湧いてきた。

　鷲崎の浜ではこんなことを聞いた。「終戦の頃までは鷲崎ではもっと小さい船に乗っていた。シキが二～三枚でできていて、ホテ（側面板）一枚ずつ、戸立、水押だけの船だ。それに内海府の北の村ではつい最近まで刳船《くりぶね》があって、それがこの箱型の船に似ていた」と言う。この箱型の船は元々この村のもので、穏やかな海では支障が感じられず、そのまま残ったものだろうか。

　あれこれ考えるうちに陽が落ちてしまった。内海府では夕日は後の山に落ちてしまう。そのかわり朝は日の出がおがめる。外海府は全くこの逆だ。いいかえれば外海府は夕陽、内海府は朝陽の村ということになる。

　車の中でゴロ寝して早い朝を迎えた。浜を歩いてみる。大謀網の船が沖へ出る準備をしている。

　このあたり、国仲平野に近い海辺の村は、後方にひかえる山も低くなだらかになっていて、浜も実にひろびろとしている。船小屋もきちんと独立して建てられ、二階建てのしっかりしたものもある。一階に船をいれ、二階に漁の道具をいれている。立派な船小屋はここの人々が漁に力をいれている証拠ではないだろうか。もっともワラ葺き屋根の船小屋もある。但し、外海府のように石置き屋根の簡単なものではない。

（砂川康子）

■船の図面をとる

　いったん佐渡を去り二週間おいた五月の初旬に再び訪れた。今回は今迄見てきた佐渡の典型的な船の図面をとる予定であった。

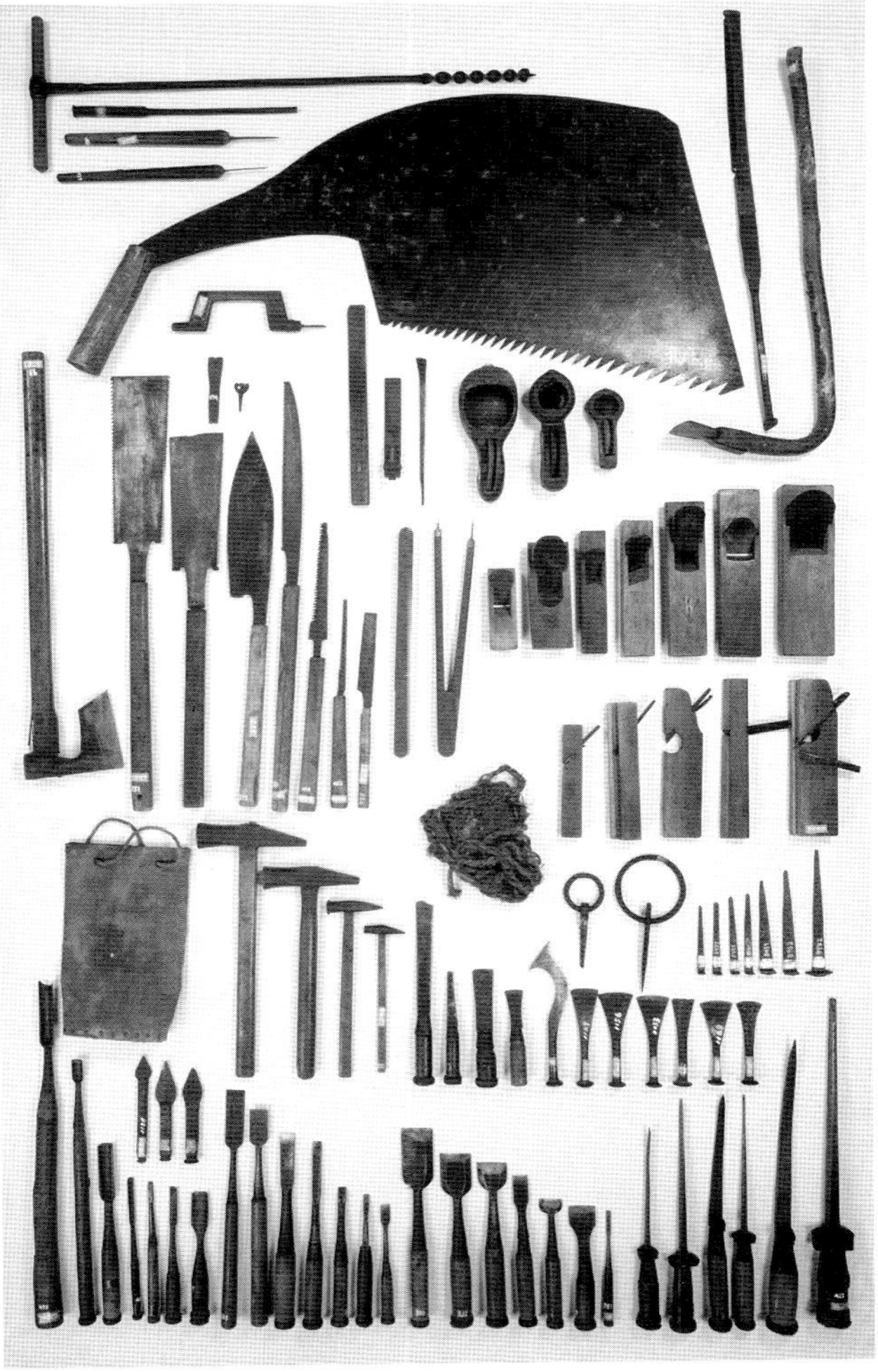

上　片野尾の木造船の造船所
下　一人の大工が用いる船大工道具の一式。板と板との間を通してひく摺鋸《すりのこ》、船釘を入れる穴をうがつツバノミなど特殊な道具が多い

前回、佐渡を一回りして四つのタイプに船の型が大別できるのに気がついた。船梁という角材で船の型を支えているもの。アバラという曲った材で船の型を支えているもの。川船のように水押という船先の材がないもの。桶型のタライ船、以上である。

これらの分布状況を佐渡の南端から順にみていってみる。

小木の磯船は、船梁つきでトコバチの角が出っぱっていて、水押が真っ直ぐの幅の広い船が多く見られる。型は少しごついが造りが丈夫で乗っていても安心できる。

赤泊の船は水押が極端に曲って立ち、ケイヒキ（櫓を引くロープ）が上棚に付いている。これも磯船と呼ばれ、小木半島のものに比較すると、型は優美でスピードが出そうに感じられる。

赤泊から両津にかけては船梁のかわりにアバラを付けた幅広の磯船が多くなる。

大佐渡の東海岸、内海府の村々の船は水押の材がなく底が平らな箱型の船である。これはテガイ、テンガイと呼ばれている。大佐渡の外海府では船の水押は真っすぐで、幅も狭く、船梁がついている小船が目立つ。これをカンコと呼ぶ。

そして最後に特殊型のタライ船は小木半島全域に分布し、他の所では両津の南端に少し、相川町二見に少しみかける。

東海岸の片野尾《かたのお》の造船所に向った。どうも東海岸ではこの村の造船所で船を作っていると思われたのである。

●佐渡の船小屋あれこれ●

北川内（相川町）

堂釜（小木町）

馬首（両津市）

杉野浦（赤泊村）

三ッ屋（小木町）

石名（相川町）

豊岡（両津市）

元小木（小木町）

造船所の中は昼間でも薄暗い。前回にも立寄り、すでに顔見知りであったその四十歳の大工さんは陽焼けした顔に笑みを浮かべて、あったかく迎えてくれた。

船大工さんのアドバイスで、早速、造船所の側の浜にある、幅広の船を図面にとることにした。採寸の目安にするヒモを船に張る。そのヒモを基準に次々にスケールをあて、その基準点をとる。点は紙にうつされ、点と点が次々に結ばれていく。

船の底を計るには浜に寝ころばねばならない。初夏の太陽で熱せられ、潮の香のむんむんとするコンクリートに頬を当て、のぞきこむ。ささくれだち冷っとした船底に手を差入れ、まさぐってみる。

汗がすっと落ちて、コンクリートの上にシミを作った。そばの道は車一台、人っ子一人も通らない。ただ、船と私が上になったり下になったり奮闘しているだけである。

次第に船の型が紙の上に現われてくる。だが船大工は図面なしで船を造ってゆく。船は海に浮いて進めば良い。船大工の頭にあるのは完成された船であって、私が書いている図面を造ることではない。私は紙の上に再現した図面を改めて眺めながら、実物の船を作れないむなしさを感じてしまった。

造船所ではせっせと船造りが進められている。まだシキが敷かれているだけで、水押も棚も付いていない。磯船は約三十種の部材と約五十個の部品を使って平板、丸木の状態から、完成するまでに一人で約十八日かかるという。

平板を切り、組立てる寸前までは、荒く型を整えるだけだが、組合せの時は慎重である。先ず部材を合わせ、合わないと削り、また合わせ、この繰り返しが行なわれる。他の部材とのつり合いをみながら組み合せてゆく。

和船は板と板とを接《は》ぐだけで型造られている。板で細長いお椀を作るようなもの。だから全ての部分のつりあいをとって合せぬと水が漏る。

陽はすでに落ち、そして村の家々の灯りがポッポッとともりはじめた。しかし、まだ造船所には灯りがついている。船大工さんは今日も遅くまでやるようだ。

船造りの現場を見て、また自分で船の図面をとったせいか、船の構造にも興味が湧いてきた。浜辺で船を見ても、この構造は?と思うようになった。

船の構造はどうも船大工によって違うようだ。親方弟子の間柄だった船大工の船は、やはり構造も同じである。北と南にわかれていても基本の造り方は同じだ。

では船の構造の違いは、その土地の要求からでてきたものか?私は考えこんでしまう。ただ、私にもわかったのは、漁師は船大工以上に船のことを知っているということだった。実際に船に乗って出ているから、その船の長所、短所も良く知っている。そして短所は船大工に改良の注文をだすのである。

相川町小川ではとうとう自分で船を造りはじめた漁師がいた。狭い造船所の一角を借り、船大工に教えてもらいながらコツコツとやっている。この漁師は実に船に詳しく、浜にある船の一隻一隻の長所と短所を教えてくれた。漁師の知識と船大工の技術をあわせて、はじめて良い船ができるのである。

船の図面をとってみても、結局、船の型の異なった原因については明解な結論はだせなかった。ただ小木の船は佐渡全体の中では、もっともしっかりと造られている。小木には他にも桶の親分のような「ハンギリ」と呼ぶタライ船もある。再度、小木の船を調べなければと思った。


（砂川康子）

■小木半島とハンギリ

「あれ！楕円型の桶が海に浮いている」

初めて小木の港でハンギリを見た時、私はそう思った。楕円の長尺の片方に身を寄せて、櫂を「8」の字に動かして進む様子は、のどかで実にユーモラスだった。小木の人々は、これを桶の丈を半分に切ったようなものだという意味で「ハンギリ」と呼んでいる。

この楕円の船を初めて見てから何年になるだろうか。私は、この船の様子に慣れ過ぎていたようだ。しかし、佐渡ヶ島を一廻りしてみると、このタライの形をした船が、小木半島に圧倒的に多いことに気がついた。

「なぜ、小木半島に多いのだろうか?」。もう一度「ハンギリ」を見直す価値はありそうだと、私は再度、冬の荒海を越えて佐渡に渡った。

小木半島は、その昔、地形の変化があったと言われ、地盤の沈降作用によって、窪みができた。それを破潤（アブルマ）と呼ぶが、いつしかその窪みに水がたまり岩がごつごつした海岸線になった。従来の船では、狭い岩場で小回りできないため、人々は、円形の船を使うことを考えだしたという。

しかし、どうして現在の楕円形になったかということになると、廻船の関係で、能登半島の小木で使われていたものが、佐渡の小木に運ばれてきたとか、漁桶の小さいのを造る要領で、それを大きくして船にしたとか、いろんな説が、飛びだしてきて、面喰らった。

どちらにしても明治二十一年以前から、この小木三崎でハンギリは使われていたと伝えられている。

現在の小木半島は、沢崎村を境にして、北側を外三崎、南側を内三崎と呼ぶ。海岸線にそって半島を一周してみると、外三崎と呼ばれる方は、陸地から五百メートル位沖まで、ゴツゴツした岩場が続き、内三崎に来るにしたがって岩場は少なくなることに気づく。ハンギリの数は、やはり岩場の多い外三崎の村々のほうがずっと多い。

久しぶりに晴れた冬のある日、私は、外三崎の村の一つ、江積《えつみ》をたずねた。半島の頂きを、東西に縦断して走るバス道から、江積入口と案内板に示された長い坂道を、海岸に向ってくだっていく。道端の杉の木も真っ白に雪化粧だ。雪を踏みしめる音がキューと鳴る。白い息を吐きながら四十分ぐらいくだった頃、やっと村の家並みが見えてきた。家は、海に面して整然とならんでいた。一番海側に建っているのは納屋のようだ。一つ二つくずれ屋根の家も残っているが、ほとんど棒引きトタンと合板の新築だ。私は、どんどん村の中に入っていって、一つの納屋にまぎれこんだ。

そこでは、家族総出で、海苔の乾燥作業に大わらわだった。冬場の外三崎は海苔とりが盛んだ。瀬が絶好の海苔畑になるからだ。冷えきった体をストーブで暖めさせてもらいながら、「どうして小木三崎ではハンギリを多くつかうんですか？」と聞いてみた。五十がらみの父さんが答えてくれた。

「ハンギリはのう、底が平らなもんし、十五センチから二十センチくれえ浅瀬まで入ることができる。漁船は三十センチぐれえの所にくるともう使えん。それになあ、ハンギリは漁船にくらべると軽い。漁に出た時にシケにおうても、近くの瀬にあげて、タライをかぶるようにして背中と手でささえれば、女衆でも簡単に運べるしなあ。瀬が続いておって、船の上げおろしの不便な所にはむいとる」

そう言えばいつだったか、瀬の上を大亀の大群が歩いているような、実に楽しい光景にでくわしたことがある。

父さんはさっきからストーブの上で焼けている餅を、私にすすめながら更に続けた。

「この辺の漁は、大謀網や磯ネギをやっている。大謀網はお金になるが、権利を持たないとできん。磯ネギは小船さえ持っていれば、誰でも自由に漁ができる。しかしそれだけでは生活するにはむずかしい。最近の磯ネギは、昔とくらべて収獲量が少ねえようになったしなあ。漁船は一隻造ると二十万円以上はするもんし、少ねえ漁獲量では、もとはとれん。

この辺で磯ネギの最盛期ちゅうと、四月から六月頃まで、その時の獲れ高によって年間の収入が決まるもんだし。女も子供も、一家総出になるのんさ。それでも、こん時のためだけに一軒で何隻もの漁船を持つことはできん。それだし、一隻五万円程度で買えるハンギリを何隻も持っていたほうが特になると言うわけだ。耐久年数にしたって、船とたいして差はねえしのう」

なるほど、ここまできて私はうなずけた。ハンギリの利用は、地形の条件だけではなかったのだ。小木三崎に生きる漁師の生活から生まれた知恵でもあったのだ。

（村山麗子）

■ハンギリの漁

「一隻、二隻、うわあ！いるいる」

コケでツルツルすべる瀬の上を、私は少しでもハンギリに近づこうと歩いた。白い波しぶきがあがる。ナギの日の海は青く澄んで美しい。そんな中に、ハンギリが何隻も浮かんでいる。波しぶきが上るとハンギリは木の葉のように舞うが、岩に沿って確実にずっている（静かに進む）。

ハンギリ（タライブネ）での磯ネギ。磯船ではここまで入れない

ハンギリに乗っている漁師は、無心にガラス箱をのぞいている。右手では櫂を静かに漕いでいる。足は開きかげんにして、膝をハンギリのふちにピッタリつけている。膝頭で体を支え中腰で、上半身は思いっ切り曲げて、ガラス箱に頭を突っこんでいる。その為、ハンギリはかなり傾いている。でも底がコの字型のハンギリは少々のことでは倒れない。少し彼の高い日には、用心のために、後に自分と同じくらいの重さの石を乗せておくらしい。

磯ネギの道具で、棒の先にヤスやカギがついているサオは、短いので七ヒロ（約十メートル五十センチ）、長いので十二ヒロ（約十八メートル）ある。ハンギリは長径一メートル五十六センチ、短径で一メートル二十センチである。サオは海の上にはみだしてしまう。漁をしている間、サオは船のふちに横にしてかけておく。岸の上を移動する時は、サオをロープで束ねて、ハンギリにしばりつけ、海上を引いて行く。そうするとまるで桶に尻尾がついているようにみえる。

ハンギリを利用して行う漁は、この磯ネギと呼ばれる根づけ漁の他に釣り漁がある。磯ネギの場合は普通、三百メートルぐらい沖に出ればよいが、魚やイカを釣る時は、一キロほど沖に出る。ハンギリで一キロほどの沖に出るには三十分はかかる。漁師でも一時間もハンギリを漕いでいると、ヘトヘトになるらしく、最高に沖に出ても二〜四キロメートルという

さて、ハンギリの漁師はいよいよ獲物を見つけたらしい。サオを手にとって海中をうかがっている。漁師は風

タライ船(ハンギリ)・平面図・正面図・側面図
(小木町江積　佐藤岩吉所有)

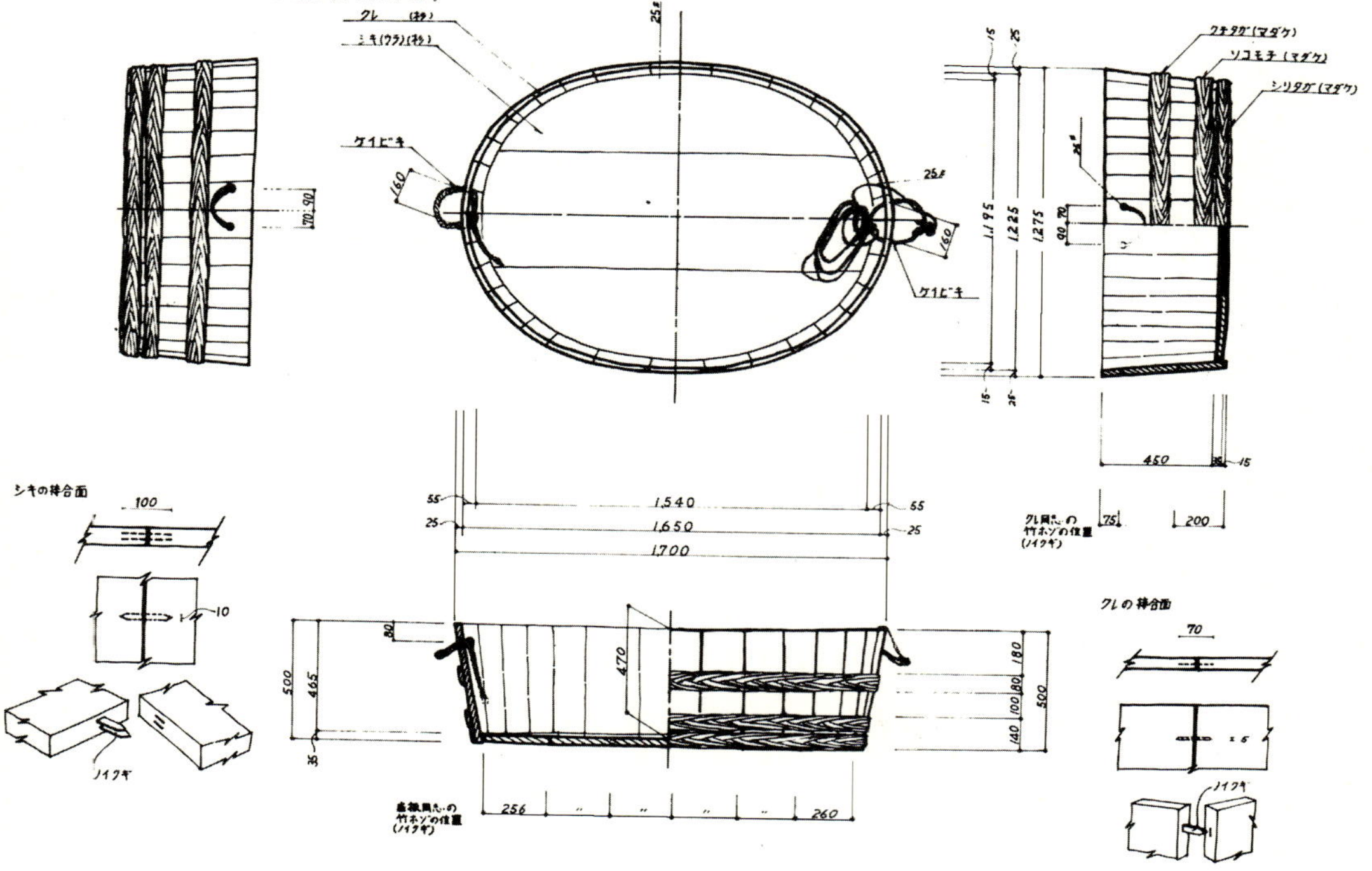

上の方にハンギリをまわしていく。そして風上から潮に乗り獲物のいる方に流す。流しつつサオを徐々におろしてかまえている。漁師の顔は真剣だ。失敗すると、ハンギリを再び風上にまわすところからやり直さねばならない。

漁師は思いっきりサオを海中に突きさした。うまく獲物にささったようだ。漁師は漕ぐのを止め、潮の流れにまかせながら、サオをたぐり寄せた。獲物は四十キロほどもありそうなタコだ。

漁師はタコをハンギリの中に入れようとするが、揺れて思うようにはいかない。タコは水面でもがいている。その時、漁師はハンギリのふちに体重をかけて、ハンギリの上べりを海面すれすれに倒した。「あっ倒れる」と私は思った。次の瞬間、水面でもがいていたタコはすっとハンギリの中に入れられた。ハンギリは元のように浮いている。

すごい技術である。熟練した者でないと、ハンギリを倒した時、そのまま転覆することがあるらしい。こうして獲物が四百～五百キログラムになると、その日の漁は終る。サザエ漁の時は百個から二百個はとるという。

（村山麗子）

■ハンギリ大工

磯に伏せてあるハンギリを指さして、私は通りがかったおじさんに聞いた。

「あのー、この船を作ったのは、どこの船大工さんでしょうか」

「ああそれか大石の久助のじいやんさぁ。」

私はこの言葉をたよりに、大石にむかった。どうしてもハンギリを造った人に会いたかった。大石の町に入ると、人を呼びとめては聞いた。

「すみません。ハンギリを作っている船大工さんの家は、どこでしょうか、久助さんと言うんですが」

「船大工?久助のじいやんなら桶屋さあ」

　そう言って家の場所を教えてくれた。「桶屋さん、桶屋さんがハンギリを造るの?」。私は、困惑しながら久助のじいやの仕事場をたずねた。

　久助のじいやん、本名は藤井留吉という。じいやんは火の気のない仕事場で、セッセと板に鉋をかけていた。

「私、ハンギリの造り方を見たくてきたんです」

と言ったら、じいやんは、にやぁと笑って、

「女ごのくせして、こんなことせんで、はよう嫁にいけ」

と、とりあってくれない。それでもああでもない、こうでもないとゴザにすわり込んで動かぬ私に根まけしてか、じいちゃんはぽつりぽつりと話しだした。

「わしはのう、大石の味噌工場に、大正二年から五十九年間、味噌を入れる大桶を造っておったのんや。ハンギリの造り方は親から習ったもんさ」

「私、ハンギリは船大工さんが造るんだと思ってました」

ハンギリ作りの桶職人・藤井留吉さん

と言うと、

「桶屋は、大工とは違うのんさ。大工は全部ソロバンで寸法だしてやるが、わしらは勘が一番だいじのんさ。大きいタガは大きいなりに、力をこめて造らにゃならん。それはわしらが造りながら、自分の体で覚えた感じをもとにして加減していくもんだ」

　その言葉通り、ハンギリの各所の寸法は、藤井さんの指の間隔であったり、太さであったりする。

「でも、まったく船造りの技術が取り入れられていないもんなんですか」

と問うと、藤井さんはこう答えた。

「ハンギリの造り方ちゅうのんは、船造りとはまったく違う。磯船は、板と板を継ぐにも金属の釘を使い、漆をすきまに入れるちゅうことで、水が入らねえようにするが、ハンギリの場合は、もっと神経のこまい造り方をするのんさ。材料の板の合せ面は、できるだけたいらになるように鉋《かんな》をかけるちゅうことで、板と板がぴたぁとつくようにする。あとは、竹でこさった釘とタガをつこうてしめるだけさ。金属は一本も使っておらん。味噌工場で私が造った大桶は、水が七十八石、味噌にして四千貫へえる。四千貫の味噌がへえってもこわれんもん。それに味噌の水気が外に出んもんを造らにゃならん。味噌の水分は、普通の水とちごうて、一番扱いずらいもんだ。水七十八石もへえる桶に、いちいち水を入れて、もるかどうかどうかためす訳にはいかんから、それだけ完璧な腕が求められるのんさ」

「それになあ、桶ちゅうもんは、水につけ、日に照らかしても板のすきまから水がもるようなことになってはいかんもんだ。桶は金属を一切使わずに、木と竹だけからできとる。船みたいに漆を使うて、板のすきまを止める

ことはせんかわり、タガで締めて、板と板が合さる面つぶして使うのんさ。これをわしら桶屋の言葉で、木を殺す、ちゅうだが、そうすることによって水を通さぬようにするのんさ。そこに桶作りのコツがあるちゅうわけさ」

なるほどこのように水に対して完璧な木と竹の技術が、海に浮かべて人間の命をささえ、なおかつ生活をささえる船に利用されても少しも不思議ではなかったのである。

しかし、今、小木半島には当年七十五歳の藤井さんのほかに、数人しかハンギリを造れる桶屋さんはいない。それも、みんな年配で若い人はほとんどいない。

今年、藤井さんのところには、かなりの注文がきた。ハンギリの需要は、まだまだあるのに、技術者が育たなくて、果たしていいものだろうか。もし技術者が絶えてしまったら、小木三崎の人達はどうするのだろうか。

ある漁師さんはいう。

「タライに変る新しいもんが出るさ、今おらの村でもFRPでできたハンギリが一隻ある。木製のものは一隻五万円の上で、年に一度タガを変えるのに三スイで三千円かかるのんさ。それにくらべたら、FRPとかいうのんは、一隻四万円ぐれえだ。だが軽過ぎるし、揺れが激しいし、波の乗りも悪い。木質の船ぐれえの重さにするには値が高くなりすぎてとても実用的ではねえらしい。それにタガはノタ（波）をはね返す役目をしておって、中に水が入るのも防ぐが、FRPはそうはいかねえ。まだ当分は木のハンギリがいるがなあ…」

船一つとって見ても、こうして人々は自分達の住む土地の材料を利用し、生活にあったもの、より使い易いものを造りだしてきたはずだ。それが、今、日本中のどこに行っても、〇〇メーカーの同じ型の船になってしまっている。小木独特のハンギリさえもそうなりつつあるとは……。

私は、この年老いた桶屋さんの節くれだった指先をじっとみつめた。

（村山麗子）

佐渡調査・写真スタッフ

赤坂恒志・揚田恵津子・行富誠一・池野秀基・石原励・伊藤ミドリ・井野克司・大槻史彦・大内庸博・及川己代子・岡田久美子・大竹寿美・沖野元英・太田則子・北原真由美・小林基比古・佐藤憲一・佐藤由利子・里森滋・島田汲子・竹村貞俊・田村祥男・田中雄一・島津守男・中村克久・南里憲男・西村和男・三田水伸子・野本恵子・花田則行・松井明夫・松浦寅次郎・松沢克身・宮武泰子・三橋一郎・峰岸智子・吉田哲男

ハンギリは両手で支え、背中でかついで運ぶ

松本の四季

文　柳沢正弘
写真　西山昭宣・熊木與一

松本のシンボル松本城の大天守閣。明治以前に建設された数少ない現存天守閣で、国宝に指定されている　撮影・西山昭宣

山国信州松本平

『信濃の国』

長野県に『信濃の国』という愛唱歌がある。信州で生まれた者には、大人になって歌うことがなくなっても、一生忘れることのない歌である。

信濃の国は十州に境つらなる国にして
聳《そび》える山はいや高く流れる川はいや長し
松本　伊那　佐久　善光寺　四つの平《たいら》は肥沃の地…

この歌を小学校・中学校の九年間、音楽の時間ばかりか、入学式・始業式などの式典、週一回の朝礼の度に声を張りあげて歌ったものである。そしていつしか、子供たちは信州人としての意識を叩きこまれていく。

歌詞にもあるように、信州では平地のことを平とよびならわしている。長野市のある善光寺平、上田市・小諸《こもろ》市のある佐久平、松本市のある松本平、諏訪《すわ》湖周辺の諏訪盆地、諏訪湖から流れ出す天竜川がつくった伊那谷《いなだに》などが、大きな平である。善光寺平と佐久平とは千曲川の河谷でつながっているが、そのほかの平は、たがいに山によってさえぎられ、それぞれ独立した地域を形作っている。

長野県は、北信と南信とに大きく分けられる。善光寺平・佐久平が北信、松本平・諏訪盆地・伊那谷が南信だが、その境となるのが、妙高・戸隠《とがくし》から美《うつくし》ヶ原《はら》、霧ヶ峰をへて八ヶ岳へと、ほぼ南北につらなる筑摩《ちくま》山地だ。筑摩山地という名は手元にある地図によったまでで、松本の人は東山とよんでいた。筑摩山地とか中央高地という呼名では、そのなだらかな山並にそぐわない、いかめしさを感じてしまう。筑摩山地は県境にそびえる山並ほど高く険しくはないが、それでも現在に至るまで北信と南信の交流を阻んできた。その結果、両地域は文化的にも社会的にも異なった面が多い。政治的にも明治九年に統合されるまで、両地域は長野県と筑摩県とに分かれていた。今はどうか分らないが、しばらく前まで松本の人々の長野への対抗心は激しく、県議会でも南信出身の

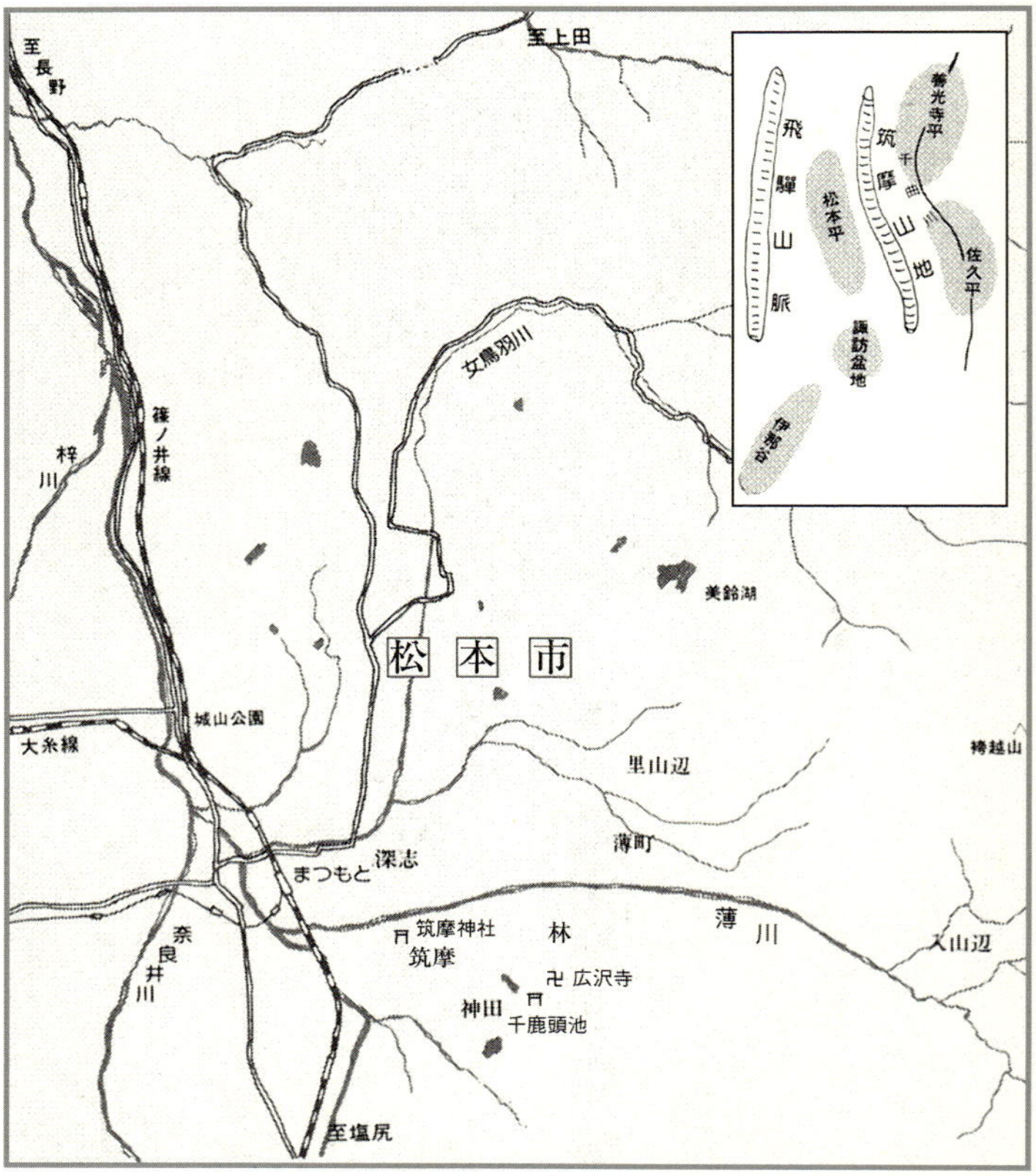

残雪の北アルプス、常念岳（2857m）を望んで、5月、松本平では田植が始まる（白瀬地区）　撮影・熊木與一

議員が、県庁を松本に移転するよう主張したりしていたものだった。長野・松本・上田・木曽に各学部がちらばっている信州大学の本部が、長野にではなく松本に置かれているというのも、そんな対抗心の結果なのだ。

北信と南信とがさまざまに異なった面をもつとはいっても、その土台は共通している。東京に出てきてから、時折独特のイントネーションを耳にとめることがあるが、その話し手は例外なく信州の出身者だった。「ずら」をつけるのは、長野・山梨・静岡に共通しているし、同じ松本でも農村や山村に入ると、市街地で暮らしている者に理解できなくなった方言が残っていたりするが、イントネーションだけは信州のどこでも共通しているような気がする。

それぞれの平が独立している長野県には、県民に一体感を与えるものが必要らしい。信州訛りの声を東京で耳にしたりすると、私は久しぶりに『信濃の国』を聞いたような気分に浸ってしまう。ばらばらな信州人の意識をまとめているものが『信濃の国』なのではないだろうか。

東山と大岳

松本平は四方を山に囲まれている。特に東と西には筑摩山地と飛騨《ひだ》山脈が走り、佐久平や飛騨との交流を阻んできた。鉄道が敷かれてからは、なおさら両方面との直接の交流がなくなっている。はるかに遠まわりではあっても、険しい峠越えよりは鉄道を利用したほうが楽だからだ。

このごろは、帰郷する度に、市街からその麓まで十二、キロはあるというのに、立ちふさがるようにつらなる飛騨山脈の山並に圧倒されてしまう。住んでいた頃には味わったことのない感覚である。もっとも、市街にいる限りあまり高さを意識しない筑摩山地も、松本平の真中あたりで見ると、見なれた親しみのある山ではなく、重量感をもって迫ってくる異様な山塊に見えるから、高い山というのは遠くで見たほうが迫力があるのかもしれない。

町内の人々による田川の土手の清掃（松本市白板地区）　撮影・熊木與一

北アルプスと愛称される飛騨山脈だが、私にはぬぐい難い違和感がある。アルプスという愛称が率直に示している、日本的でない風景を拒絶する心情といっていいかもしれない。筑摩山地に属する山の麓の農村で物心がついた私にとって、山とはなだらかで緑にあふれるものでなくてはならないのだ。松本から見える北アルプスは鋭角的で、人を寄せつけない厳しさをもっている。そんなところが自然を征服することに執着するヨーロッパ人の好みにあったのだろう。今でこそ登山客やスキー客を招きよせる山並なのだが、西の大岳とよびならわしていた昔の人にとって、そこは厳しい生活環境の象徴だったにちがいない。

飛騨ブリと匠《たくみ》

その険しい山並を越えて、松本平と高山盆地の人々はかなりさかんに往来していた。松本地方では今でも年越しや正月にブリが出る。出世魚ということでブリを正月の膳に出すのは西日本の風習だから、松本はその東限かも知れない。そのブリを野麦峠を越えて運んできたのが

小学校の木造校舎。長野県は教育県と呼ばれるほど子弟の教育に力をいれる　撮影・西山昭宣

飛騨の人たちだった。そのために、昔の人はそれを飛騨ブリとよんでいた。といっても、信州と同じ山国の飛騨でブリがとれるはずがない。飛騨ではそれを越中ブリとよんでいたというから、もともと富山湾でとれたものだったのだ。ボッカの背で揺られている間に塩がしみこみ、松本に着くころにはたいそういい塩加減になっていたという。

宮大工も野麦峠を越えて松本にやってきた。飛騨は奈良時代の昔から飛騨の匠とよばれる工匠が輩出した地方で、寺院や神社などの建築ばかりか、高山祭りにねり出す華麗な山車《だし》もつくっている。松本の深志《ふかし》神社には十台ほどの山車があるが、それも飛騨から来た大工の手になるものだそうである。

小学生の頃、その山車の上で私たちはハッピを着た老人の笛に合わせて、夢中で太鼓を打ち続けたものである。何世代もの男たちに叩かれて黒ずんだ皮をドーン、ドーンと叩く。つづいてそのへりの胴木をカッ、カッと打って拍子をつける。まちがえては大変だと思うから、道行く人の姿も眼に入らない。もちろんその頃は、自分が上っている山車が、あの西にそびえる山並を越えてきた人の手でつくられたものだとは、思いもよらなかった。

教育県長野

飛騨こじき、松本地方の人々は野麦峠を越えてくる飛騨の人をそう呼んだそうである。閉鎖的な社会にありがちな他国者へのいわれない蔑称だろうが、労働や技術しか売ることができなかった昔の飛騨の住民の貧しさも事実だったろう。しかし飛騨の人々を見下すほど松本地方が豊かだったわけではない。むしろ貧しい部類に属するだろう。峠を越えた地方に、中馬《ちゅうま》によって荷出しできたのは生糸やタバコの葉など、数えるほどしかなかった。二、三男を分家に出そうにも土地の広さは限定されている。現代にいたるまで、信州から数多くの人間が東京や名古屋、あるいは大阪に出ていったのはそのためだった。

　信州人が子弟の教育に熱心だったのも、貧しさと無関係ではない。すでに、幕末の松本平には、江戸や大阪をしのいで全国一の寺小屋があった。私の祖父も、松本にまだ中学がなかった明治の初め、わざわざ長野の学校に入学している。惣領《そうりょう》だった祖父が、当時としては高い教育を受けた動機が何であったのか分らないが、その子供たちが旧制の大学や専門学校に進んだのは、知識欲もあったろうが他国で身を立てるためだったと言える。それは、飛騨の人々が工匠の技で他国に出て身を立てたのと同じで、教育を受けることは、信州人にとって財産を分与されることだったのである。

薄《すすき》川と女鳥羽《めとば》川

　松本駅におり立つと、まっすぐ東に高くなだらかな美ヶ原の山並が見える。そこを源とする薄川は、西に向って流れ出し、東山（筑摩山地）を削って扇状地を作り出している。その上流が入山辺《いりやまべ》地区、中流が里山辺《さとやまべ》地区、下流が市街地となる。市街東部の清水、源地《げんち》などの町はその扇端部にあたり、名の通りところどころできれいな泉が湧き出ている。女鳥羽川にかかる清水橋近くの、大木にかこまれた泉もその一つで、暑いさ中、そこで涼をとることは真黒に日焼けした子供たちの楽しみの一つだった。かつてその辺りに酒造業や製糸業の工場が集中していたのも、豊富な自然湧水があったためだ。

　同じ美ヶ原を源としながら、女鳥羽川は北から南へと流れ、東山と市街西北に低くつらなる城山の山並とをけずって、やはり扇状地を作り出している。上・中流は本郷・岡田地区、下流は市街地である。このように、松本はほぼ三方を山にかこまれた町である。

　朝の陽が障子越しにやわらかな光となって室内に射しこむ晩春、カッコーの声とともに眠りから醒《さ》めることがしばしばあった。市の中心からでも、東山は二、三キロの距離なのだ。数ヶ月もの間、東山をおおっていた雪が麓近くから消えていくと、所々に新緑が目立ち始め、気温の上昇につれ、それはしだいに黒ずんでいく。梅雨時に限らず、雨が降る日には中腹まで雲がたれこめ、山裾が幾重にもかさなって雨に煙っている様は、まるで墨絵のようであった。九月ともなれば、袴腰《はかまごし》や王ヶ鼻の山肌に茶褐色がまじり始め、やがてその山麓の社に、遠眼にも大きな幟《のぼり》が秋の風を受けてはためく風景が見られるようになる。東山の微妙な変化によって、松本の人々は四季の移り行く様を、無意識に嗅ぎとるのである。

　しかし人々の行楽の場となっているのは、東に市街、

松本市街地を見下ろす。松本は三方を山に囲まれている　撮影・西山昭宣

西に安曇野《あずみの》を見おろすことのできる城山である。特に春は、桜見物の人でにぎわうが、それだけではなく小学校低学年の遠足にもよく選ばれるし、子供たちが仲間を組んで遊びにも来る。麓を走る篠《しの》ノ井線や大糸線のおもちゃのように見える汽車、市街の中央のこれもおもちゃのような天守閣などを、子供たちは何時間でも飽きずに見ては、松林の間を駈けめぐったものだ。

道は山を越えて

　東山と城山との間の女鳥羽川扇状地を、長野に通じる善光寺街道（北国西街道）と上田に通じる保福寺《ほふくじ》街道とが重なって走っていた。旧市街の北のはずれにある追分《おいわけ》は、文字通り善光寺街道と保福寺街道の分岐点である。今ではすっかり様子が変ってしまったが、私が子供の頃には低い家並が軒をならべ、いかにも街道沿いの町というおもむきを残していた。そこを通る度に、この道を右に行けば上田に、左に行けば長野にたどり着くことができるのだ、と思ったものだったが、山越えがいかに困難なことかということは、中学の遠足や、学校がもっている山林の下枝刈りの作業に行くたびに思い知らされた。一つの峠、一つの峰を越えても、眼の前にすぐ新しい峰が現われる。それは際限がなく、まるで果てしなく山が重なり合っているような絶望感を味わったものだった。

　しかしその山並を越えて、祖父の弟は東京の近衛連隊に召集されていた祖父に、曽祖父の死を知らせたという。最短距離をということで薄川をさかのぼって、中山道《なかせんどう》の通っている和田峠に向ったらしいが、そこに至るまで道らしい道はない。それほどでないにしても、まだ松本と長野の間に鉄道が敷かれていなかった時代、長野の学校に入学した祖父も、善光寺街道を通っていくつもの峠を越えているはずである。昔は、山を越える苦労をいとっていては何もできなかったのだ。

塩を運んだ牛や馬

松本平の北と南は、飛騨山脈や筑摩山地などのような高い山並が重なり合っているわけではない。しかし、だからといって簡単によその地方に行けるわけではなかった。松本と糸魚川《いといがわ》を結ぶ大糸線が全線開通したのは昭和三十二年のことで、落石や崖崩れが頻発する姫川渓谷の工事は困難を極めたという。日本海に面する糸魚川を起点に、姫川の渓谷をさかのぼり、大町から高瀬川に沿って、池田・穂高・豊科《とよしな》・松本を経て、中山道の宿場町塩尻を終点とする道が糸魚川街道である。この街道は松本平に塩をもたらす塩の道であり、その終点塩尻は文字通り日本海側で生産された塩が最後に到着するところだった。松本平を南北に走る糸魚川街道の宿場町では毎年塩市が立ち、松本平の住民は必要不可欠な塩を買い求めていった。その貴重な塩を運んだのは、一日四里ずつ荷を担いで歩くボッカであり、馬喰《ばくろう》に口を取られた馬であった。糸魚川街道の中でも、糸魚川と大町との間の街道沿いに馬頭観音の石仏が多いのは、姫川渓谷の難所で転落して死んでいった馬を供養するためだったといわれている。

ボッカや馬ばかりでなく、岡船《おかぶね》とよばれた牛もその背に塩を積んで、糸魚川から塩尻まで歩いていた。松本の繁華街、本町と伊勢町の丁字路に、戦国時代、越後の上

昭和30年代後半まで荷駄の運搬に馬車も使われた（松本市分銅町）　昭和34年　撮影・熊木與一

杉謙信が松本平を領有した武田信玄に送った塩を積んだ牛をつないだという石が残っているが、そんなことからも松本平では荷駄の運搬に牛が重要な役割を果していたことが分る。東日本では馬、西日本では牛がよく利用されていたが、松本平ではそのどちらも利用していただけではなく、山国ということから牛や馬も登れない険しい山坂を越えるにはボッカが使われていた。ボッカを多く出した山村の人々は、山坂を歩くほうが平地を歩くより、速度も早く楽だったという話である。

西と東の混在

牛と馬の併用から分るように、松本平では東日本と西日本の文化がとけ合っている。正月の膳にブリを出すのが西日本の風習だったことは前に書いた通りである。東日本と西日本を地質的に二分するフォッサマグナが松本平を通っているということは象徴的だが、それよりも古代の東山道《とうさんどう》、近世の中山道の果した役割を見逃すことができない。京都を起点とする東山道は、信州に入ってから伊那谷を北上、松本平に出て国府（松本）から後の保福寺街道を東に向い、佐久平から碓氷《うすい》峠を越えて関東に入っていたし、京都と江戸を結ぶ中山道は木曽谷から鳥居峠を越えて松本平南端の洗馬《せば》・塩尻を経て塩尻峠を越え、諏訪盆地に向っていた。京都と江戸の中間地点は木曽福島あたりだったそうで、これらの街道を通じて松本平には西日本の風習や文化がもたらされてきたのである。

高い山にかこまれ、そのためにいっそうよその地方の物資が必要だった松本平の人々にとって、道は物資や文化をもたらしてくれる唯一のものだった。松本平を歩けば、今では数は少なくなっているが、それでも村の辻々に旅の安全を祈るために作られた道祖神が立っている。柔和な笑顔を浮かべた男女の神が手を取り合っている石像はいかにも農民芸術らしく、旅する者の心をなごませてくれる。しかもそれは善光寺街道や糸魚川街道などの主要な街道に沿って立っているばかりではなく、街道からはずれた村の辻にも立っている。その道祖神の祭りを行なっていたのは子供たちで、その集団を道祖神仲間とよんでいた。その道祖神仲間が夏の青山さまや冬の三九郎といった子供たちが行なう行事の単位となっていたのである。道は、松本平の人々にとって経済や文化ばかりでなく、社会そのものにかかわっていたことが分る。

海人《あま》族の安曇《あずみ》

険しく高い山並に四方をかこまれてはいても、松本平は比較的広い盆地で、信州では最大の平地である。飛騨山脈の北部から流れ出し、松本平の中央に向って南に流れる高瀬川、上高地に源を発し松本平の中央をほぼ東西に横切る梓《あずさ》川、木曽方面から流れ出し松本平の中央に流れこむ奈良井《ならい》川、これらの比較的大きな河川が中小の流れを集め、山をけずって数多くの扇状地を作りながら形成したのが松本平である。それらの河川は松本平の中央東部で合流し、犀《さい》川という名となって筑摩山地をけずり

朝もやけぶる晩秋の薄川。美ヶ原（写真右奥）に源を発し、松本平を流れ、市内中条で田川に合流する。里山辺地区ではその水を道沿いに引き、地区の用水路、水田をうるおした　撮影・西山昭宣

ながら北上、善光寺平に流れ出して遠く八ヶ岳方面から流れてきた千曲川と合流し、信濃川と名を変えて新潟付近で日本海に流れこんでいく。

犀川は、重なり合う山を切り開いて流れるので河道の幅も狭く、流れる水量には限度がある。それにもかかわらず、松本平を流れるすべての河川を集めているために水量も豊かで、大雨が降れば溢れ口を失った河水が松本平に逆流することは眼に見えている。特に大きな河川が集中している盆地中央部は昔は湿地帯だったと思われ、そのためかどうか、盆地中央部をとりかこむ一帯に、島内・島立・両島・渚・島々などの山国らしくない地名が残っている。しかも盆地低部のすぐに穂高という町があるが、そこには海神の穂高見命《ほたかみのみこと》を祭る穂高神社があるし、そこを中心とする梓川以北は安曇野とよばれている。安曇というのは、海上生活を送っていた海人族の部族名で、彼らの祭っていたのが穂高見命だったのである。

いつ、どこから安曇族が山坂を越えて海もない松本平に住みつくようになったのか、あるいは何を糧に生活していたのか謎である。しかし、塩尻峠を越えた諏訪神社に祭られている健御名方命《たけみなかたのみこと》は出雲の大国主命《おおくにぬしのみこと》と糸魚川の女酋沼名河《ぬなかわ》姫との御子神だとされているし、それを裏づけるように、諏訪湖で使われてきた丸太舟は出雲の宍道《しんじ》湖で使われている丸木舟と同じ系統のものだという。このように見てくると、塩の道は塩尻峠を越えてその南にまで到達していたと考えられなくもない。陸に上った安曇族は湿地帯であった松本平中央部の周辺に住みつき、更に一部は諏訪盆地に移動していったと考えられよう。

現在の安曇野は酒造米になる旨い米の生産地になっているが、そこが開発されたのは江戸時代になってからである。かつて低湿地だった盆地中央部は、今では水田率九十パーセントを越え、秋ともなれば稲穂の波が涼風に揺れる風景が見られる。この付近の農家が四年ほど連続で反当り収穫量全国一を続けているのは、安曇野の肥沃さというより、そこに住む人々の努力が実った結果だと言える。

帰化人秦氏《はたし》も

古代・中世において開発が進んでいたのは、山麓の扇状地だった。松本の西向い、飛騨山脈の東麓に波田《はた》という村がある。そこは上高地から流れてきた梓川の扇状地に発達した集落で、奈良時代、朝鮮の帰化人が開いたところである。波田という地名が、漢氏《あやし》とともに帰化人の代表的集団であった秦氏にちなんでいることは言うまでもない。

東京に出てから、私はしばしば引越しをくりかえしその度に不動産屋の世話になったが、ある時、百瀬《ももせ》という苗字の不動産屋さんと知り合いになったことがある。名刺を手にして私は、もしや波田の出身では、と聞いてみたところ実際その通りだった。私だけではなく、百瀬という苗字が松本平でも波田村にしかないことを、松本地方に住んでいる人なら知っているはずである。驚くべきことなのだが、六十歳以上の人の中には、その人物が松

本平の出身であれば、出身地と苗字を聞いただけで、その家柄や一族の構成をそらんじるように言い当ててしまう人がいる。そんなところに安心感とともに、わずらわしさを感じてしまうのだが、昔の人にとってそれは常識だったのかもしれない。東京などに出て結婚する場合を除いて、松本地方に住む人の通婚圏は今でも松本平を越えることはない。

　松本も、奈良井川に注ぐ薄川と女鳥羽川とがつくりあげた複合扇状地に発達した町である。この付近にも奈良時代に帰化人が移住してきたようで、その首長らしき人物は朝廷から須々岐連《すすきのむらじ》という姓を賜わったという記録が残っている。須々岐というのは薄川と関係すると思われ、その中流の里山辺地区には松本地方で最も古い薄神社があるから、そのあたりを根拠地としていた一族かも知れない。叔父の一人がまだ子供だったころ、薄神社の近くから土器を見つけたことがあるそうで、あれは絶対に縄文土器だったと力説していたものだったし、その近くの小学校に通っていた私も、道草の最中に黒曜石の鏃《やじり》をたやすく桑畑から拾えたものだったから、そのあたりはすでに縄文時代から人が住んでいたと考えることができる。

　同じ里山辺地区の、薄神社のやや西に荒町という部落があり、そこからは規模は小さいが古墳群が発見されているし、そのまた西には惣社《そうじゃ》という部落がある。奈良時代、国々に国府がおかれると、近くにその国の神々を合祀する総社がつくられたから、惣社部落の付近に国衙《こくが》があったのだろう。

林城から深志《ふかし》城へ

　室町時代の信濃守護小笠原氏が居城を築いたのも里山辺地区だった。薄神社の南、薄川に接するように金華《きんか》山（東城山）が北に突き出し、その頂上に小笠原氏の居城だった林城の礎石が残っている。戦国時代の終り頃、林城は甲州から攻めこんできた武田信玄によって落城し、松本平は武田氏の支配下に入った。武田氏は松本平支配の拠点に、小笠原氏の支城の一つだった深志城を選んだ。後の松本城である。すでに山城の時代は終り、平城の時代になっていたのだ。

　これ以降、松本平の中心は里山辺地区からその西に位置する松本に移った。武田氏滅亡後、松本平は織田信長の支配下に入ったが、その死後の混乱に乗じて松本平から追われていた小笠原貞慶《さだよし》が松本城を奪いとり、城地を整備するとともに、善光寺街道・糸魚川街道・野麦街道を城下に集め、本町・中町・東町といった親町を善光寺街道沿いにつくっている。しかし、複合連立式の天守閣を築いたのは小笠原貞慶ではなく、その転封後に入城した石川数正である。それ以来、五層の天守閣は支配の象徴として、松本平を見おろしてきた。

　私が小学生の頃まで、天守閣はわずかに傾いていた。その理由を、人々は十七世紀末に起った加助騒動とよばれる農民一揆と関連させて言い伝えてきた。その一揆は松本平のほとんどの村をまきこむ大規模なもので、中萱《なかがや》村の多田加助〔嘉助とも〕をはじめ、指導者たちはいずれも庄屋クラスの村の実力者たちだった。農民の要求に

里山辺地区林の辻に立つ道祖神。像の足下に「林村」と刻まれている　撮影・西山昭宣

屈した城主の水野氏は年貢の減免を行なうことで一揆を収束させたが、約束を破って加助ら十一人の指導者とその家族を、磔刑《はりつけ》・獄門にした。磔にされ槍で体を刺された加助の、怨みのこもった視線を受けて、天守閣はぐらりと傾いたという。現在、加助たちの霊をなぐさめるために建てられた貞享《じょうきょう》義民塚が城山の中腹から天守閣を見おろしているが、すでに天守閣の傾斜はない。昭和三十年頃に大改修が行なわれたのである。

——東筑摩郡里山辺村林

駅から筑摩《つかま》神社へ

松本駅を起点に、駅前の大通りがまっすぐ東、美ヶ原の王ヶ鼻の方向へ走っている。その道は一キロ余りで、旧制松本高校にぶつかる。戦後しばらくまで、マントを羽織った高校生たちが構内を下駄の音を響かせて歩きまわったところだが、今は学生の姿はない。十年ほど前まで信州大学文理学部として使われていたのだが、文理学部が人文学部と理学部に分れ、それもよそに移ってしまった。しかし、使う人もない古ぼけた木造校舎、重そうに枝を垂れた針葉樹がいかにも旧制高校らしい雰囲気を残している。

丁字路を左にまがれば浅間温泉に向うが、私が幼時を過した部落に行くには道を右にとらなければならない。筑摩神社の杜を見ながら四、五百メートル歩き、薄川に

かけられた筑摩橋を渡ると、土堤の下に林にかこまれた社殿が見える。十五世紀半ば、兵火にかかって燃えおちたものを、守護大名小笠原氏が再建したもので、重要文化財に指定されている。交通機関といえば、駅と浅間温泉を結ぶ路面電車しかなかった幼い頃、市街への行き帰りに足の疲れをいやしたのが、この神社だった。

懐かしの山と水

神社の杜を右に見ながら二百メートルも歩くと道は南と東に分かれる。南に行くと神田部落、東に向うと目指す林部落だ。東に向う道にそって、右に立ち並んでいる富士電機も、子供の頃は薄汚れた小さな工場にすぎなかった。今ではあのころの十倍を越える規模になっていることだろう。拡大した敷地の一部は、かつて私の祖父がもっていた畑だった。

一歩ごとに山が近づいてくる。右手の山の中腹に小笠原氏の菩提寺だった広沢寺《こうたくじ》、その頂上には林小城とよばれる支城が築かれていた。真正面には小笠原氏が約二百年にわたって居城としていた金華山が、北に突き出すように行く手をさえぎっている。左手の松の並木は、金華山の北麓を洗って西に流れていく薄川の土堤だ。東と南を山で、北を川でかこまれた林部落には、小笠原氏の居館や、その家臣たちの屋敷が立ち並んでいたという。今では広沢寺や金華山の頂の礎石、支城の石垣ぐらいしかかつての面影をしのばせるものはないが、部落を走っている道のほとんどは、その頃から使われていたらしい。それらの道に沿って、金華山の北麓で薄川から取水された水路が流れている。田に引くための水なのだが、道にそって並んでいる農家は、家ごとに食器や野菜などの洗い場をもっている。そして子供たちにとっては、沢ガニや川エビを取る、夏の格好な遊び場でもあった。

しだいしだいに見なれた形になっていく山を見ながら、ゆるい傾斜の坂道をのぼりつめると、戦時中にでも立てられたであろう忠魂碑が雨ざらしになっている。ここからが林だ、何故か分らないがこの石碑を見るたびに、私はいつもそう思ってしまう。そこを過ぎて百メートルも行くと、道の両側にワラぶき農家が立ち並ぶ部落に入る。塀や生垣の奥の木もれ陽をあびてひっそりとしたたたずまいを見せるワラぶきの家。どこにでもある平凡な風景だが、幼時を過ごした者にはまた特別な感慨がある。そんな農家を四、五軒も行き過ぎると、木造の小さな公民館、消防車の格納庫、火の見櫓が並んだ場所に出る。

私が子供の頃、格納庫に入っていたのは手押車の手押ポンプだった。生まれて始めて目撃した火事は近所の農家で起ったが、若い衆が懸命にポンプを押したに

筆者が幼少時を過ごした里山辺地区林の山河。写真のほぼ中央の民家の背後、右下がり尾根の黒々とした植林の梢の間に、小笠原氏代々の菩提寺・広沢寺の屋根がかすかに見える。写真の手前右手の小山は千鹿頭神社の鎮座する千鹿頭山。左端の白壁の2棟の建物は造り酒屋の蔵（106頁の地図参照）　撮影・西山昭宣

もかかわらず、木と土と紙とワラでつくられた家屋は、あっけなく燃え落ちてしまった。夜空に金華山を黒々と浮かびあがらせ、不安な美しさを見せた山火事の時には、部落の大人が総出で駈けつけていったが、あの時にも手押ポンプは出動したのだろうか。

蚕影《こかげ》さまの辻

そこは東西にのびる通りと、そこを起点に南に向う横町とよばれる通りの丁字路であるために、昔から何かあると部落の人たちはそこに集まった。戦前の、まだ養蚕が盛んだった頃には、部落の人々はこの辻に集まり、そこに立っている蚕影大神という文字が刻まれた石碑に、今年も蚕が丈夫に育ちますように、マユがたくさんとれますように、と祈りをささげた、という。今では蚕の飼い方も変り、養蚕農家も激減したが、養蚕のために屋根に温度や湿度を調節する「気抜け」をつけた家屋や、蚕室とよばれる建物をもつ農家はまだ多い。

農家では、すべてのマユを売るわけではない。普段着や野良着を作るために、それに必要なだけのマユをとっておき、

養蚕の神・蚕影さまの石碑のある辻。村人は村に何かあるとこの辻に集まってきた
撮影・西山昭宣

それを大鍋に入れて糸を取る。鍋で煮られ、独特の匂いを立てながら糸が次々にとられていくと、鍋の中にはゆであがったサナギだけが残る。それも昔の農民にとっては、大切な栄養源だった。自家製の糸で機《はた》を織るのは女たちの仕事だ。私の祖母は八十過ぎまで機を織っていた。日のある間、縁側に置かれた機に坐り、筬《おさ》の音を立てながら布を織る作業は、はた目にも単調なものだった。

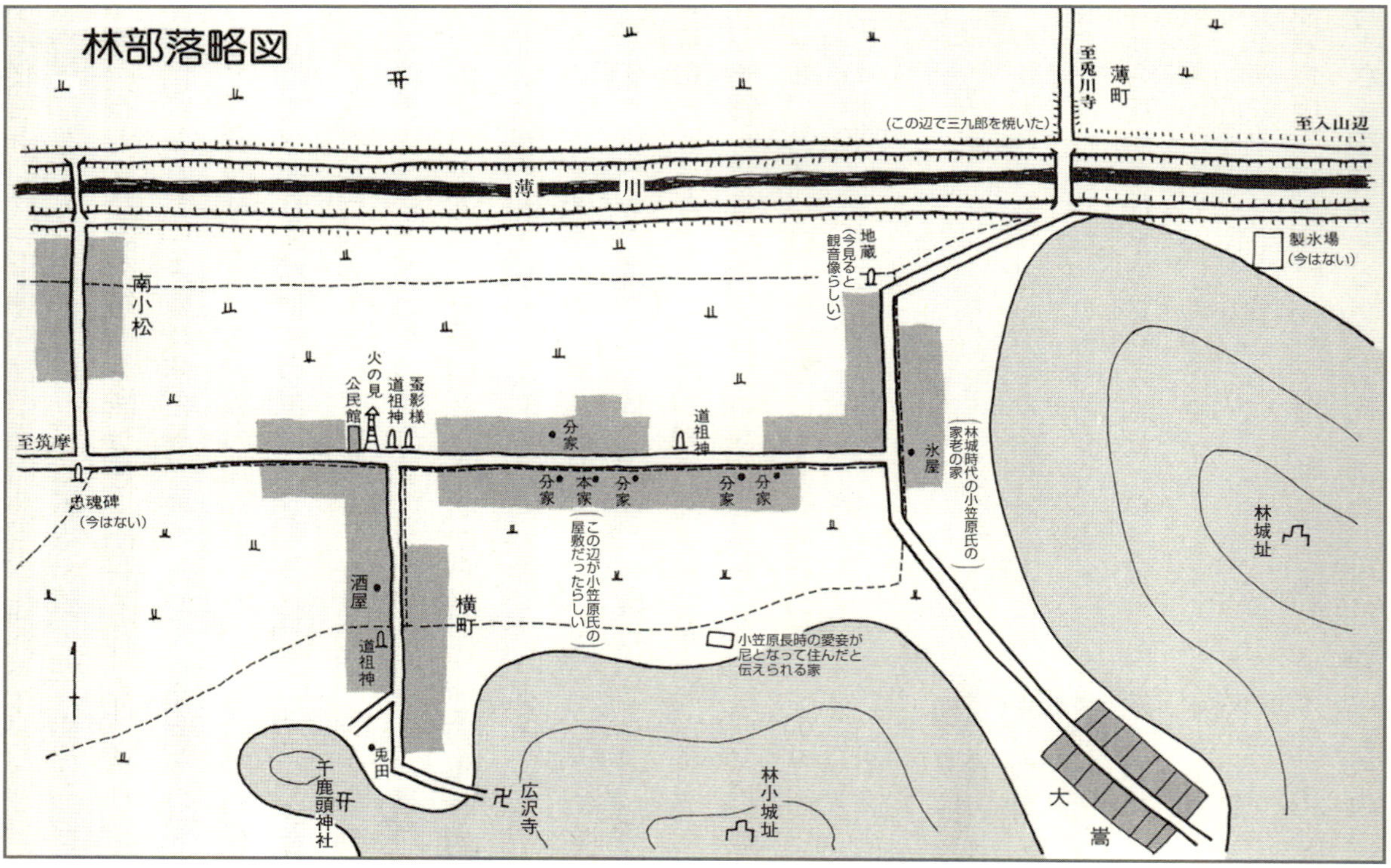

黒光りするほどになったその機も、小学校に寄付したとかで今はない。二十年ばかり前までは農家には必ずといっていいほど備えてあった機も、今では稀少価値をもつものになりつつあるようだ。

蚕影さまから南にのびる横町には、本棟《ほんむね》造りの農家が多い。本棟造りは松本平を中心に諏訪や伊那・木曽地方に見られる民家で、時には建て面積百坪もあるものがあるらしい。すずめおどしという屋根飾りのある本棟造りには、ワラぶき屋根の農家とはまた違った、品位を備えた美しさがある。どこか禅寺の庫裡《くり》にも似た感じで、松本城下の侍屋敷がこの造りだったということもうなずける。

横町の、白壁が印象的な大きな土蔵は、薄川扇端部の自然湧水を利用した造り酒屋の倉庫で、部落の人々はその家を酒屋と呼び習わしていた。敷地の中を酒樽や酒ビンを積んだトロッコがゴトゴト音を立てて動きまわる様は、汽車も市内を走る路面電車も見たことのない私たち幼児には、いつまで見ていても見あきない光景だった。酒屋を過ぎると、かなり急な坂道になる。上りも下りも、自転車をおりなければ危険な道だったから、かえって雪の日にはソリ遊びの絶好の場となった。その道は山の中復にある広沢寺や、その西の一見すると独立した丘のように見える千鹿頭《ちかとう》山に通じている。

小さな私の世界

蚕影さまのある辻にもどり、再び道を東にとって百メートルも行くと、祖父の、そして今は伯父がその跡をついだ家がある。水路にかかった石橋を渡り、二階建ての土蔵造りの門をくぐると、左に穀物をしまっておく倉庫と水車小屋、正面に土蔵、蚕室、屋敷神、土蔵、右手に水路にそった長い蔵、大きなワラ屋根をのせた母屋、そして庭をはさんだ南に藍蔵とよばれる土蔵が立っている。ここが、江戸時代のごく初期か、あるいはもう少し以前に先祖の一人が住みつき、それ以来祖父や父にいたるまでの人々が生まれ育ち、そして支えてきた家である。

そこから山までは百メートルばかり。山の松が風に吹かれて、ごうごうと鳴る音まで聞こえてくる。その間には水田が広がっている。田植え時から夏いっぱい、畦道にそって流れる水路が子供たちの遊び場となる。ザルで川底の泥をすくってどじょうを取り、夜の闇の中を青白い光を求めて螢を狩る。山に入ればどこにでもクワガタやカブトムシはいたし、山裾のグミの実で口を赤く染めもした。

村はずれにある地蔵堂　撮影・西山昭宣

林の子供たちは道祖神仲間を組み、メンコやビー玉、野球などの遊びに興じていた　撮影・西山昭宣

大人たちの農作業を見るのも楽しかったものだった。哀しそうな眼をした赤牛が、針をつけたローラー車を牽く田ごしらえの季節。

「正ちゃ、乗るかや」

いつまでも見ている私に車に乗った男が声をかけた。喜んで手綱を握ったままではいいが、牛は畦道を歩き出した。たちまち、周囲から哄笑がおこる。

「牛も人を見るでね」

私を車からおろしながら男が言った。

照れ笑いを浮かべて、私はうなずいた。こんな経験を何度も踏んで、子供たちは成長し、一人前の農夫になっていくのだ。

近所の子供たちが集まって遊んだのは、祖父の家から更に東へ百メートルほど行った道祖神のところだった。子供たちの道祖神仲間はすでになく、その祭りも小学生だった兄たちが道祖神に陣どって、道行く村人から小銭や菓子の類をせびっていたのが最後だったろう。それでも子供たちは道祖神に集まり、メンコやビー玉、あるいは手作りの布のボール、バットをもちよっては野球に興じたものだ。

そこからさらに百メートルも行くと、東にまっすぐのびてきた道は終り、金華山にそってほぼ南北に走る道と合流する。右に行けば二百メートルほどで、三方を山にかこまれた斜面の小さな部落大嵩《おおつき》に出るし、左に行けばまだしばらく道の両側に家並がつづく。丁字路のところにある家は氷屋とよばれていた。金華山の東北麓に製氷場と氷室をもっており、夏にはその製氷場がプール代り

千鹿頭山の頂に建つ千鹿頭神社。御柱祭で立てられた四本の御柱が杜の上に突き出ている。千鹿頭山の稜線の里山辺地区側、神田地区側に同じ規模の本殿が並立していて、それぞれの地区の産土神となっている　撮影・西山昭宣

になった。

　両側から庭木をのばすその道を、松本に越すまでの一年半、私は毎日小学校に通いつづけた。重要文化財に指定されている開智学校におくれること一、二年、それとそっくりの造りの小学校で、私の担任は、父と旧制中学が同級の先生だった。家並がとぎれると、道は東北に向う坂道になる。そこを登りつめると、金華山の登り口があり、薄川にかかる金華橋がある。この橋の下で水を浴び、底にガラスをつけた木箱を水面に当て、先に針をつけた棒で川魚をとったものだった。

　ここが、私が八歳の夏まで過してきた東筑摩郡里山辺村林（現在松本市里山辺区林）である。

　何の変哲もない農村にすぎないが、子供の心にはそこが世界のすべてだった。時折、何かの拍子に子供の頃を思い出すことがあるが、そこでは死んだ者も笑い顔をうかべ、怒鳴り散らしている。記憶の中の故郷は、風景ばかりでなく人間もまた昔そのものである。

祖父とその時代

花祭りと広沢寺

　四月八日、釈迦の誕生を祝う花祭りの日である。横町の道を通り、あるいは山裾の細い道を通って、子供たちは山の中腹にある広沢寺の参道をのぼっていく。五月までは炬燵《こたつ》を出している家が多い松本地方では、四月上旬は

林の造り酒屋にかかる杉玉
撮影・西山昭宣

門越しに本棟作りの屋根がのぞく　撮影・西山昭宣

筆者が幼少時に住んだ里山辺地区林の通り。道の両側を薄川から引いた用水が走る

まだまだ肌寒い。露わになった顔や手をかじかませて、子供たちは境内に集まってくる。境内からは、金華山の麓にそった家並を除く部落が眼下に見えるし、北西には松本の市街が広がっている。鉄筋コンクリートの建物など全くなかった頃だから、いやでも天守閣が眼につく。

「おや、鬼夜叉《おにやしゃ》さまも来てたかや」私の姿を子供たちの中に見付けて、和尚が声をかけてきた。檀家総代だった祖父のもとにしばしば来ていたから、いつも祖父の膝に抱かれていた私を和尚はよく知っており、顔を見る度に、鬼夜叉さまと呼びかけてきたものだった。私はと言えば、ふるまい酒でいつも顔を染めていた和尚の福々しい姿が焼きついている。その和尚もすでに他界して今はいない。

花祭りに、和尚がどんなお説教をしたのか、今はもう思い出せない。横たわっている釈迦をかこんで猿や虎などの動物が泣いている涅槃《ねはん》図を、薄暗い本堂で見た記憶があるが、それが花祭りの時だったかどうか。花祭りの記憶といえば、天上天下唯我独尊と両手で天地を指さしている釈迦の小像にかけた、甘茶の甘く苦い味だけが鮮明に舌に残っている。戦後間もない頃、甘いものに飢えていた私たちに、それはたいそうなごちそうだった。釈迦の教えは理解できなくとも、昔の子供はそんな形で仏教に近づき、馴れ親しんでいったのである。そして彼らは大人となって檀家となり、その子供たちは寺の行事に出かけていく、そんなパターンが数百年も続いてきたのだ。

本堂の裏の建物の中に、檀家の仏壇が二列に並んでいる。仏壇の中には、その家の先祖代々の位牌が納まっている。総代ということで、祖父の家の仏壇は左の列の奥にあるが、そこが一番上座というわけではない。その奥、左右の列をしたがえるように安置された一際立派な仏壇がある。金華山に居城を、林に居館を築き、この寺を菩提寺として建立した小笠原氏歴代の位牌をまつる仏壇である。

菩提寺であったことから、広沢寺には小笠原氏の遺品が多く保存されている。現代でも小笠原氏との関係が断ち切られたわけではなく、戦時中には小笠原氏の当主がこの寺に疎開してきていたそうで、その奥方が足袋をはく時まで付添いの女性の手を借りていたと、今でも部落の女性の語り草になっている。

木漏れ日を映す筆者の祖父の家の土蔵　撮影・西山昭宣

松本平を回復した小笠原貞慶、その子の秀政は松本城に居を定め、もう林にはもどってこなかったが、父祖以来のつながりで広沢寺を菩提寺にしていた。しかし江戸時代初め、小笠原氏が九州小倉に転封になったことで、両者のつながりは実質的になくなったはずである。ちょうど同じ頃、全国に檀家制度が普及し、広沢寺は林に住みついた家族を檀家にするようになった。寺に残っている最も古い過去帳には、私の祖先を含め数家族しかのっていない。恐らく、林城の落城後、林に屋敷をもっていた家臣たちは自分たちの領地にもどったり、亡命した主君に従ったりして四散し、住む者のなくなった林にはよそから移ってきた人々が住みつくようになったのだろう。私の祖先がどこから移住してきたかについて、真偽の定かでない系図を含め、いろいろな説がある。しかし、それはどうでもよいことだ。祖先の一人が林に新しい村を建設し、田畑を切り開いたということだけで十分である。

ののさまと共に

宗教的雰囲気をかもしだしていたのは寺ばかりではない。日々の暮しの中に占める信仰の度合いは、たいそう大きいものだった。例えば私の祖父だが、朝、目を覚ますと、庭に出て昇ってくるお天道《てんとう》さまに手を合わせる。それがすむと小さな社ほどもある屋敷神を拝む。そして食事の仕度がととのうまで、朝昼晩とも、ののさま（仏壇）の前で念仏を唱える。それが祖父の日課だったし、信仰が厚いとは言えても、それは当時の人々の常軌を逸するほどのものではなかった。

　祖父の信仰は、祖父個人にとどまらなかった。炊きあげられた飯のお初はののさまにあげられ、それは食事の途中、頃合いを見計らっていた祖母によってお櫃《ひつ》の中にかきまぜられる。一粒の米を大事にするというより、ののさまが食べたものを生きている者が口にするということに意味があるのだ。事実、同じ飯なのに、ののさまにあがっていた飯がまぜられると、さっきまで食べていたものとは違うと思ってしまうから不思議だ。そんなふうにして、子供たちはののさまの中には眼には見えないが、何か不思議な存在がいると信じるようになり、それがお盆の時に私たち子供がその背に乗せて家までつれてくる死者の霊と、深いかかわりをもつことを知るようになるのである。

　飯を仏壇にそなえ、途中でおろしたそれを家族に食べさせるという習俗は、別にわが家だけで行なわれたことではなく、どの家でも行なってきたことであろうし、現在でも行なっている家は多いだろう。宗教的習俗というものは、社会の変化にそれほど影響されず、根強く従来の型を残すものらしい。例えば、祖父がしばしば営んだ法事にしても、その形は戦前どころか、明治以前に行なわれていたものを踏襲していたようだ。

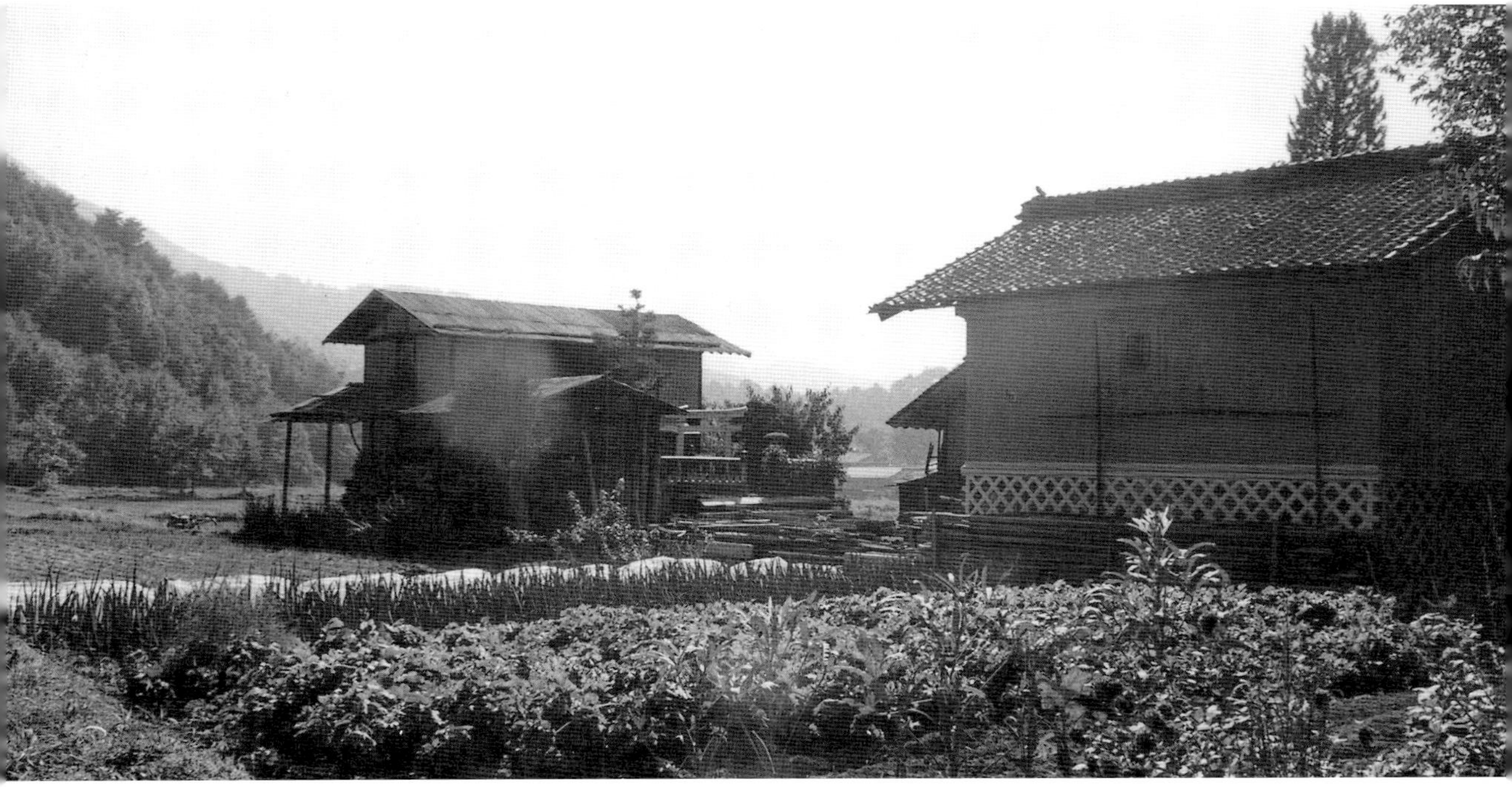

藍の取引を行なっていた筆者の祖父の屋敷地に建つ元藍蔵の土蔵や屋敷神の鳥居（正面の小屋の右手の庭内）　撮影・西山昭宣

本家と分家

いつも円満な笑みを浮かべ愛想の良い広沢寺の和尚も、法事の時には普段見たこともない僧衣を身にまとい、払子《ほっす》を手にして、威厳を備えた態度で席に臨んだものだった。僧は広沢寺の住職一人だけの時もあるが、近隣の寺から呼び集めた僧を従えている時もあった。普段使われない奥座敷に特別にしつらえられた仏壇に向って経を唱える僧たちの声が和し、思わず引きこまれるような荘厳な雰囲気がかもし出される。僧たちの背後には、祖父を中心に、伯父、叔母ばかりか大叔父・大叔母、中には初めて見る顔も連なっている。それは家族というより、一族であった。

祖父の代も含め、この家から出た分家は十を越える。その多くは同じ林部落に家があるが、中にはよその村に家を構えている分家もある。代がさかのぼるほど遠くに分家に出ていたようだ。分家を出すということは、本家のもっている土地を譲渡することだから、本家の土地はそれだけ小さくなっていくわけである。しかし分家に譲渡した土地はもともと小作に出していた土地であったし、分家には本家へ無償奉仕するという不文律があったから、必ずしも本家に不利だというわけではなかった。それに、祖父やその先代たちは、分家やそれに譲渡した土地を最終的には自分の所有物と考えていたような節もある。それならば、気心の知れない家に小作に出すより、身内を分家に出したほうがよほど安心だったはずである。祖父にとって、分家は独立した家族ではなく、本家の家族と同じ自分に従属する家族であったのだ。

それは中世さながらの封建的な人間関係だったといえる。戦前まで、松本地方には小作制度とは別に、富農の使用人が土地・財産を分け与えられ、主人と同じ苗字をなのって独立した門《かど》という制度が残っていた。もちろん門は、かつての主人の家の農作業を手伝わなければならなかった。中世の関東武士が家の子郎党を使って経営していた直営地を門田というから、門という制度は中世の昔にさかのぼると考えてまちがいない。

その制度が松本地方で発生したものか、関東からもたらされたものかは分らないが、鎌倉時代にはかなりの関東武士が松本地方にも地頭などの形で移住しているから、彼らが関東で行なっていた土地経営を松本地方に移したと考えたほうが良いかも知れない。松本市西部の両島に、かつてそこの庄屋をしていた鎌倉という家があった。前九年の役で、敵に眼を射抜かれながらも奮戦した鎌倉権五郎景政の子孫である。士農分離の時、松本藩主

大豆の収穫（10月。里山辺地区林）
撮影・西山昭宣

から家来になるよう勧められたが、結局農業経営を選んでいる。主君が転封にでもなれば、先祖伝来の領地を離れなければならないからである。鎌倉氏に限らず、松本平の土豪的有力者には、農業経営を選んだものが多い。武士になれば家臣にすぎなくなるが、身分は農民でも先祖伝来の土地にいる限り、彼らは門や分家を支配することができた。しかし、松本とは全く縁のない土地から転封してきた藩主たちは彼らを圧迫し、それが原因となって加助一揆が引き起されている。

稲刈りの終わった水田で稲架の準備（里山辺地区林）　撮影・西山昭宣

祖父の縦じわ

　松本地方の有力農民にとって、家とは門や分家を含めたものであった。家長は絶対的な支配者であったし、法律やしきたりは彼らを保護していた。

「おじいさまがあんなになったのは、おじいさまのお父さんていう人が財産をつぶして、松本に何軒もあった長屋まで手放したせいだんね」。

　家人の女たちが、何度も何度も同じことを言っていたものだ。確かに曽祖父を知る人たちの言う通り、彼は人の好い、遊び好きな人物だったのかも知れない。しかし、明治初年にこの家が経済的打撃を受けたのは、曽祖父の性格というよりも、その頃イギリスを通じて大量に輸入されるようになったインド産の安い藍のためだったといえよう。今では農機具が収められている藍蔵とよばれている土蔵、伯父に聞くまでは何に使われていたか分らなかった、商家でよく見かけた帳箪笥《たんす》。そんなものにしか名残はないが、曽祖父の代までこの家では薄川扇状地で栽培されていた藍を一手に取扱っていたのである。

　祖父が曽祖父から受け継いだのは、農地と山林だけであった。そんな祖父が行なった農業経営といえば、昔ながらに分家と小作人をしめつけるものであったし、絶対権力者であるかのようなふるまいは、子供たちからさえ反発を買った。余りに封建的だというのである。旧幣な人間と言いたかったのであろうが、祖父は文字通り封建的な人物であった。中世さながらの家を維持、強化しようとしたのだから。

「正ちゃほどおじいさまにかわいがられた人はいなかったわね」。

そう祖母や叔母に言われ続け、事実いつも祖父の膝の上にいた私にしてから、祖父の笑顔は思い出せない。たえまない家人とのいさかいに、祖父の顔はいつも眉がつりあがっていたのだ。

戦後の農村民主化によって、地主はいなくなり、制度としての家族制度もなくなった。ハレの日には欠かさず挨拶に来ていた小作人は姿を見せなくなり、分家の人たちも努めて親類づきあいにとどめよう、と考えるようになったにちがいない。幼い私を抱いたまま、誰彼かまわず怒鳴り散らしていた祖父の姿には、思い通りにいかなくなった人間関係への苛立ちがあった。しかし、昭和三十年代の半ばまでの農村は、基本的には戦前の社会と変りはなかった。本家と分家は違う家族と理念的には分っていても、昔ながらのしきたりはそのまま残っており、法事の席などでは私のような子供でも、本家筋に当るというだけで、分家に出た大叔父よりも上座に坐ることになっていたのである。

その序列は、法事の間、女衆によってととのえられ、座敷いっぱいに並べられた箱膳の席次でも厳しく守られた。そんな時の祖父の顔は、自信あふれる戦前の顔そのものであった。戦争末期に生をうけた私には、戦前の祖父を知りようもないが、成人した六人の息子を従えた祖父が正面を傲然と睨みすえた戦前の写真はいかにもふてぶてしく、さからいがたい威厳があった。

そんな席の空気を和らげてくれたのは広沢寺の住職の軽口であった。

「おじいさまも満足しなけりゃいけないわね。こんないい七福神がそろっただもん」。

「あらいやだんね。七福神つえば、あたしが弁天さまじゃないかね」。

身をよじって、叔母が恥かしがる。

「そりゃそうだわね。あんたのほかに弁天さまがおらすか」。

重苦しかった席に、思わず笑い声があがる。酒に頬を染めていながらも、和尚は如才がない。

産土神《うぶすな》千鹿頭《ちかとう》

仏教が祖先崇拝と結びついて、同族をまとめるための核となっていたのに対し、産土神の祭りは部落など同じ地域に住む、血縁の異なる家族を結びつけていたといえる。

松本地方には、この地方だけにしかない神や、『古事記』、『日本書紀』にはのっていても、さして重要な地位を与えられているといえない神をまつる神社が多い。例えば里山辺地区の薄《すすき》神社は、五月初めの御舟祭りに里山辺の人々で賑わうが、その神事はここの祭神が薄川の上流から流れ下りこの地に祭られたことを記念する行事である。また深志神社にしても、松本の人々がそこを天神とよんでいることで分るように菅原道真を祭神としているが、本来は健御名方命《たけみなかたのみこと》をまつっており、そこに天神の信仰がつけ加わったとも考えられる。健御名方命は、神

林では辻だけでなく、あちこちの道端に道祖神が見られる　撮影・西山昭宣

話では出雲の大国主命の子孫で、国譲りに反対したために諏訪におしこめられたということになっている。

しかし諏訪信仰は、鎌倉時代に日本国第一の大軍神と称されて全国に広まる以前にも、すでに諏訪盆地をこえて佐久や伊那、さらに松本地方にも広まっていた。その信仰の拡大は征服によるものだったとされている。つまり、健御名方命を祭神とする氏族が、周辺のそれぞれ独自の神を祭っている氏族を征服し、その神々を支配下におくとともに、その土地を領地に加えていったという。広沢寺の眼の前に西につき出している千鹿頭山の祭神も諏訪神に征服された神であり、藩政時代においてさえ諏訪藩の飛び地であった神田部落は、もともと千鹿頭神をまつる氏族の住んでいたところだった。神田とは文字通り諏訪神社の田地だったのだ。

諏訪大社には現在も続いているものを含め、いくつもの独特の古い神事が残っていた。猪や鹿の首を神前に供える御頭祭もその一つである。千鹿頭という名から見て、この諏訪大社の摂社は御頭祭と関係していたのではないだろうか。それというのも、このあたりは野生動物がたくさんすんでいたからである。広沢寺の麓から千鹿頭山までの数枚の田園は、昔から兎田《うさぎだ》とよばれていた。松本城の藩主が毎年ここで野兎を狩り、獲物を将軍に献上していたところからその名がついたのである。あるいは、御頭祭は千鹿頭神社の神事だったものが、本社の神事に加わったのかもしれない。

御柱《おんばしら》祭

諏訪大社でもっとも有名な祭りは、寅《とら》と申《さる》の年、つまり七年に一度だけ行なわれる御柱祭りである。二十キロも先の八ヶ岳の麓から切り出した巨木をコロも使わずに綱と棒だけで引きずってきて、境内の四隅に立てるという神事だ。古代にはほかの神社と同じように諏訪大社でも社殿がなかったから、神域の境界を示すためだとか、神がよりつく神木なのだとか、さまざまな説があるが、御柱が何のために立てられるのかはっきりしていない。本社ほど規模は大きくないが、千鹿頭神社でも七年に一度御柱祭りが行なわれる。山の頂に建つワラ屋根の社殿の四隅の御柱が立て代えられる五月初めの祭日には、普段ひっそりと静まっている林部落も、総出となって御柱を迎える。御柱のうちの一本は林部落から出され、部落

薄川から引いた用水路の流れは清らか　撮影・西山昭宣

の道を引かれた後、千鹿頭山の東の登り口にある鳥居をくぐつて頂へと引きあげられるのだ。西の登り口からは、神田部落を引かれてきた御柱が上ってくる。

　御柱となる木は、祭りに先立って氏子の山林をめぐった神主が、もっとも大きなものを選んで指定する。金銭で買い取るわけではないが、御柱の献納を拒む家はない。吝嗇《りんしょく》だった祖父にしても、千鹿頭山の東の登り口に立っている明治初年からの御柱献納者の石碑に、曽祖父とともに何度もその名を刻まれている。お宮を立てること、つまり御柱を献納することは、たいへんな名誉であり、資産家であることを部落の人々に改めて知らせる機会でもあったのだ。自尊心の強い祖父が、そんな機会を見逃すはずはなかった。

　戦後の農地解放によって小作に出していた農地を奪われながら、祖父が壊滅的打撃を受けなかったのは、戦後になっても彼が部落一の山持ちだったからにほかならない。農地とちがって、山林は改革の手がつけられなかったのだ。山林をもっている限り、祖父は戦前と同様、おデエ（大尽）さまだった。

　分家や近所の人たちが手伝って、料理作りにごったがえす屋内からも、御柱が近づいてくるのが分る。祖父のもっている山の一つから切り出され、大嵩《おおつき》部落におろされた御柱が勢いよく、しかし遅々とした速度で引きずられてくる。御幣が激しく打ちふられ、それに合わせて男たちが力いっぱい綱を引く。ガリガリと地面をけずりながら、大木が数十センチばかり前に進む。御幣が打ちふられる音、綱を引く男たちの掛声、大木が地面をけずる音、それらの音が何万遍とくり返されて、徐々にではあるが御柱は千鹿頭に近づいていく。それを門の下で出迎え見送る紋付、袴姿の祖父の顔からは、いつもの不機嫌そうな表情は消えている。

　まっすぐ西に向っていた御柱は、蚕影さまの所で南にまがり、横町の通りを千鹿頭に向う。登り口の赤い鳥居をくぐり、参道の山道を上りつめると、いよいよ祭りのクライマックスだ。綱を使って御柱が所定の位置に立てられていく。てっぺんにしがみついた勇敢な男たちが、徐々に空中高く浮きあがる。しかし地面に直角に立てられるまでとりついていられる男はほとんどいない。樹皮がむかれ、つるつるになった白木は、つかむ所がないからだ。急角度になった御柱から男たちが滑り落ちてくるたびに、とりかこんだ群衆から失望の声があがる。そして綱を引き、御柱をもち上げていた男たちの最後の掛声とともに、白々とした御柱が緑の映える小山の頂に立てられる。

　御柱見物にいっていた子供たちが次々に庭に集まってくる。この日のためにわざわざ松本の菓子屋に注文して作らせた紅白の落雁《らくがん》が配られるのだ。祝いにきた近所の人たちを、祖父は機嫌よく座敷に招く。そこにはすでに、県内外からより集まった一族が久しぶりの邂逅《かいこう》に話の花を咲かせている。祖母の指示で家族の女や手伝いに来た女衆によって作られた料理が箱膳にのせられ、座敷に並べられる。客たちは酒を酌みかわし料理をつつきながら、いつまでも談笑がたえない。それは祖父にとって、生涯に数度の得意の絶頂の日だった。

　しかし、いつまでも戦前と同様のおデエさまであり、一族の長であるという意識から抜けることができない祖父に、反発が起こったのは当然だった。特に、単に疎開してきて居ついてしまったにすぎない伯父の一家や私の一家に反感が強かったようだ。伯父のつれあいにしても、私の母にしても県外の出身であり、生まれ育った生活環境は松本地方の農村とは余りにもかけはなれていた。その結果、祖父の家に身を寄せていた二家族は、昭和二十六年に相ついで林部落を去っていった。私が八歳の時である。そして、その三年後の合併で、私が幼い日を過ごした東筑摩郡里山辺村林は、松本市里山辺区林と呼ばれることになった。

松本歳時記

商人町と武家町

　松本城は、女鳥羽川扇状地の扇端部に築かれた平城で、急角度に折れまがる女鳥羽川によって東と南を、城山の低い山並とその西麓を南から北へ流れる奈良井川とによって西を守られている。城を中心とするその地域は北深志とよばれ、女鳥羽川と薄川との間の南深志とはやや町の性格が異なっていた。北深志が武士を中心とする町とすれば、南深志は商人の町だった。もっともそれは比較的というだけで、北深志でも女鳥羽川に近い東町・和泉町・安原町などは、善光寺街道（保福寺街道）に沿ってつくられた商人の町だった。

　本格的な城下町の建設に着手したのは、旧領を回復した小笠原貞慶だったという。城の周辺に家臣の屋敷を集めるとともに、善光寺街道、糸魚川街道、野麦街道などの主要な道を城下に集め、その道筋にそって本町・中町・東町という松本の基盤となる商人町を作ったのである。薄川から女鳥羽川まで、城の大手を目先してまっすぐ北上する町並が本町、その道が女鳥羽川にかかる千歳橋を渡る五十メートルほど手前に、本町からまっすぐ東に五百メートルばかりつづく中町、その道は南北に走る道路にぶつかり、北にまがって女鳥羽川にかかる大橋を渡ると東町となる。本町・中町・東町は善光寺街道（保

昭和30年代半ばの雪降りしきる松本駅。四季を通して北アルプスへの登山客、スキー客が訪れてにぎわう　撮影・熊木與一

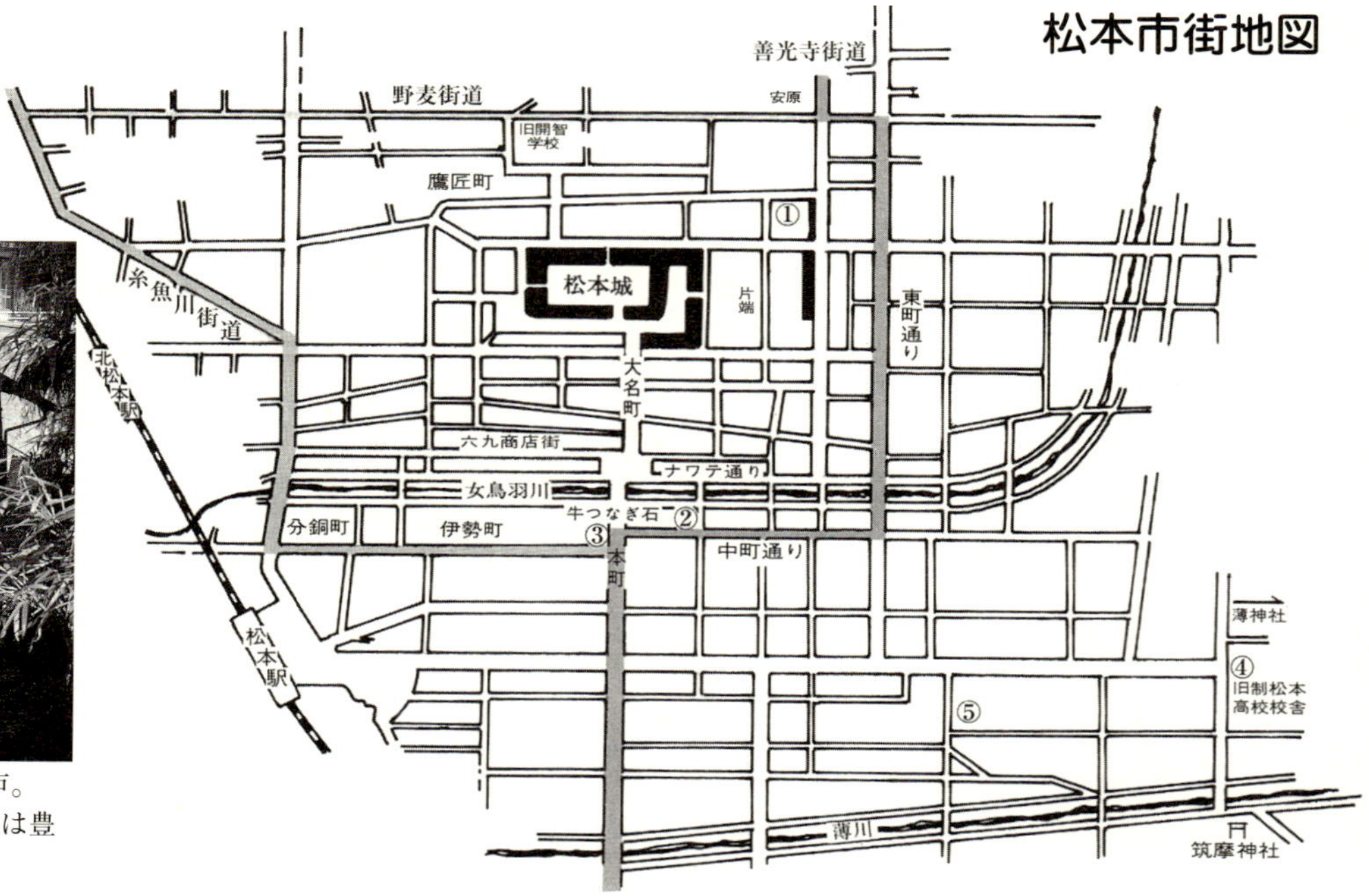

① お濠端の共同井戸。山々に囲まれた松本は豊かな湧水に恵まれた

上　② 歴史ある商人町の風格漂う中町通りのナマコ壁の民家。現在の松本市の繁華街の本町、中町、東町の商人町は、小笠原貞慶（1546～1595）が城下町を建設した時に商人を集めて作られた　撮影・西山昭宣

右　③ 本町と伊勢町の丁字路に立つ「牛つなぎ石」。戦国時代、上杉謙信が松本を領有した武田信玄に送った塩を運んだ牛をつないだという伝説が伝わっている　撮影・西山昭宣

福寺街道）にそってつくられた町だが、本町通りから分かれて西へむかう野麦街道の発着点に発達した町並が伊勢町である。

　これらの親町から数多くの枝町が形づくられていった。薄川を渡ったすぐ北のところに博労《ばくろう》町、本町の東に栄町・飯田町・小池町、城の北を通って東町と直角に交わっていた糸魚川街道を伊勢町と結んだために発達した分銅《ふんどう》町、東町の東に寺が密集する横町、東町の北に発達

④ 旧制松本高校の校舎　撮影・西山昭宣

した和泉町、安原町、こんなところが藩政時代の商人町であった。

　道の片側が外濠に面しているために家並が片方しかないということでその名がついた片端《かたは》町、道が鍵字形になっているために他所者には行き止まりのような錯覚を起させるようにつくられた袋町、そして新町、鷹匠《たかじょう》町などは城の周辺の屋敷町であったが、時代とともに武士の居住地も北に伸び、安原町を東西からかこむように、天白《こんぱく》町、同心町、徒士町などの下級武士の住む町がつくられていった。今でも天白町には、藩士の子として生まれ明治時代に作家として活躍した木下尚江《なおえ》の生家が残っている。

　明治になってから、松本の市街も大分変ったようだ。城の三の丸だったところには、丸の内、大名町という新しい町が生まれ、官庁や銀行が立ち並ぶようになったし、外濠を埋め立てた部分には上土《あげつち》・緑町といった娯楽街、六九《ろっく》町という新しい商店街が作られ、女鳥羽川と外濠との間の狭い道筋は露店が立ち並ぶ縄手通りとなった。国鉄篠ノ井線が開通し、市街西部に駅舎が建てられると、そこを拠点にまっすぐ東に走る国府町の通りができたし、製糸業の発達は自然湧水が豊かな清水という地域を市街化していった。

遊び仲間の横丁

　しかし、私たち一家が越した頃の松本には、屋敷町なら屋敷町の、商人町なら商人町の雰囲気が漂っていた。

⑤ 武家屋敷や土蔵造りの民家、商家がならぶ松本市街　撮影・西山昭宣

少なくとも、戦災を被らなかったために、戦前のおもかげを色濃く残す、古い町に特有のくすんだような雰囲気をもっていた。市内の交通機関といえば駅と浅間温泉をつなぐ路面電車か、一日に数台見かけるか見かけないかというぐらいの、黒煙を噴きあげて走る木炭バス。多少の変化はあったかもしれないが、人々の暮しも戦前そのままだった。道を行く人の服装も貧しく、高校生や大学生は弊衣破帽《へいいはぼう》、時には薄汚れたマントをひっかけた学生を見かけることもあった。

飲食店にしても駅前と緑町、上土にあっただけで、厳めしい構えの書店だけがひとり客を集めていた。当時のことだから、書店に並べられた本は硬いものばかりだったが、顧客は学生だけでなく、中年以上の男女もまじっていた。文学や哲学に熱中し、それを論ずることに人々は喜びを感じていた。

娯楽の場といえば、緑町や上土に五、六軒あった映画館か、ダンス・ホールぐらいしかなかった。中学生の時まで、私たちは年に二、三本の映画しか観ることができなかった。経済的な問題ではなく、学校で指定されたもの以外は観ることを禁止されていたのである。大人たちは自分自身に対してばかりでなく、子供たちにも娯楽というものを禁じていたのだ。大人の眼に不良行為の場と映ったダンス・ホールも、今見ればモルタル造りの、何でもないうらぶれた建物にすぎない。

そんなわけで、私たちの子供の頃の遊びは、戦前の父たちの子供の頃のそれと大差なかった。近所に必ず一軒はある雑貨屋で買ったメンコ、ビー玉、そして金ダライを裏返して腕をふるったコマ。昔ながらのそんな遊びの場は、今のように交通が激しくなかったにもかかわらず、横丁の狭い道とか路地とかであった。不思議なことに、遊び仲間の居住範囲は、誰の指図を受けるわけでもないのに、自然に昔から続いてきた範囲に限定されてしまう。同じ町に属していても、角を一つまがっただけで、そこには別の子供集団があるのだ。例え、学校で仲のよい友人だとしても、別の集団に入って遊ぶことはない。それが仲間の友人だと分ったにしても、口汚くののしり、すごすごと退散させてしまったものだ。

だから、子供にとって町内の遊び仲間は、学校の友達とはちがった、いやそれとは比較にならないほど強固な集団だといえる。子供が一人、あるいは少人数で隣の遊び仲間のたむろする横丁を歩くには、相当な勇気が必要だった。特に隣の町内と学区がちがえば、文字通り喧嘩の絶え間がない。同じ学校に通っていてさえ、時として反目しがちなのだ。小学校六年の時、近くの池でスケートをしている最中、私は突然氷の塊をぶつけられた。相手は隣の町内とはいえ、私と同級だったこともある男だった。下駄スケートをはいたまま、私たちは氷の上でもつれあい殴りあった。

それは市内ばかりでなく、周辺の農村でも同じであった。林部落では、上・中・下の三つの遊び仲間があったが、それは同時に道祖神仲間でもあり、それぞれ自分たちの祭る道祖神をもっていた。考えてみれば、上に属していた私は、中や下の道祖神仲間と遊んだ記憶がない。四、五軒先に同年代の子供がいたが、顔見知りにもかかわらず、彼は中の道祖神仲間だった。このことから考えると、市内の遊び仲間もかつては道祖神仲間だったにちがいない。

この排他的な子供の集団が、夏の青山《あおやま》さま、ぼんぼん、冬の三九郎という松本を彩る行事をおこなう単位なのである。

青山さまとぼんぼん

八月は大人にとっても子供にとってもいそがしい季節である。雛《ひな》祭りや菖蒲《しょうぶ》の節句と同じように、七夕もお盆も信州では月遅れでおこなわれる。横に木を通した四角形の筒に顔を描き、それに子供の着物を着せて軒先につるす七夕人形こそ現在では見られないが、露に濡れる野道を歩いて里イモの葉にたまった露をとり、それをすった墨で書いた短冊を竹の葉にかけて願をかける習慣はまだ続いている。朝は足がずぶ濡れになるほど露がおり、ひんやりとする冷気につつまれる松本だが、じりじりと照りつける太陽が中天に近づくにつれ、草花がしおれるほどの暑さに悩まされることになる。そんな暑さがお盆に向っていよいよ増していく八月六日から十五日まで、熱気がやわらぐ夕方になると、威勢のいい男の子たちのかけ声と、御詠歌のように陰鬱《いんうつ》な女の子の歌声が町の中を流れていく。はるか昔から松本地方で行なわれてきた青山さまであり、ぼんぼんだ。

松本地方の人々は、まわりをとりまく青い山々に祖先の霊が住み、青山さまが始まるとそのみこしに乗って、かつて暮していた場所に帰ってくると考えていた。だから、青山さまのみこしは屋根のついた社を模したようなものではなく、杉の葉をこんもりと盛っただけの青い山をかたどったものである。

　そんな祖霊信仰はこの地方に仏教が広まる前にすでに生まれていたものだろうが、やがて仏教と結びつき、祖霊が帰ってくるお盆の頃に行なわれるようになったのだろう。青い山に祖霊が宿るという信仰は、松本地方ばかりでなく日本各地に普遍的なものだったし、海を越えた中国にも見られた信仰である。人間到る所に青山あり、という有名な一節の青山は墳墓の地を意味しているのである。

幼児も楽しそうな青山さまの祭りの日（女鳥羽川畔）
昭和34年８月　撮影・熊木與一

　毎夕、子供たちにかつがれた青山さまは、町内の一軒一軒をめぐり、子供たちは小銭をもらい歩く。それが終ると、青山さまは夏空に黒々と姿を浮かべる山々を彼方に見ながら、まだ火照りを残す大通りや女鳥羽川の土堤道を、縄手通りの前に鎮座する四柱《しはしら》神社に向って練り歩く。

「青山さまだい、ワッショイコラショイ」

あちらでもこちらでも、同じ単純な掛声が響く。町角では、ちがう町内のみこしがぶつかりあい、しばらくの間小競り合いが続く。同じ道を女の子のぼんぼんの行列が行き過ぎる。手にしたほおずき提灯で暗い夜道を照らしながら、浴衣姿の少女たちは哀調を帯びた節まわしで町々をめぐり、やはり四柱神社へと集まっていく。

ぼんぼんとても今日明日ばかり
あさては嫁のしおれ草
しおれた草をやぐらに乗せて
下から見ればボタンの花
上から見ればなさけの花よ
ボタンの花は散っても咲くが
なさけの花は今日ばかり

　山から降りてきた祖霊を慰めるかのような哀切な歌声が、涼を求めて開け放たれた窓から、盆灯篭の置かれた家の中に流れてくる。青山さまが通り、ぼんぼんが行き過ぎていく道の両側では、迎え火にたかれるカンバの皮が独特の匂いをたてながら、墨のような黒々とした煙をあげている。

　青山さま、ぼんぼんが終わった翌日、八月十六日は送り盆だ。盆菓子や、キュウリ、ナスで作った馬・牛などの飾り物が見る見る流れ下っていくのを見るのは、さびしいものだった。県外に就職した親族、馴れ親しんだ死者、彼らとともに笑い話した時間、それらが盆飾りとともに去っていくのだ。そしてこの日を境に、松本の夏は眼に見えて色あせていく。草木は夏の名残の熱気にしおれてはいても、空は雲でおおわれ、そのために見るものすべてが白っぽい。あと四、五日もすれば学校も始まる。信州では、九月前に二学期に入るのだ。

お菜漬けの頃

九月になると、飛騨山脈の峰々に降った初雪のニュースがつぎつぎに入り、東山の緑の斜面にも茶褐色がまじり始める。十月の終り、十一月の初めには、飛騨山脈の頂は見た眼にもはっきりと雪が降り積っているのが分るようになる。すでに農家では稲の刈入れも終り、ほとんどの家に炬燵がはいっている。軒先に干した大根に当る陽の光は弱々しいし、その陽光も五時ともなれば飛騨山脈の鋭角的な稜線を浮かびあがらせて沈んでいく。秋というよりも冬に近いその頃が、松本の人々にとって冬に備える季節である。

野沢菜漬の準備が始まると、松本平の冬はすぐそこに来ている　昭和34年11月　撮影・熊木與一

手が赤く染まるほど水は冷たくなっているが、女たちは近くを流れる川や、家の前の水路で、山と積まれた野沢菜を洗う。カブを切り落し、五、六十センチはある葉の部分だけを一斗樽に漬けこんでいく。まず、一斗樽の底に菜っ葉を敷きつめ、その上に表面が白くなるほどたっぷりと塩をふり、その上にまた菜っ葉を敷きつめ、塩をふる。それを何度も繰り返し、樽からあふれ出しそうに重ねられた菜っ葉の上に、大きな石をいくつも乗せて蓋をする。何週間もそのままにしておくと、石の重みで菜から汁がにじみ出し、それが塩ととけ合って菜にしみこんでいく。茎の部分が飴色になる正月頃が、ちょうどお菜のうまい頃である。家族の多い家では、一斗樽に五つも六つも漬けておくが、それでも大体春先までには食べつくしてしまう。

お菜と味噌汁さえあれば、飯を何杯でも食べられるという人が信州には多い。それほど信州人はお菜ずきなのだ。お菜だけという家が多かったらしい。事実、戦前までおかずというとりでなく、お菜はおやつにもなる。おかずとなるばかお菜を食べながら、人々はのべつまくなしにお茶を飲む。炬燵に坐っている時は必ずお茶を口にしているといっても言いすぎではない。大きな皿に盛られただから喉がかわくのは当然だし、塩分の多いお菜を大量に食べるのンをお茶を飲むことで補っていたのだ。生鮮野菜に代るビタミ燵に当って人々はお菜をつつきながらお茶を飲む。冬の農閑期、炬な生活から、議論好きな信州人の性格が育ったとさえ言われている。

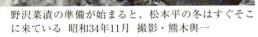

飴市そして三九郎《さんくろう》

　正月気分もそろそろ抜けようとする一月十日、松本の商店街は年に一度の飴市の人出で昼間から賑わう。年最大の大売出しということで、市民ばかりか近在の農民、さらに縄手通りや四柱神社の境内に珍しい玩具を売る屋台や大道芸人が立つのを知っている子供たちまで、人波の中にまじっている。子供たちが手にしているのは、福飴という棒のような長い飴。それを一センチぐらいずつ割って口にいれるのだが、断面にはお多福の顔が色彩やかに描いてある。なめている飴を口から取り出すと、飴そのものは小さくとけていながら、お多福の顔は消えもせず残っている。この福飴を売るところから、一月十日の大売出しを飴市とよぶのだが、昔は塩市とよばれ、文字通り塩を売るために立った市だった。

「敵に塩を送る」という言葉がある。駿河の今川氏や相模の北条氏に塩を断たれた武田信玄に、領民に罪はないという理由で越後の上杉謙信が塩を送ったという故事にちなんでいる。長年の塩飢饉に悩んでいた松本地方の人々は、謙信の行為に感謝し、塩が松本に着いた一月十日を記念して塩市を始めたのだという。この美談が事実かどうか分らない。しかし、松本の住民は、本町と伊勢町の交差点にある石を牛つなぎ石とよび、謙信が送った塩を積んだ牛がここでつながれたのだと語り伝えてきた。海のない山国の人々にとって、塩飢饉がいかにつらいものであったか、この伝説は教えてくれる。塩飢饉の恐怖から逃れるために、人々は野沢菜を漬け、味噌を仕込んできたのである。同じ自家製の味噌でも、平地よりも山間地のもののほうが塩がきついのは、山間地のほうがそれだけ塩の道からはずれ、塩の補給が困難だったからにほかならない。

　子供たちにとって、冬の最大の行事は一月十五日に行なわれる三九郎である。地方によっては、どんど焼き、左義長とよばれる三九郎を行なうのは、道祖神仲間である。

「僕が小学校にあがった頃は、もう道祖神仲間なんてなくなってましたよ」

「だけど、正ちゃも三九郎はやったずら」

「ええ」

「じゃあ、道祖神仲間に入っていただわ。入らなきゃ、三九郎はできねえでな」

　昔の行事に詳しい伯父の言葉に私は納得した。意識しなくても、子供たちは小学校に入学すると同時に、道祖神仲間に入っているのだ。

　戦後間もなくまで、三九郎に先立って道祖神祭りが行なわれていた。道祖神の立つ辻に縄を張り、通行人から小銭をせびり、手製のお札をもって一軒一軒めぐり歩き、それを買ってもらう。新婚の家庭や、子供が生まれた家からは、特に高い値段をふっかける。道祖神というのは、単に外からやってくる悪疫をさえぎり、旅人の安全を守るという役割ばかりか、夫婦和合の役割ももっていたからである。古拙な笑みを浮かべて手をとり合っている男女の神、それが典型的な道祖神の像である。

　一月十四日、薄川や女鳥羽川の河原に数十もの三九郎

三九郎に集まった里山辺地区桐原の子供たち

飴市のダルマ売り

三九郎に火がつけられた（荒井地区）

1月10日、松本市の商店街は年に一度の飴市でにぎわう（本町通り）

いづれも昭和30年代半ば撮影・熊木輿一

が立ち並ぶ。今では松飾りを積みあげただけのものにすぎないが、一昔前までの三九郎は数メートルもある松の大木三本を一たばねにして立てた大きなものだった。その松の木は、村有林や山持ちの山林から切り出されたもので、山を持たない市内の子供たちはわざわざ山林のある近くの村から買ってきたものだった。三九郎の根元の部分には、こもり場とよばれる空間がつくられ、寝泊りできるようになっていた。常時見張りを立てていないと、いつ闇打ちにあうか分らないのだ。無事に一晩すぎ、あと二時間もすれば火をつけようという五時頃、馴れ馴れしく近づいてきた隣の連中に、気付かないうちに火を点《とも》された硫黄を投げこまれ、見る見る焼かれるなどということも珍しくなかった。

粉雪が舞う中を、子供たちは足を踏みならして寒さに耐えながら、三九郎に火がつけられるのを待つ。そして、周囲が真っ暗になった七時頃、河原に立ち並ぶ三九郎につぎつぎと火がつけられる。音をたてて、火は下から上へと燃えあがっていく。鼻水をたらした子供たちの顔を赤々と染めて、三九郎は燃えさかる。炎に向って子供たちは手にしたマユ玉をさし出す。三九郎の火であぶったマユ玉を食べれば、この一年無病息災だというのだ。そして子供たちは、夜空に火の粉をあげる三九郎にむかって声を張り上げる。

道祖神はおんバカだ。家を留守にしたもんで、子供に火をつけられて、一尺八寸もえ切れた。ヤーオ、ヤーオ、三九郎

それは定刻前に焼き打ちされた三九郎へのからかいの歌だった。燃え残った松の木はハゼ木として、あるいは小さく割って、たきぎとして売ったりした。小遣いの少なかった昔の子供たちは、三九郎や道祖神祭り、青山さまといった行事の度に、自分たちの手で小遣いを稼ぎ、それで日常使うビー玉、メンコ、真鍮のコマを手に入れていた。それがしだいに学校で禁止されるようになった。しかし、子供たちもすでに小遣いに困らなくなっていたのだ。世の中は経済的には年々豊かになっていき、子供たちは事あるごとに親や親類から、労せずして小遣いをもらえるようになっていた。子供たちがたむろする横丁や路地はそのままでも、通りに面した古い建物は、明るいが無性格なものに建てかえられ、町の表情は年ごとに変っていった。林部落の農家にしても、今ではそのほとんどが会社や工場に勤める兼業農家になっており、田植えや稲刈りの時のほかは、田圃で作業する農民の姿を見かけることが少なくなった。昔ながらの暮しや社会は年々変化してきてはいたが、それを根底から崩したのは、昭和三十年代後半に始まる経済の高度成長だったのではないだろうか。

農村の暮しが大きく変ろうとし、本町や伊勢町の町並が変貌しようとしていた昭和三十五年、農村に生まれ農業を営みながら一度も鍬を握ったことのなかった祖父が死んだ。深い墓穴の底に横たえられた白木の棺が、親族の男たちのかける土に見るおおわれていった。それは一つの時代の終りだったのだと、私は考えている。

海上から望む青ヶ島　昭和41（1966）年７月　撮影・宮本常一

回想の青ヶ島

文　小林亥一
菅田正昭

写真　伊藤幸司　宮本常一
菅田正昭　神子省吾

青ヶ島の南部のイケノソウ（池之沢）と通称されるカルデラ地帯。山襞は外輪山で、左の土地がむき出している小高い丘は、中央火口丘の山の噴気孔跡　昭和42（1967）年　撮影・伊藤幸司

序

宮本常一

晴れた日に八丈島から青々とはてしない南の海を見ると、そこに小さく、周囲が断崖になった島がうかぶ。それが青ヶ島である。いまはこの島にわたるのも容易になったが、今から百年も前には一年の間渡る機会を待ちつづけてもついに来なかったということさえあった。しかしそうした島にも久しい以前から人が住んでいた。海岸へ船をつけても、その船を波にさらわれないように、また砕かれないようにするための工夫をしなければならなかったし、海岸から、島の上の台地にのぼっていくには、二百メートルほどの急崖をよじのぼらねばならなかった。しかし急崖の上にはやや平らなところがあり、そこに二つの集落があって、麦、甘藷、大豆を作り、蚕を飼うて絹を織り、生活をたてていた。

明治大正になって汽船がかようようになっても海の荒れる時期は三月も四月も島に近付くことができなかったが、それでも島には外から誰か不幸をもたらさぬか、または天明五年の噴火のような事件さえなければ、十年一日の如き日が続いていった。そして食うものも着るものも、婚姻もすべて島の中でおこなわねばならなかったし、生まれて死ぬるまで島の中で暮らさねばならなかったから、島民の人生にはおのずからきまった生きざまがあった。つまり島の中が島人にとってのすべてであった日が長かった。そしてみんなが肩を寄せあって生きて行かねばならなかったのだが、この島には共有山、共有原野の制度もなかった。何も彼も個人のものとして所有しなければ噴火のために一たんは島を捨てた人びとがもう一度戻って来て島を拓いて住みつくことはできなかったであろう。それも海の中にあって海と絶縁したような生活である。

それが少しずつ海になじむような日が来たのは昭和四〇年から後のことである。島で船を持ち、島の外から来る船も、海が荒れているからといって、島へ船をつけることなく、八丈島へかえっていくというようなことが少なくなってからのことで、一年に八回くらいしかやって来なかった船が六十回にもふえてみると、島人のみで結ばれていた社会に島外の習俗も伝わって来、島社会は急に明るく広いものになりはじめた。そして船着場から村までの道もすっかりよくなって来ると、海の彼方の世界が急に近くなって来た。今は島でもテレビを見ることができる。そして島人も島外から来る人と大してかわらない生活や考え方をするようになって来た。

そのように近代文明に向って歩みはじめた島の、これはなお多くの古風な物語である。本土から隔絶していたときはいつも孤独と孤島苦になやみ、肩を寄せあわねば生きてゆけなかった世界であったが、外の世界へ大きく結ばれて来ると、その安堵が人びとの気持をおおらかにし、自分たちの住む土地に対してほこりを持った愛着をさえ覚えるようになる。これはその明るさを持って来た島人のくらしの報告である。

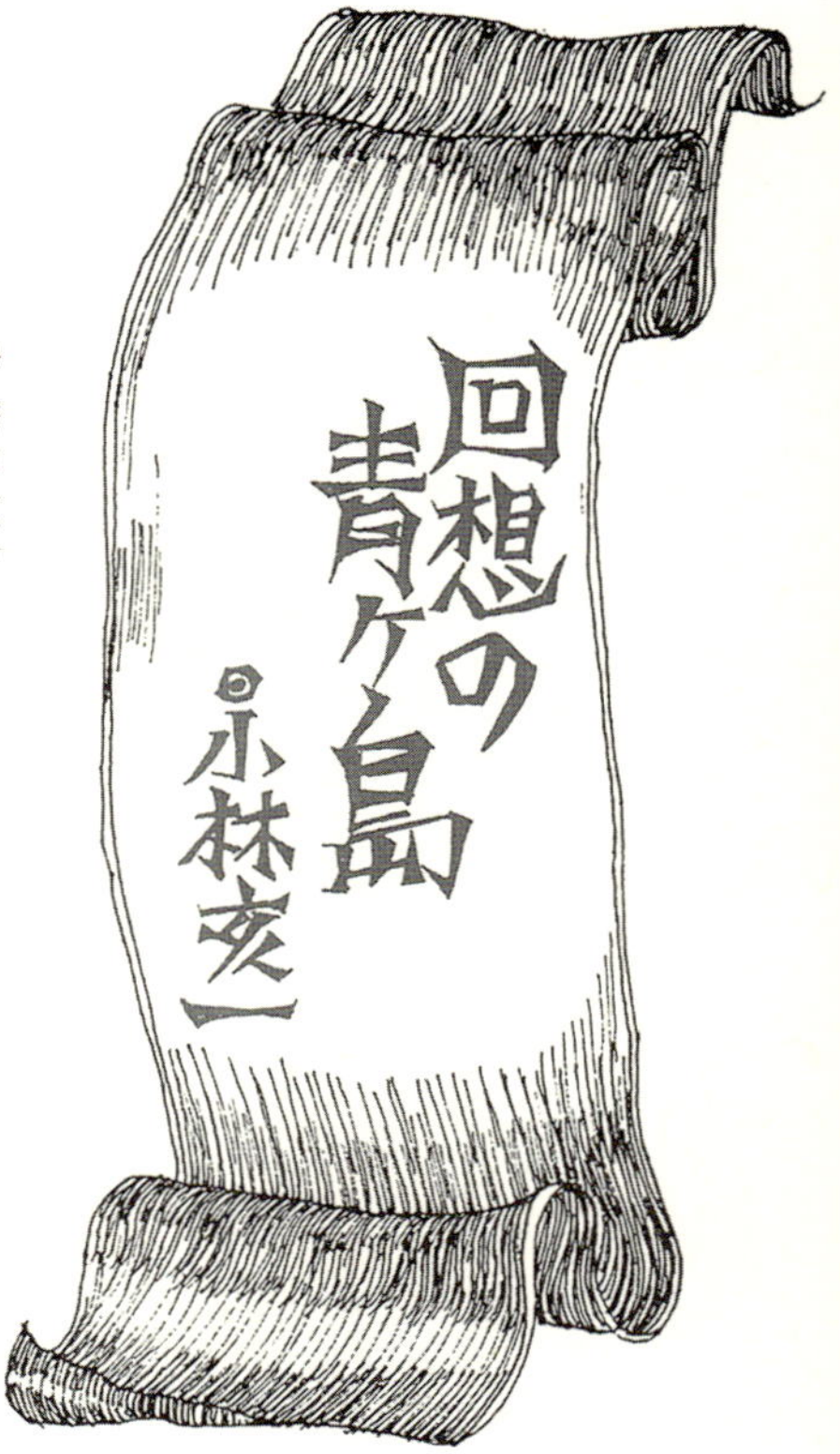

孤島変容

●誰かやって来ないか●

とびよぶねは
いつもどこからか　はしってくる
ぼくが　つどへ　いってみると
いつも　ふねが　きている

この飛魚船《とびよふね》という詩は、青ヶ島生れの青年、Y・K君が、十数年前に作ったものである。それは、青ヶ島小中学校校誌「くろしお」二十三号に載せられた。二十三号には島の歴史的なできごと、全村灯電の記事が大きく取り上げられている。そういう時期に、無心に近い村童の口をついて現われ出たのが、この「とびよぶね」だ。散文の断片というべきものではあるが、詩的だと思う。詩の中に「とびよ」、「つど」など共通語と異なることばが入っていても、それらは詩的ということと深い関係はない。

「つど」は津のあるところ、つまり港の意味である。しかし、現在は単なる地名となっている。そこは島の北東に当る崖っぷちの一地点に過ぎないけれども、崖の真下二百メートルの玉石の海岸神子浦《みこのうら》は、昔から島最良の船付場として、八丈島にも知られていた。江戸期幕府に納める貢税の絹糸も、青ヶ島御船に積まれ、この船付場から八丈島へ送られた。明治、大正時代も使われていたが、昭和も十年を過ぎてからは、島の南側の三宝《さんぽう》港が使われ始め、整備が進むにつれて神子浦はさびれていった。現在では余程特殊な事情（日程が動かせない修学旅行などのとき、三宝港が風浪のため使用できない場合）がない限り、ほとんど使用されることはない。神子浦と同じ側の大千代港が完成すれば、かつての津どは全く港の価値を失ってしまうだろう。

そのさびれてしまった神子浦の近くにも船が集まって来るのは、三月と五月である。三月は飛魚船、五月は鰹船。

青ヶ島の春は飛魚船がもたらす。一年中あおあおとしている青ヶ島は、国地《くにじ》（本土）に比べてあまり四季の変化が見られない。ヘイの木（オオバヤシャブシ）の若芽がほきかえることによって、春らしい風情を見せはする

沖合に停泊した定期船に向かうハシケ
昭和42（1967）年　撮影・伊藤幸司

陸揚げした荷を牛に負わせ港を見下ろす高台まで登ってきて、牛も中学生もほっと一休み　昭和42（1967）年　撮影・伊藤幸司

が、春飛魚《はるとび》を捕る船を見かけると、「ああ、春が来たなあ」と実感するのである。島に住むものでなければ分らない。飛魚船の集魚灯の輝きが醸《かも》し出す早春の詩情は、島に住むものでなければ分らない。雪国で生まれ、育ったものに、春光に対する異常な感動があるように。島のめぐりに、それこそ「どこからか」集って来た数十隻の飛魚船が、たそがれゆく海上を集魚灯のイルミネーションで飾るのである。その玄妙な輝きは、私を夢幻の世界に誘う。幼年時代、雪国の山裾の小川で釣った、タナゴの鱗の光に似ている。

島の春を告げるイルミネーションの輝きを、幼いY・K君はどうして描かなかったのか。彼は、その輝きよりも、飛魚船がどこからか島にやって来たことに、より深い感動を覚えたためであったろう。島へだれかがやって来ることを、孤島に住むものは無意識のうちに願っている。沖縄には神が洋上の彼方からやってくるという信仰があるそうだが、神ならずともだれかがやって来ればいいという願望を常に抱いているであろう。そのような離れ島が本土から遠く隔絶されていればいるほど、願望は強烈になる。

年にただ一度、青ヶ島から六十七キロ北の八丈島へ渡航した江戸時代は、その願望がいかに切実であったか想像に余りあるが、月一回の定期便船しかなかった十数年前も、乗船日は島中が興奮した一日だった。船が来ることをどんなにか待ちこがれていたことか。そして、待ちわびていた国地からの便りや本や写真、それに食糧や諸道具などが、いかに待つものを狂喜させ、慰め、勇気づけるものであったか、左記の一例はそれを如実に物語るであろう。

●月一回の定期船の頃●

十数年前は現在（昭和五二年）と諸事情が非常に違っていた。ランプ生活がそれを象徴していた。当時来船日は学校も臨時休業となり、児童・生徒も三宝港に下りて、陸揚げされた荷物の運搬を手伝ったし、学校の男子教員も荷揚げの労役に加わった。

三宝沖に碇泊している本船から、艀《はしけ》で港に運ばれた荷物は、手送りで陸揚げされる。（牛や重い機械などは簡単な吊り上げの装置で行われたが）狭い港に山と積まれた荷物は、総動員された島の朝鮮牛の背にくくり付けられ、港から四キロ近くもある崖の坂道を部落（オカベという）まで運ばれるのである。片側が断崖になっている細い坂道は、荷を付けた牛が通るとき、人がすれ違うのも困難なほどであった。牛様お通りのときは、人が山側の斜面に背を押しあてて、通過するまで待たなければならなかった。重い荷物を背負った牛たちは、あえぎながら一歩一歩崖道を登って行った。当時の日記にこんな一首が書き添えてある。

崖道に牛の涎《よだれ》の長き条《すじ》
　そこはかとつく船来たる日は

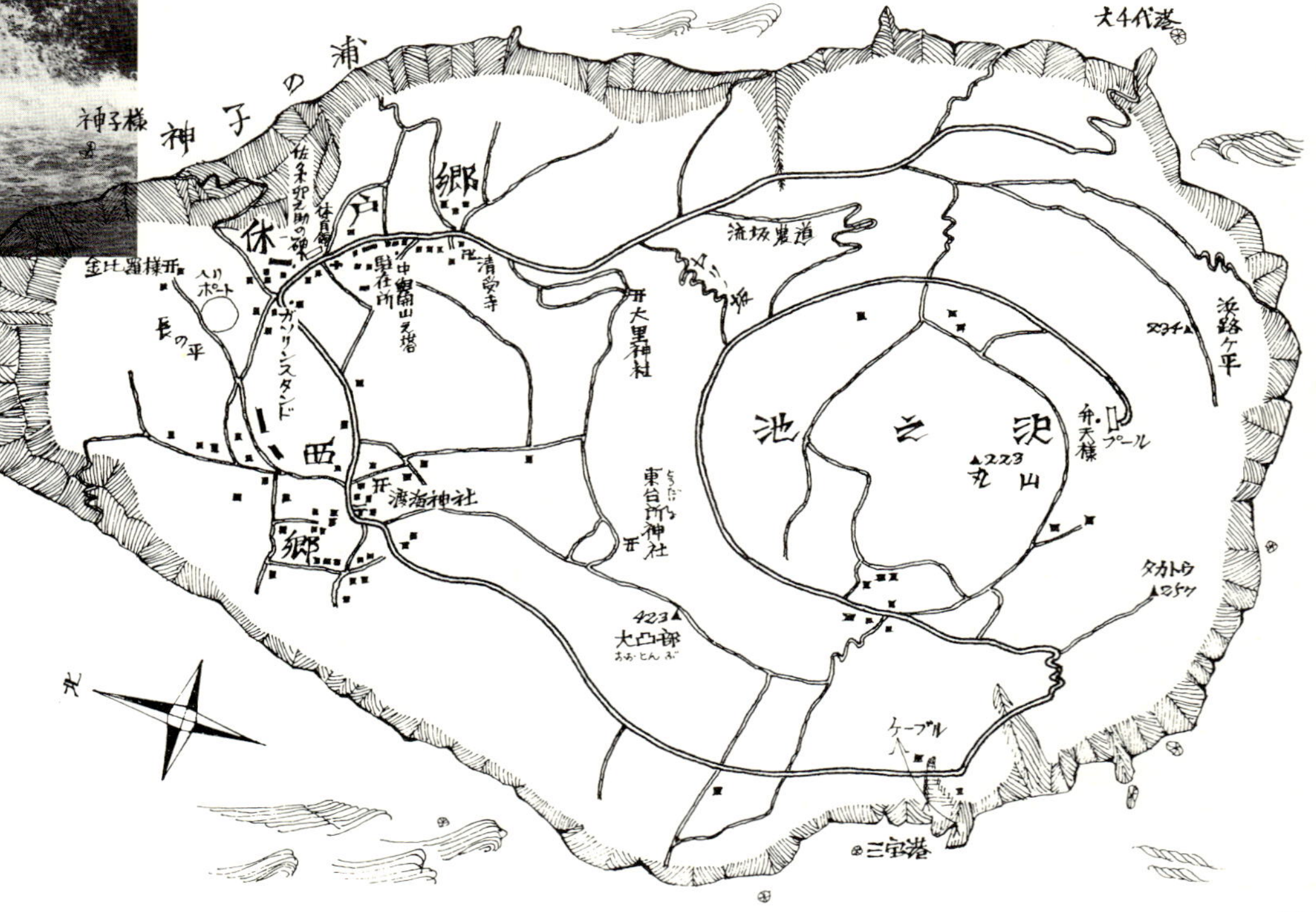

島の主港、三宝港。断崖にZ字型に切り開かれた道が港と集落を結ぶ　撮影・菅田正昭

牛たちの疲労もさることながら、人々も終日の労働で綿のようにくたびれてしまう。暑い夏の日などの荷役作業は特に疲労度を増す。仕事を終えて夕暮れの崖道を牛のように一歩一歩たどるのは難儀であった。その難儀を救ってくれるものは、明るいうちに牛が運んでくれているオカベの荷物である。特に国地からの便りが、何ものにまさる期待の対象物だ。その期待だけが重い足を引きずらせるのだ。郵便物は早いうちに陸揚げされ、三宝港の岩陰で係の村人によって仕分けされ整理される。子ども（生徒）に手伝わせて、手紙や小包などを宛名別に（役場、学校、個人という具合に）整理するので、自分に届いた便りを港で読もうと思えば、いと易いこと、その生徒に連絡して置けばいいのである。しかし、教員だれ一人としてそうするものはなかったのである。特別緊急を要する場合は別として、ぐっと我慢するのだ。便りこそ帰りの難儀を救う特効薬だからである。学校関係の郵便物はまとめて運ばれて来るが、校内に残っている女子職員によって、個

左　定期船が来航すると三宝港は陸揚げした荷物や人であふれる。本土からの荷物や便りが島の人には待ち遠しい
下　工事中の急な坂道を人も牛も荷を背おって一歩一歩登る
いずれも昭和42（1967）年　撮影・伊藤幸司

荷揚げは大人だけでなく、小中学校も一時授業を中止して、荷物の運搬にあたった

右上、左上　人や牛がすれ違うのがやっとの崖道を行く

左下　子供も幼児の守りをしながら牛の手綱を引いて手伝い

写真はいずれも昭和42（1967）年　撮影・伊藤幸司

人別にそれは仕分けされ、各自の机上に置かれる。暗くなって学校に着いた労働者たちは、机上の郵便物を眺めて蘇生の思いをするのである。快哉を叫ぶものも出てくる。その歓びは誠に感動的である。取り分け待ちわびていた便りを手にしたときの感激は、終生忘れられないだろう。あたかも恋文を読むときのように、始めはさらっといい加減に一読し、後でしみじみと何度も何度も読み返すのだ。正に「家書万金にあたる」。私は青ヶ島に来て、この杜甫《とほ》の詩句をしみじみと実感した。不便極まるところでなければ、到底知ることのできない歓びである。

　その当時まだ幼かったY・K君は、「とびよぶねはどこからか　はしってくる」と無作為に書いた。これは「島の声」なのである。小さな思量を越えた自然のつぶやきとも言えるだろう。

●テレビが島をかえた●

　しかし、その「……やってくる」のを切望する気持ちは、私の在島中にも年々薄らいで来た。乗船日は一日学校が休みだったのが、二時間授業を行なうようになり、港の荷揚げも吊り揚げ装置を多く使用するといった風に変って来たが、何よりも全村灯電という画期的なできごとは、人の心に一大変化を及ぼした。隔絶されているという気持ちを雲散させるほどの影響力があった。子どもたちにしても以前ほど来船日にはしゃがなくなった。

　私はいま、そうした子どもたちの変化を想い起こし、感慨にふける。初めは制限灯電であったが、テレビが観られるようになって、急激に変ったように思われる。昔の雅語を持つ島のことばも変化していった。在島当時、ことばの変化について年一回生徒を対象にアンケートをとってみた。三回行なったが、確かに違って来ている。昭和三十九年島に渡った私も、しばらく島のことばに悩まされた。そのころ児童生徒は、朝を「とんめて」と言っていた。これは枕草子巻頭の「冬はつとめて…」が訛ったものと思う。それが、児童、生徒の中にあさというものが出てきたことを見れば、テレビの影響力が分るだろう。

また、テレビが観られなかったころには、学校を会場にしていろいろの会合が催されたのに、それが少なくなったばかりか、テレビ番組に合うように会のスケジュールが組まれることさえ起こった。テレビだけでなく、電気製品が生活様式を変革したことは、国地と同様である。そのように全村灯電は、日常の実際上の生活面と精神的なものとに著しく影響を及ぼしたのである。文明の恩恵と言うのだろう。

全村灯電は、島の生活を幸福にし、人の心を明るくした。すばらしいことと言わねばならぬ。しかし、そのために失われゆくものに対して、余りに無関心ではないだろうか。例えば、天下一と言っても過言ではない島の星空の美観は、はなはだしく損なわれたが、それは、島に在った価値あるものが消えてゆくのを象徴しているように思われる。前記のことばについても言えることである。昭和四十一年夏、民俗学者M〔宮本常一〕氏が来島の折、丑三つ時に校庭に案内して、島の星空をお目にかけたことがある。M氏は全国の寒村僻地、津々浦々、島という島をほとんど隈なく歩いた方だが、これまでこんな美しい星空は見たことがないと激賞した。そういう星空を、いつどこからでも眺め入ることはできなくなった。優雅な古語が聞かれなくなっていくように。

ここ数年、青ヶ島はさらにめまぐるしく変貌して来た。道路は大幅に拡張整備され、場所によっては、山形が改まったところさえある。木造校舎は堂々とした鉄筋に建て替えられ、保健所、体育館が新しく建ち、三宝港は見違えるばかりに整えられた。無論全家庭はカラーテレビを楽しみ、広い道にはトラック、ジープ、自家用車が走っている。それに何よりも悩みの種の一つだった船便が、解決されたと言ってもいいほど便利になった。八丈島と青ヶ島間を往復する、青ヶ島丸が建造されたことである。伊豆諸島開発の定期便船を含め月九回の便となった。もはや隔絶された孤島などという言い方は霧消してしまったことになる。十数年前、牛の背に荷を積んで運んだことなどは遠い昔の気がする。文字通り隔世の感がある。

そのように変容した青ヶ島にも春がやってくれば、やはり「どこからか」飛魚船が集まって来、初夏には鰹船が島を取り巻くだろう。だが、現在の児童は、「どこからか　はしってくる」という感動を、果して覚えるだろうか。水平線の彼方からやってくるものを待つ気持ちは在るにしても、Y・K君が児童だったころに比べて、稀薄になっていることは確かであろう。ともすると、津どに立って飛魚船を見つめている少年は、どこからともなくやって来たものが、自分の畑の作物を傍若無人にかっさらっていくように感ずるかも知れない。その眼下の船に向って、「飛魚船のどろぼう船！」と憤りの叫びをあげるかも分らない。（昭和五二年記）

為朝百合《タメトモユリ》、純白の大輪花

こんな散文の断片が、私の青ヶ島在島日記の初めの方に書き付けてある。

お前の姿を初めて見たとき
名前が分るような気がした
タメトモユリ
だれが名付けたのだろう
だれでもいい
だれしもそう感じるに違いないから
そのとき　お前はまだ
薄碧い蕾をつけていたが
開花大輪の相《すがた》が想像できた
きりっとしたその葉　たくましい付け根
横綱土俵入りの諸手《もろて》を左右に上げた形
あのみずみずしく太い茎のまるみ
百年前に　ゴッホが見ていたら
狂喜して描いただろう

島に渡って間もないころ、私はそのユリを見た。所は私が間借りをした家の裏手の斜面。噴火の際、島中に降りそそいだ噴出物（赤褐色の小砂利）混じりの黒っぽい地面に、しっかりと根をおろしていた。そういうたたずまいは、無精に私の胸をときめかす。

五十がらみの家主は、私たちに親切だった。いまは亡き人。非常な酒好きでよく島酒（芋焼酎）を「ひっつって（ぐっと飲む）」、話しに来た。彼は、自分も為朝にゆかりある武士の子孫だなどと言ったりした。話の中によく「為朝さま」が出てきた。花を四十五も付けたタメトモユリを見たことがあると言って、私を驚かせたこともある。それは典型的二重式火山の外輪山海側の斜面に咲いていたそうである。在島七年間に、私はそんなユリにはめぐり会えなかったが、一本の茎に二十七もの花を付けたものを見た。離島する前の年、初夏のことである。場所は島の西側、下《しも》の沢《そう》。それは折からの濃霧の中に、咲き盛っていた。

古老の話によると、旧暦六月一日に咲くものとされていたタメトモユリは、サク（訛ってシャクと言う）と呼んでいたそうである。天明初年（十八世紀末）の伊豆七島に関する見聞をまとめた、『伊豆海島風土記』（草芝之図）には、「島名サク、白苗《シマユリ》也」と書かれ、ユリの図も載っている。この記録からすると、天明期にはすでにこのユリが存在していたことが分る。また、天保六年（一八三五）に撰述された「青ヶ島大概帳」には、ただユリと記され、木くらげ、葛、薯蕷《じょうよ》などとともに食品の部に入っている。牧野植物図鑑にはサクユリと出ているが、その記事を要約すると次のようである。「伊豆八丈島、青ヶ島に産する多年生草本、全形ヤマユリに似て壮大で、ヤマユリから伊豆七島で分化した若い種類。茎は粗大な円柱形で直立し、一メートル余になる。葉は互生し長い楕円形で、先は短くとがっている。七条の主脈がある。七月、茎の先に総状花序の花数輪開く。色は純白で大きく鐘状をして先端はそり返っている。芳香を発する。日本産ユリの王者である。青ヶ島の方言でサックイネラというのに基づいて、サクユリと命名。イネラはユリを呼ぶ名だという」

この記事で、イネラがユリを意味する方言としてあるのは誤りで、イネラは島の崖に多く咲く朱色のユリ、つまりスカシユリのことである。牧野植物図鑑の改訂版には、記事が訂正されるだろう。

伊豆七島の島々に、どの程度タメトモユリが現存しているか詳しく知らないが、昭和四十四年七月発行の七島新聞には、次のような見出しで利島《としま》のタメトモユリの記事が載せられた。

「サヤに続く特産物、有望のサクユリ、今後は純系化に努力の要」

その説明は具体的でなかなか分り易い。

「サクユリの葉は水平に出ているが、ヤマユリは直立。サクユリは花は純白で、開いた花の直径は三〇センチと大きく、花びらにヤマユリは赤褐色の小紋（ソバカス）があるが、サクユリにはそれがなく、黄点になっており、これが最大の特徴である。そのため花の感じが一層白っぽく、気品高い感じを与えている。」

見出しに、「純系化に努力の要」とあるように、利島ではサクユリとヤマユリの混生が多く、純系化が悩みの種であるらしい。利島で栽培したサクユリに、例の「ソバカス」が入り始めたのは、昭和三十五年ごろだという が、「ソバカス」の入らないものが、商社との取引にも

港から部落まで牛の背で運んでいた荷物も昭和50（1970）年にはトラックで運ぶようになっていた　撮影・神子省吾

高い価値を持っているわけである。この記事の終りを、「島民らは種の原産地青ヶ島のサクユリ調査を望んでいるが、さし当り同島からユリ球根を百個ぐらい送ってもらい云々」と結んでいる。

「種の原産地」であるかどうか、私はよく分らないが、多分伊豆七島中、青ヶ島が最も純系を保っており、その数も多いことは確かであろう。青ヶ島にヤマユリは無いようであるが、イネラ（スカシユリ）の外に、カルデラ池之沢には小振りのテッポウユリに似たものが少しある。

絶海の孤島と言われて来た青ヶ島も、近年急激に変化し、十年前とは比較にならないものがある。しかし、小笠原島を除けば、本土から一番遠い太平洋上の離島に変りはない。今日のような繁雑極まる社会では、特に都会から隔絶された孤島の持つ価値は、いろいろの分野から見直されなければならないだろう。タメトモユリについてもそういうことが言える。青ヶ島で純系が保たれているのも、隔絶された島だからである。

島の土にみずみずしい太い茎をぶっ立てて、純白に輝く大輪の花を付けるタメトモユリ、それは正に、男島・青ヶ島の花である。互生するゆったりした葉の、あの力強く優雅な形の付け根に、私は飽かず眺め入る。気品高く堂々とした姿は、昔日の為朝の風姿を想わせるに足る。牧野植物図鑑には、タメトモユリをテッポウユリの別名と述べてあるが、テッポウユリは為朝夫人になぞらえていいような風情がある。

サクユリは牧野博士の命名であっても、私は、島の人々が親しんで現在も使っているタメトモユリの方をはるかに好む。為朝は史実の上で八丈島、青ヶ島に渡ってはいない。しかし、この場合そんなことはどちらでもいい。

おムナさんとオムナ草の物語

●高機《たかはた》第一号●

古い高機の筬《おさ》を一つ大切に保存している。それを島産桑椽の短冊額に落とし込むように作りたいと思いながら、十数年が過ぎてしまった。

その筬は、青ヶ島の高機第一号に用いられた記念すべき品である。高機が、明治の終りごろ八丈島から渡ってくるまでは、青ヶ島でも地機《じばた》（いざり機ともいう）が使われていた。織り味は地機に越したことはないが、高機の使用によって能率は非常に高くなったばかりでなく、疲労が少なくなった。その高機第一号を青ヶ島に招来したのは、私の老友だった、おムナさんである。彼女はいまから一昔前、八十を過ぎて他界した。

おムナさんが亡くなるまでの数年間、私はよく彼女を尋ねて歓談した。

「わが先生」（特に親しくひいきにしている人）と私を呼び、時を忘れて話に打ち興じた。整った顔にいつも微笑を浮かべて、話す様子も快かった。暗く湿った影は微塵《みじん》も見られなかったし、老齢のためでもあろうが、淡々とさりげなく語るのであった。ときには島の歌を歌ってくれたが、その声の美しく若々しい感じは、到底老齢の人とは思えなかった。

島のある人は、それを評して、「めならべのごんどう

強い海風を避けられる場所に家を建て、畑も茅や石垣で守られている
昭和42（1967）年　撮影・伊藤幸司

声」（娘のようなつやのある音色）と言っていた。またある人は、「糸を紡《つむ》ぐような声」と賛美した。

初めておムナさんに会ったのは、私が渡島して間もない初夏の午《ひる》さがりであった。彼女の住いは、村の道に沿った高い位置に在った。前庭のマダミ（イヌグス）の大木が、道に突き出した格好で伸び、ちょうど道の真上にあたる幹の途中に、オオタニワタリが二株、豊かな葉に反りを打たせて、しっかりと付いていた。私はそのオオタニワタリの美事なのに驚き、よく路上に立ち止まって眺め入ったものである。その日もそうしていたのだが、家の前に立って外を眺めている老女（おムナさん）に気づき会釈した。私は彼女に近づいて行き、改めてあいさつした。オオタニワタリについて尋ねたいからだった。彼女はオオタニワタリを見上げながら、こう言った。

「あれは、私がここへ来たとき付けたものですよ。小さかったんですが、あんなになってもまだ枯れないんですじゃ。明治の終りですから、早や何年になりましょう」。

そう言って可愛げに音を立てて笑った。私は直ぐ彼女を好きになり、感慨深くまたオオタニワタリを見上げた。

そういうことがあってから、よく彼女と話をするようになった。彼女の声がいかに若々しくても、年寄に違いなかった。老人がよくそうするように、おムナさんもよく家の前に立って、ただ何となく外を見ていることがあった。私は下の道を通るとき、いつも彼女の家の前に眼を向ける。彼女が立っているときは、余程急用がない限り、立ち寄って話しこんだ。あるときは、家内の造った茶まんじゅうを持って行って、一緒に食べながら長い時間いたこともある。

●島のある女の一生●

ある日、私は一つの目的を抱いて彼女を訪問した。「オムナグサ」のいわれを尋ねたかったからだ。長い時間こと細かに物語ってくれた。いつものように淡々として明るかったが、心なしか、やや活気を帯びているように思われた。私に記念として贈られた筬と、牧野植物図鑑所収の「オムナグサ」とは、明治の終りに八丈島から同じ船で運ばれて来たことを、その物語によって知った。おムナさんの話を次に要約してみよう。

おムナさんは八丈島の生まれ。めならべ（娘）のころ相思相愛の若者がいたが、事情あって別れなければならなくなった。悶々として日を送っていた折、両親は、小笠原島に住む某へ嫁ぐように勧めた。遠い所へ行ってしまいたい心理もあって、行くことにはしたが、一つだけ条件をつけた。小笠原滞在中に、どうしても結婚する気

未舗装の島の道。部落内の伝達事項は道端の掲示板に張り出していた　昭和42（1967）年
撮影・伊藤幸司

になれなかった場合は、帰って来てもいいというのであった。両親は、彼女が小笠原にとにかく行けば、きっと某と結婚し、幸福になると思いこんでいた。

　何しろ明治時代の話である。当時だれしも彼女の両親の考えに反対するものはなかっただろう。そういう場合のほとんどはうまくいったものだった。当時小笠原への航行は、半年に一度しかなく、仮に直ぐ帰りたいと思った場合でも、余儀なく半年間は小笠原に留まらなければならなかった。相手の男性某は、誠にもの分りのいい人物で、おムナさんに会ったとき、このように言ったそうである。次の船が来るまで、離れ（別棟）で自由に暮してもらいたい。船が来たとき、どうしても帰りたかったら、残念だがあきらめる。船が来るまでは決して妙な振舞いはしないから、安心である。そのように言われて、おムナさんは安心したが、その家の手伝いを進んでした。半年が過ぎて船が遂に来た。彼女はさすがにためらった。帰りたいと思っては見るものの、いかにも男に済まない気がして、激しく動揺した。某は別にこれと言って欠点もなく、好人物に見えた。にもかかわらず、帰ることに決めたのはなぜか。別れた人が忘れられなかったからだそうだ。遠い所へ来てかえって慕情が募った。

　小笠原から北上する船が、鳥島の側を通ったとき、鳥島は雪が降ったみたいにアホウドリがいたという。青ヶ島神子浦の沖合に船が停ったとき、彼女は断崖のつづく島姿を眺めていたが、よもやこの島に骨を埋めることになろうとは夢想だにしなかった。八丈島に帰ったおムナさんは、いろいろの経緯はあったが、遂に想う人と結婚することができた。しかし、幸福は長くなかった。男の子が生まれて間もなく夫は病死したのである。美しい若後家に再婚話は幾つかあったが、彼女は決意した。忘れ形見の一子をりっぱに育てようと思ったからである。ただ明治の末期、女手一つで子どもを育てることは至難の業だった。現在ではとても考えられない。思案の末にモチ製造指導員になることに決めた。モチの木の皮からモチを採るのだが、それは大型の船の何かに使われたらしい。指導員として行く島は神津島《こうづしま》と青ヶ島だったが、当時でも手当の高かった青ヶ島に決定。美貌の若後家さんは単身、男島に渡ったのである。男島の男たちが放っておくわけがない。特に三人の男が深い思いを寄せた。四角関係が生まれたわけである。彼女の決意は堅く、独り身をとおしつづけるように見えた。

だが結果はおムナさんの負となった。三人の中の一人、T氏の誠実と情熱に決意が崩れた形になった。私の質問に答えて、T氏が誠にりっぱな人物であったため、子どものことも考えて踏み切ったと言った。T氏は若くして名主に推されたほどの人物である。おムナさんは姉さん女房として新しい生活に入り、はた目にも幸福そうであった。再婚が決まったとき、八丈島の実家から彼女の荷物を送ることになった。その折、船に高機が積みこまれたことは言うまでもない。ところが、その船で思いもかけなかったものが運ばれて来たのだ。荷物の一つに木の臼があったが、その臼の割れ目に、食い込むような格好で、一、二本の「オムナグサ」が入っていたのである。実家の庭で荷造りしたときにでも食い込んだものであろう。青ヶ島に臼と共に運ばれたその草は、島の土に根をおろした。生命力の強い植物なのだろう。狭い島に年々繁殖した。その草とは裏腹に、夫のT氏は若い身で亡くなってしまった。

おムナさんは何と亭主運の悪い女性であろう。その後何十年間、寡婦をとおしつづけ、天寿を全うして夫の傍に土深く眠ったのである。

●オムナ草●

島に新しく持ち込まれた植物などに、それをもたらした人の姓や名がつけられることがある。島に渡って耳にした最初の草は、「ツチヤグサ」である。明治年間、土屋某がニワゼキショウを島に招来したとき名付けられた。現在は島のいたるところに初夏になると可憐な花を見せている。しかし、「オムナグサ」のような事情で島に渡ったものは、恐らく外にはないだろう。

その「オムナグサ」というのは、一体どんな植物であろうか。牧野植物図鑑には、次のように述べられている。

「ヤンバルハコベに似ているが別種。中、南米系統のもので、学名はD.Cordata Willd var.pacifica Mizushima。素人目にはヤンバルハコベと同じに見える。茎は地をはい、節から根を出し、枝が分れて立ち上がる。葉には短い柄があって対生し、楕円形で長さ五〜二〇ミリ、幅五〜二五ミリ、無毛で主脈が三〜五本、秋に緑白色の小花をつける。花弁は五個、その先は深く三つに裂けている。」

そのような誠にへんてつもない草である。家畜の飼料になるというが、島では牛の飼料にはほとんど使っていなかった。ヤンバルハコベは山原ハコベだというが、沖縄あたりで呼ばれた名であろう。

「オムナグサ」という名が、牧野植物図鑑に記載されていることを、おムナさんは知らないまま他界した。権威ある図鑑に、自分の名前が載っていることを知ったら、どんなにか喜んだことだったろうに。どうして私は、それをおムナさんに伝えなかったのだろう。盲点というものかも知れない。青ヶ島に関して後悔していることの一つである。

「オムナグサ」の学名に、Mizushimaとあるのは、水島正美氏のことである。水島氏は、太平洋戦争後早い時期に青ヶ島に渡り、植物の調査研究をした、島にゆかり深い学者であった。「タメトモユリ」を牧野博士の許に持参したのも彼である。数年前、癌で亡くなった由、うたた感無量である。

雅語を残す島

●ジョー、ジョン、ジョン、ペーター、ジャン●

これをご覧になった方々は、多分、外国の少年の名を呼んでいるんだなと思われるでしょう。二番目のジョンは、何か特別に注目すべき点があるために、連呼したみたいです。脇見でもしていたのでしょうか。

いいえ、そうではありません。脇見をしているのでもなく、特にジョンがどうこうだからでもないのです。それどころか、ジョン君もペーター君も、それに他の二人もいないのです。

「そんな夢みたいなこと言ってからかうな」

と憤慨なさるかも知れません。悪意があったわけではありませんが、ちょっとふざけが過ぎました。

これは、外国の人名などではなく、日本語なのです。無論、共通語ではありませんが。八丈島、青ヶ島の人々は、一笑なさるか、それこそ憤慨されるかどちらかだと思います。いや、「憤慨される」なんて、私の取り越し苦労でしょう。島の人々は以前からりっぱな共通語を話して来ました。私が十数年前、初めて青ヶ島に渡ったとき、老齢な方もスムーズに共通語で話していました（もちろん、島の人同志では、難解な島ことばで話すのですが）。ことばに関係深い仕事している私には、一つの驚きでした。あのようにどの人も共通語で話すなど、他の地方では見られないことでしょう。

テレビを中心とするマスコミの影響で、若者たちの多くは、生まれ故郷のことばを失いました。それを誇りにさえ思っているものもあるようです。共通語が普通に話せないのも困りますが、方言を卑しむことも文化的とは言えません。

八丈島、青ヶ島は、例えば東北などと違い、共通語を話すに適した圏内に在りますから、恵まれていると言えましょう。しかも、古典の雅語を含む方言を、日常会話として使っているのですから、理想的とも言うべきです。

前述の外国人を連想させることばの中で、雅語はどれかと質問されると弱ります。雅語と言い切れることばがないからです。島ことばを使うあらゆる会話に、必ずしも雅語が入っているとは限りません。

ジョーは二郎のことです。青ヶ島では現在もそう使っているかも知れませんが、一昔前とは違って来ているでしょう。子ども同志ではもう使わなくなってしまったでしょうか。私は、割合多くの子どもが現在も使っているように思うのですが。二郎というのは、戸籍名である場合と、二男の意味と二つあるわけですが、島では、後者の意味に使います。つまり本名が二郎でなくても、二男であればジョーと呼ぶのです。長男は太郎、三男は三郎を訛ってサボウ、四男は四郎でショウ、五男は五郎のゴロウ、六男は六郎のドクロウ、七男は七郎のヒッチョウ、八男は八郎のハッチョウという具合です。こういう呼び方は、鎌倉期のことばの名残でしょう。雅語とは言えないにしても古典的な言い方です。

女子の方は少し変わった言い方をします。十数年前も男子の場合に比べ、余り使われていませんでした。参考までに述べておきます。長女（ニョコ）、二女（ナカ）、三女（テゴ）、四女（クス）、五女（チイロウ）、六女

池之沢の農家。宮本常一が訪ねたころは一軒の農家が常住していたが、風が強く吹き寒い冬季（11月～3月初め）に、風もなく地熱のため暖かな池之沢に冬季だけ移動して住む家屋もあった　昭和41(1966)年　撮影・宮本常一

（アッハ）、七女（クウロウ）などですが、私はこれまで、五女、六女、七女をそのように呼ぶのを聞いたことがありません。

次のジョン、ジョンというのは、びっしょり濡れることですが、ジャンジャン（「雨がジャンジャン降る」）と関係があると思います。ペータの現在形はペールですが、これは明らかに「濡れる」です。ヌレルがペールに訛ったとは、ちょっと考えられないかも知れません。島では特にラ行の音が、ダ行、ザ行に変化します。例えば、ルニンはズニン（流人）ランシンがダンシン（乱心）となります。ヌレルは二音節（レとル）がラ行です。この場合、パ行になったわけです。

ペールについては、こんな論議がなされたことがあります。一人は絶対的に外国語が語源だと言い張り、オランダかポルトガルか、あるいはスペイン語か、いずれそれらの古語であると主張しました。その根拠と考えられるものは、長崎の年中行事、「ぺえろん」だというのです。どうしてかというと、あの死にもの狂いで漕ぐ船の競争、「ぺえろん」は、水しぶきで漕ぎ手がびっしょりになる。つまり、ペールのだという論法でした。それにおもしろいことには、ペールは、島のことば独特の活用をし、「ペーロン」というときもあるからでした。「ペーロンテ、イキンナカ」の共通語は、「濡れるから、行きはしない」です。私はやはり、ヌレルがペールに変化したものと考えます。長崎の「ぺえろん」の由来は大ざっぱに知っていますが、語義語源については分りません。終りのジャンは、「……じゃないか」が変化したものだと思います。東京あたりでも「じゃんか（よ）」とよく使っているあのことばです。四人の外国人名を述べたような、「じょう、じょんじょんぺえたあじゃん？」は、「二郎、びっしょり濡れたじゃないか」という意味になることが分るでしょう。「……じゃんか」の「か」を言わない代りに、「じゃん」を少し尻上りに発音します。英語の疑問文（be動詞やdoで始まる）に似通ったところがあります。島のことばの特徴の一つに、一つのセンテンスを非常に長く話す場合が多いことをあげなければなりません。そういう長い話を聞いているとき、私はいつも、英語の話し方に似たところがあると思っていました。話の切れ目が、英語のコンマの直ぐ前のような抑揚になるのです。「……じゃんか」と意味は同じでも、「じゃん」の言い方が、さらに話を続けていくのに適していると考えられます。

●謎めいたことば●

私が島に行く前に知っていた島のことばと言えば、「ごき」と「やましただみ」の二語だけでした。二十歳のころ読んだ「蝸牛考《かぎゅうこう》」（柳田國男著）に、八丈島の方言として出ていたものでした。青ヶ島でもきっとそう言うに違いないという期待と、現在も使っているだろうかという疑問を抱いて、島に着いた翌日、島の老人に尋ねてみました。曲った腰に片手を当て、杖を突いたお婆さんと路上で会いましたので、あいさつの後で質問しました。彼女はびっくりして、次の意味のことを共通語で答えてくれました。

「ごき（御器、食器の椀）はまだ使っている人もあるが、やましただみ、はほとんど使わない。昔使っていたなつかしいことばだ。あなたはよくそんなことばを知っているね。使わなくなったことばもけっこうある」

というようなことでした。そのことがきっかけで、在島七年間にいろいろのことを聞かせてもらいました。私が島にもなれ、彼女と親しくなってからも、常に共通語でしか話しませんでした。島ことばで話してもらいたかったのですが。

島に来て、印象深く感じたことばは、特に女子の生徒たちの発音でした。歴史的かなづかいのとおりに発音していたからです。例えば、学校はガッカウ、掃除はサウジと言った具合です。私などは、そのように発音こそしませんでしたが、書くときは小学校からそのような歴史的かなづかいをしてきたので、非常に懐かしく感じました。現在の島の子どもたちは、そういう発音ができなくなってしまったでしょう。

また昭和三十九年五月、渡島した私を、面くらわせた最初の島ことばは、誠に印象深く、忘れることができません。島に着いて数日後のことでした。中学生数人と道を歩いていたとき、私は脇の生徒にこう尋ねました。

「カツオドリはうまい？」

すると、次の答えが返ってきたのです。

「じゃうりかたんよって、かまりんなうどうじゃ」

正に外つ国《とくに》のことばとしか思われませんでした。ゆっくり言ってもらい、ノートしましたが、後でその意味を聞いて唖然としました。「料理の仕方によって、くさい匂いはしないんですよ」というのでした。

カツオドリは和名オオミズナギドリ、鰹漁の際に船からまく小魚をねらい、群をなしてやってきます。その肉は生臭く食べにくいものですが、調理法によっては臭味が抜けるのでしょう。そのことばが皆目分らなかったので、がっかりしました。しかし、考えてみると、いささか思い上がり、「さえかぶって」（過信し得意になって）いたことに気が付きました。少しぐらいは分るだろうと思っていたのに、全然見当もつかず、打ちのめされた形でした。

日が経つにつれて島ことばにもなれてきました。ところが、また、私を外つ国に連れ去り、置きざりにされたとき、不意に聞こえてきたようなことばを、耳にはさんだのです。小学一年ぐらいの男の子が叫んでいました。

「デコー、マユ、モイ！」

これは一体全体何のことなのか、幾ら思案を巡らしても、分りませんでした。このなぞめいたことばは、

青ヶ島小中学校の運動会は島人総出（200人弱）昭和50（1975）年
撮影・神子省吾

木陰で遊ぶ島の子供たち。幼いが定期船が来航すると荷運びを手伝う
昭和42（1967）年
撮影・伊藤幸司

「来いー、マユ、早く！」
という意味でした。坂の上にいる妹のマユに、早く来いと言っていたのでした。早くという意味の島のことば、「ゴラゴラ」もよく使われます。

●「おめえ」は御前なのです●

国地（本土、くにとも言います）から赴任して来た教員や役場の吏員が、なかなか馴染めないことばは、「おめえ」（御前）でしょう。このことばは文字が示すように、相手を敬った言い方なのですが、聞き馴れないうちは、意味を知っているものでも戸惑います。「おまえ」よりももっと雑な言い方のように受け取れるからです。「おめえ」と言われたとき、直ぐ「てめえ」を連想するかも知れません。私もいつしか村の人々に対して、「おめえ」と言えるようになっていました。私もやっと島の人々の仲間になれたようでした。

私は、島のことばを集めようと考えました。いろいろの分野からも貴重なものである、島のことばを記録しておかねばならないと思ったからでしたが、直接には、新しく赴任した教員や吏員に役立てたいと考えていたのです。私なりに極力ことば集めをしましたが、在島中は無論、離島後もそれらのまとめは実現できませんでした。島ことばの収集は、大型ノート一冊の量にしか達しませんでしたが、私にとっては大事なもので、風速七十メートルを越えたと言われた台風十二号のときも、そのノートを肌身離さず動き回っていました。ことば乞食などとひやかされもし、厚意ある多くの村の人々から教示されたり、しつこく聞きただしたりして集めたそのノートは、たとえ価値は乏しくても、私にとって宝なのです。私は言語学者ではありませんから、正確に記録されてはいないでしょうが、とにかく記録に残しておかないことには、後の祭りだと考えていたのでした。

●さしあい（セクシャル）なことば●

次のことばは、現在も盛んに日常使われていると思いますが、思い出深いことばの一つです。それは、「あいでこあんね」ということばです。前後の関係から、「おれだぞ、おれなんだぞー」という意味は想像できたのですが、元のことばの形を知りたいものだと考えていました。

たまたま、当時中学二年生の女生徒が、私との会話でそのことばを使ったのです。その生徒は私のことばの研究に協力的でしたから、私の請うままに、ゆっくりと発音をしてくれました。私がノートし終えると、「あいでこあんねご」とも使っていると教えてくれました。そのことばの分析は楽しい仕事でした。「われでこそあれ」がもとの形であることをつきとめ、私は愉快でした。

島ことばに、係り結びの「こそ」がよく用いられていることも分りました。今《いま》を島ことばでは、「まん」と言うのが普通ですが、「いまこそ大事なときだ」というような場合は、誠に具合の悪いことになります。係りの「こそ」が、島ことばでは「こ」に変るからです。そういうセクシャルなことばを、昔はさしあいのことば（さし障りのあることば）と言っていました。島のさしあいのことばの中には、従来、「いまこそ」に当るものはなかったのです。国地からそのさしあいのことばが入って来てからは、「いまこそ」という言い方を自然避けるようになったのではないでしょうか。

音が偶然同じことから都合悪い結果が生ずるもので、私も苦い経験をしたことがあります。そのとき、女生徒たちも何人か居合わせましたが、

「……の時間を変更する」

と生徒たちに告げたとき、ただならない空気が漂い、とある男子が抗議しました。先生ともあろう人が、そんな「恥がましい」ことを言っていいのかというのでした。私はしまったと思いましたが、空とぼけて何のことだと答えました。彼らは、島ことばの研究者も案外何も知らないなという態度で、ぎこちなくその場をとりつくろいました。私は無論、「へんこ」がさしあいのことばなのを知っていたのでした。

中学生の男子が、修学旅行から帰って来て、私にこんなことをてれくさそうに話してくれました。東京で困ったことは、水がくさい、車の音がうるさい、それにお新香ということばを使うなどで、特におしんこには弱り、聞くたびに顔が赤くなったと言いました。島のさしあいのことば「しんのこ」に酷似していたからでしょう。私もお新香といういい方はきらいですが、島の少年の場合とはその性質が異なっています。「恥がましーげに私に語ってくれた島の中学生の顔が浮かんで来ます。このように書いてきたことは、それこそさし障りがあると評されるかも知れませんが、私はそうは思っていません。

●「でえちいビルだなあ」●

青ヶ島小中学校校誌「くろしお」二十三号に、詳しく書いたことがありますが、島ことばと共通語との意味の食い違いから困ったことが生じたりします。最も代表的な例は、

「のどが乾かんのうじゃ、水あがりやれ」

の類でしょう。

「のどが乾かないだろうね。水をお上りなさい」

というのでは、迷わないわけには参りません。「乾かん」の「ん」は、「知らん」の「ん」のような否定の意味ではありません。推量を表す「む(だろう)」なのです。そういうことばの行き違いは、何も島ことばに限ったことではありませんが、島ことばになれないうちは珍談が続出します。もう一つ二つ、奇抜な例をあげておきましょう。

国地から島に来たての夫婦ものに、子供が生まれ、その子は文字通り玉のような赤子でした。祝いに来た島の人が、赤子の顔をまばりながら(見つめながら)、「うあ!きびがわりい」と言いました。亭主の方は、島のことばを理解していたので、感謝しましたが、細君の方は腹を立てるのも忘れてしまったように、あきれ果ててしまいました。島のことばを理解していなければ当然です。夫から説明を聞いて納得したということです。「きびが悪い」というのは、「すごいなあ!」といった意味で、「すばらしく元気そうな赤ちゃんですね。これは驚いた!」という気持ちを一言で表現したわけでした。

もう一つは、某新聞社員をあわてさせた話で、不注意とは言え、その記者には気の毒なことでした。十数年前、島の中学生全員が、修学旅行で東京に来たときのことです。初めてみるビル街の景観に、ある生徒が感嘆し、

なだらかな傾斜地に拓かれた島の畑。芋、麦、サトウキビなどが植えられていた　昭和42（1967）年撮影・伊藤幸司

「でえちいなあ」と嘆声を漏らしました。ついていた記者は、すかさずその島ことばを書き留め、写真版（ビルをあしらった）の下に、大きめの見出しで、「でえちいビルだなあ」と入れたのです。それだけならよかったのですが、そのすぐ下に、「でっかいビルだなあ」と説明を、しかも目につくくらいの大きさの活字で添えたのです。「でえちい」は美しいという意味で、でっかい、大きいという意味は、ありません。記者は、てっきり、「大きい」と思いこんだのです。「でっかい」と「でえちい」とでは、ことばの感じがよく似ています。担当記者が間違うのも無理はないでしょう。その「でえちい」は、「れいしい」だと思うのですが、未だにそれを解明できません。

日常よく使うことばを幾つか述べてみましょう。「とんめて」（朝）から始まって、「あさけ」（朝飯）、「ひょうら」（午飯）、「ようけ」（夕飯）というふうになります。食べるは普通「かむ」と言っていますが、丁寧な言い方は「あがる」で、「くう」は最も下品とされています。日常「ひょうらをかむ」というように使います。

人体の部分名称で、頭を「つぶり」、目を「まなこ」、あごを「おとげえ」などと言っていたのも、懐かしく思い出され、涙の「めなだ」は何となくおもしろい感じのことばで、沖縄や奄美と似ています。（沖縄では「なだ」）

当時中学一年生の男子が私に「つぶりのさっかたの毛、あんで切りんのう。」と聞いたことがありました。「頭の前端の毛をどうして切らないの。」といったのですが、よく意味は分りました。彼は、前髪の先をどうしてカットしないのかと尋ねたのです。大和ことば風な表現でしょう。前髪を「つぶりのさっかたのけ」というように、島のことばの幾つかを組み合わせて一つのことば（漢字の熟語に当る）を構成することはできるでしょう。しかし、そうしながら理屈っぽい話を進めていくのは厄介なことです。当時、校長（八丈島出身）に苦言を呈しにやって来た島の中年者の一人は、私に誠に興味深いことを述懐しました。校長と話をする場合、校長が島ことばで応対すると、言いたいことが半分も言えない。その理由の一つは、理屈っぽいことばを島ことばで表わすのに疲れてしまうこと、第二に、自然と親近感が優先してしまって、思うことを強く表現できない。そう言いながら妙な顔をしたものでした。

●優雅な島ことば●

　ここで私は、優雅な島ことばについて述べたいと思います。日常よく使う「おじゃれ」（お出でなさい。……なさいませ）もさることながら、何よりも印象深く、胸が高鳴るように覚えたのは、「かなし」という一語でした。無論現代語の悲しいという意味ではありません。万葉集に現われる「愛し」です。かなしき妹（いとしい彼女）、ここだ愛しき（しみじみ恋しい）などと使われている「かなし」だったのです。私は、それを知って、青ヶ島のことばが、たとえ荒々しいところがあったにせよ、いよいよ好きになりました。よく「かなし子」（これは恋愛的な意味ではなく、いとしいわが子どもの意味に用いていたのですが）、「かなしけじゃ」（いとしいですよ、かわいいですよ）などということばを耳にするたびにうれしくなったものです。奄美や沖縄でも同じように使っているそうです。（奄美を「かなしやん島」という由）。「かなしきめならべ」（いとしく思う娘）など、いいことばではありませんか（沖縄では、娘をみやらび）。

　いいことばで忘れられない一つを割愛するわけにはいきません。それは以前よく使われたそうですが、残念なことに余り聞かれなくなり、在島七年間に数回しか耳にしたことがありません。十年前ごろだったでしょうか。船が来た日、三宝港の堤防に立っていた中年の婦人が、沖へ去って行く艀《はしけ》に向って、「おもうわよ！」と叫びました。何と優しい情愛が込められた別れのことばではありませんか。こんなうるわしい別れのことばを、未だかつて聞いたことがありません。特別珍しい古語でもなく、島だけの特殊な事情があるわけでもない、極く当り前のことばが、これほど優雅に、そして心にうるわしく響くとは、不可思議とさえ思われるほどです。言霊《ことだま》というのでしょうか。私は、この「おもうわよ！」の一語に魅了されてしまいました。ことばの神秘や文章の機微が象徴されているように思うのです。

　長々と青ヶ島のことばについて述べて来ましたが、それらは、文字通り九牛の一毛にしか過ぎません。他日また機を得て触れてみたいと思っています。

麦刈り。麦の茎は牛の飼料に用いた
昭和42（1968）年　撮影・伊藤幸司

島では籠などの紐を額にかけて運んでいた。写真では薪用の枯れ枝を運んでいる
昭和41（1966）年　撮影・宮本常一

「黒鳩」の故郷は……

●「クロハト」は青ヶ島の歌●

青ヶ島の民謡は、そのほとんどが八丈島から伝わって来たものである。ただ例外だと言い切れるものが一つある。それは「黒鳩」。

島に渡った当時、島の民謡について、島出身の教師広江重子氏に尋ねた折、いろいろと教示を得た。それらのうち、「クロハト」を正確に歌える人は、一人か二人しかないということだった。私は是非にも聴きたいと思った。一人は九十歳に近い婦人で病床に在り、歌ってもらうことを断念した。彼女は、柳田国男が青ヶ島のモーセと賛えた佐々木次郎太夫の家に生まれ、歌と踊りは三度の飯よりも好きという人だった。

話は前後するが、後日ふとした折に、あきらめていた「クロハト」を聴くことができたのである。当時島の最長老だった佐々木藤右衛門氏（彼女の夫君で、九十二歳）を訪れ、家人の厚意で、島の歴史上の疑問点を質すことができた。それから程なく急逝されたことは、かえすがえすも残念なことであった。訪問の折、藤右衛門氏との話の合間に、一言「クロハト」について彼女（たまよさん）に尋ねてみた。私はできるだけ無理がかからぬように心配りをしたつもりだった。

ところが驚いたことに、彼女は歌うと言い出したのである。私は戸惑ってしまった。彼女は病床に半身の姿勢で起き、私の心配などはおかまいなしと言った風に歌い始めた。私は感激した。その厚意もさることながら、歌に対する異常なまでの執念に打たれたのである。ただ、いかんせん、かつての名手も本領が半分も発揮できなかったようである。声量は無論のこと、苦しさと戦いながら歌っているようであった。たまよさんは、あのとき今生《こんじょう》の思い出に歌ったのかも知れない。夫君の亡くなった翌年他界した。

●今宵こそ歌ってたまもうれ●

たまよさんの外の一人は、青ヶ島きっての歌い手、タネ子さんである。

彼女は中年の主婦で、夫君の岩巳氏と共に、島を訪れる多くの人々のめんどうを看《み》つづけて来た。民宿の草分けとでもいうべき、島の貴重な存在である。ただ現在流行している民宿なるものと本質的に異なる点は、営利がその目的でないということである。

昭和四十年の正月、タネ子さんは私の仮寓に現われた。無論単独でわざわざやって来たわけではなかった。中年過ぎても純情な彼女に、そんな「恥がましい」（源氏物語、水鏡にも散見する雅語で、現在も島で日常よく使っているだろう）ことはとてもできない。彼女の家に下宿している若い女子教員に誘われた格好で立ち寄ったのである。その後も聞いてみたことはなかったが、愚妻とも親しくしていた若い教師は、タネ子さんに「クロハト」を歌ってもらおうという気持があったかも分らない。私が「クロハト」に執心していたことをよく知っていたのだから。

御節《おせち》料理の真似ごとみたいなものを食べたりして、少時雑談している間に、私は家内にテープレコーダーの用意をさせた。当時はランプ生活だったから、電池を新しく交換させたりした。今宵こそあの「クロハト」を歌ってもらおうと考えたのだ。私は話のきっかけを巧みにとらえようと苦慮した。折をみてさりげなく「クロハト」を話題に持ち出したが、何かよそよそしげで、彼女はさっぱり話に乗ってこないように思われた。話をしているうちにだんだんなれてきたのか、彼女は四歳のとき祖母から「クロハト」を習ったなどと言ったりした。その祖母も島の名うての歌い手だったという。私は今宵きっと歌ってくれるとひとり決めした。

後で思えば、脇にいた家内と若か教師はくすぐったい笑いをじっと堪えて同席していたに違いない。私は不自然なさりげなさを装っていたからだ。私はそんな態度でちょっと歌ってみてくれないかと言ってみた。すると、彼女は、いま何と言ったのだと問い返した。ふざけたり、もったいぶったりするとき、よくそんな聞き返しをする人があるが、彼女はほんとによく分らなかったのだ。再度頼んでみた。私のことばが終わらないうちに、彼女は笑い出したのである。彼女は余程興が乗らないと歌わない人だと、前々聞いていたが、笑い出したのはどういうつもりなのだろう。歌わないつもりなのか、それともまだ興が乗らないのか。

後で分ったことだが、彼女が一度歌わないと言ったが最後、それこそ「あだんもかだんも、なりんのうごん」（どうにもこうにも、てこでも動かないように）なってしまうのだそうである。私は無論、愚妻も女教師も、歌ってくれと懇願した。寸時座が白けた。

私は仕方なく、「クロハト」の歌詞の最初の文句を独白して、「黒鳩のタミの小枝だっけ?」などと誘い水を向けてみたり、合いの手の「コノ、シュンデコイだったね」と言ってみたりしたが、タネ子さんはただ笑ってい

青ヶ島の旧名主・佐々木家の屋敷
昭和41（1966）年　撮影・宮本常一

るばかり。全くじれったくなる程だった。
私は半ば観念して、数秒間沈黙した。愚妻も教師も何も言わなかった。彼女はやにわに歌い出した。

黒鳩のおー、タァミーの、ヤレ、小枝でえー、ひいるう寝する、コノシュンデ、コーエー、
ひるうねしーてえー、花の、ヤレ、散るのを、夢《ゆう》ーめに　見た、コノシュンデコオーエー

心持ち甲高い（メゾソプラノというところか）澄み徹った声が響き渡った。うわさには聞いていたが、こんなにいい声とは思いもしなかった。「聞きしにまさる」美声である。一番が終ったとき、私たちは嘆声を漏らした。私はこの歌こそ、青ヶ島の歌だと思った。縹渺《ひょうびょう》としてやるせなく、うつつを離れた明るさがある。嘆声を発したからだったろうか、二番の途中でつかえてしまった。これまでそんなことは絶えてなかったはずである。余程何か気がかりなことがあったのだろうか。彼女は半ば投げ出すみたいな風に、「はあ、だめんならあ」と二回言った。「もはや、だめになってしまった。歌えなくなったよ」という意味である。私はあわてて、とんでもないと言い、おこがましくも、彼女がつかえたところから低声で口ずさんだり、それこそ必死だった。彼女は上体をやや反らせ気味にして気を取り直し、張りのある声で歌い出した。

十七が親に、ヤレ、隠れて歯を染めたコノシュンデコイ
歯を染めて、笠の、ヤレ、小紐で歯を隠す　コノシュンデコイ

直ぐ三番に移る。

十七が懸けた、ヤレ、情は濁《にご》り酒《しゃけ》、コノシュンデコイ
濁り酒、しぼりヤレ、とられて、粕ばかり、コノシュンデコイ

「クロハト」の歌詞は三番で終っている。歌い終った彼女は、けろっとした顔つきに見えた。
「クロハト」に私は、すっかり魅せられてしまった。それを聴いていると、孤島の不便なことや困難さも消えて行くように思われ、一種のやるせない寂しさが、安らぎに変化し、穏やかな気分になるのである。島の周囲によく立つ虹に見ほれるときと似た状態になってしまう。

●「クロハト」は水汲みの労働と共に●

彼女が歌った「クロハト」は、具合よくテープに録音されていた。繰り返し何度か録音を聴きながら練習をしてみようと考えた。身の程知らず、というべきだろう。私には特にそれは困難だった。練習の大部分は、労働中になされたと言ってもいい。貯水タンクから上の小ダンクに水を汲み上げるのに、当時手押しポンプを使用していたが、ポンプを押しながら練習するのである。手押しポンプは一年ほど経ってモータに切り換えられ、そういう練習は自然消滅してしまったが。
ここで島の水のことについて触れておきたいと思う。「クロハト」が曲りなりにも何とか歌えるようになったのは、島の水事情に関係していると言えるだろう。島では現在も、「天からのもらい水」であるが、十数年前もそれほど水に対して危機感を覚えたことはなかった。現在は水についても一昔前とは比較にならない程度に進歩

した設備がなされているようである。造化の神はうまくやってくれるものだと、在島当時もよく思った。雨が、それも夜分によく降るので、タンクの水が涸れることはない。貯水タンクがよくなったからである。

そうでなかった時代の島は、水で非常に苦労した。カルデラ池之沢の大橋というところに、岩壁から浸み出る水を一所に集めて使用する設備がある。人の指ほどの流れではあるが、昔からどれほど役立って来たかは、想像以上である。十数年前、私は何度大橋に行って往時に思いを馳せたことか。大橋から家に帰って来たとき、たまたま小ダンクの水が無くなっていて、手押しポンプを押さなければならない場合も、さほど苦痛は感じなかった。昔の島人たちの辛苦を思ってみたことも事実だが、「クロハト」の練習ができると考えたことの方が、水汲みの労働を楽にしていたようである。手押しポンプを動かしながらの練習ぶりはこんな具合である。

「くろお、ガッシャン、はとのお、ガッシャン、タアミの、ガッシャン…」

考えてみると、民謡「クロハト」は、その本来の姿である労働歌の役割をしていたことになる。結果としては同じであっても、私の場合は、歌を覚えるために労働を利用した形であった。手押しポンプがもう二年ぐらいつづけば、少しはましに歌えるようになったかも分らない。

●タミの木と黒鳩の関係●

黒鳩は青ヶ島に棲む鳥である。大きさは土鳩、山鳩ぐらいだが、名のとおり真黒い色をしている。島の鳥で数の多いアカハラ（島でコッコメという）。イイジマウグイス、メジロそれにスズメなどは、家の庭先まで来るが、黒鳩は林の中にいて、人家には近づかない。一番の歌詞にある「鳥刺くるのを夢に見た」の文句からすると、昔はよく捕獲したものであろうか。肉はまずくないという話であったが、一度食べさせられて、「ごりた」ことがある。私が美味と感じなかったのは、大好きな「黒鳩」の鳥を食べるなどということをおぞましく思ったためだったからではない。

その歌詞の一番に限って、一部分歌詞が二通りある。もう一つは、「花の散るのを夢に見た」というのである。タネ子さんはそう歌った。その方が調子もいいようだし、のどかな響きがある。特別な意味などないのかも知れない。黒鳩がタミの木に止まっている姿は、いかにも青ヶ島らしい感じである。タミは和名ヤブニッケイ、クスノキ科の高木。昔、天水を溜めるのに、タミの木にシデ（水を伝わせる綱）を結んで採った水が、一番うまいといわれた。

「クロハト」が島のオリジナルな民謡だと考えたのは、島らしい動植物、黒鳩とタミの木が最初に出ているからだった。確かに一番の文句は、島で作られたものだ。因みに、クロバトは和名カラスバト。

●流浪者たちが…●

私は、その民謡が八丈島で生れ、青ヶ島に伝わったに違いないと考えていた。他の民謡がそうであるように。ところが、八丈島の老友たちは異口同音に、八丈島の歌ではないといった。

私は年一回は八丈島に滞在した。場合によっては二週間も青ヶ島行の便船を待つことがあった。その期間を利用して、八丈島の古老を尋ね、いろいろと話を聞くことにしていたが、そういう折に「クロハト」のことを話題にしたのである。たまに「クロハト」を知っている老人があっても、青ヶ島に関係した人の歌うのを聞いたもののようであった。現在までのところ、「クロハト」が八丈島で生まれた民謡でないこと、八丈島から青ヶ島に伝わったのでもないこと、その二つは確かなようである。もっとも、その節が島でできたのでないことは、間もなくはっきりしたが。

では、なぜ「クロハト」が八丈島で歌われることなく、青ヶ島で歌い継がれて来たのだろう。私はいろいろと考えた末、一つの想定をしてみた。それは漂流である。八丈島も青ヶ島も漂流のメッカなどと言われるとおり、記録に残っているものだけでも相当の数である。最も有名なものは、長平の鳥島漂流に関係した青ヶ島、八丈島の記録であろう。鳥島漂流者の場合は、事情が事情だっただけに（青ヶ島には九人の島民しかおらず、困窮を極めていたし、滞在期間が短かった。八丈島では取調べで、ゆっくり漂流者は歌など歌っていられなかっただろう）酒を汲み交して歌ったり踊ったりすることはなかっただろうが、普通漂流した場合は、在島期間中に島の人たちと飲酒歓談し、歌が出、踊りが始まったに違いない。いまから半世紀前、紀州のみかん船が青ヶ島三宝港の近くに漂着し、島はみかんづくめになったことがあったそうだが、船長と島のある女性との艶聞が歌に作られ、歌われた。その折に船乗りたちがどんな歌を歌ったかは分っていないが、必ずや歌舞が行われたであろう。

タネ子さんが四歳のとき、祖母から「クロハト」を習ったというから、少なくとも大正初年には青ヶ島に「クロハト」が歌われていたことになる。いつから歌われたかということは、現在のところ不詳であるが、はっきりするときが来ないとは限らない。石巻、気仙沼あたりの船が、青ヶ島に漂着したときに違いない。在島中、船員は故郷の歌を、請われるがままにいろいろ歌ったであろう。それらの中で、この「クロハト」のメロディーが、島人を魅きつけたものと思われる。

「クロハト」が、歌詞も節も全く青ヶ島独自のものであれば、どんなにすばらしいだろう。ちらりとそう考えなかったわけではなかったが、それはたちまち崩れ去った。NHK所蔵の「かえるこ節」を聴いたからである。私のような民謡の知識に乏しい門外漢にも、「かえるこ節」が「クロハト」と同系列の歌であることは直ぐに分った。また、東北地方の知られた民謡、「ソンデコ節」や「ヒデコ節」が関係あることも想像できた。ソンデコ、ヒデコは、「クロハト」の合いの手（コノ、シュンデコイ）と元は同一であろう。

昭和四十四年元旦、たまたまトランジスタラジオのスイッチを入れたとき、私は耳を疑ったほどだった。「クロハト」とほとんど同じメロディーが流れ出したからであった。それは、「全国祝い歌めぐり」という番組で、高橋某氏が歌った「ションネコ」という歌だった。文句も、「クロハト」の二番、三番と同じである。「クロハト」の故郷が判明したのである。強いてメロディーの違いと言えば、「クロハト」の方が茫洋とした趣に富んでいようか。

私は、「クロハト」の故郷を知りたかった。そこを捜し当てて、尋ねてみたいことが幾つかあった。その一つは、「ションネコ」はいつごろから歌われていたものか。二は、青ヶ島に漂着した伝聞がないか。あったとすれば、いつの時代のことか。また、青ヶ島に関して何か語り伝えられていないか。私は早速、NHKの知人H氏に問い合わせの便りを書いた。H氏から翌月の便船で返事が届き、仙台地方に住むE氏を紹介してくれた。次の月の便船で、E氏宛に前述の内容を主とした依頼状を出した。しかし、次の便船が運んで来たものは、一ヶ月前私の出した受取人不明の部厚い封書だった。私は再びNHKのH氏宛に手紙を書き、E氏の住所確認を依頼したが、結果は同じことに終った。E氏の住所は変わらず、私は取りつく島を無くした形になってしまった。決して投げたわけではなかったが、離島してから未だに、これといった手立てを講じていないのである。

●出る日、涙《めなだ》の雨が降る●

四十六年三月、離島を数日後に控えたある日の午後、タネ子さんが私の家にやって来た。私は、彼女が「月と同士《どうしよ》」を歌ってくれるために、わざわざ出向いてくれたことを直感した。彼女の律儀なことに驚き、深く感謝した。六年前の正月、初めて「クロハト」を聴かしてくれたのだったが、その後も折にふれ、他の歌を聴かせてもらうよう頼んでいたのである。特に、彼女のもう一つの十八番、「月と同士」が是非聴きたかったが、ついにそれまで聴けなかったのだ。

私は、心残りではあったが、最も得意な「クロハト」を聴くことができたばかりか、テープに収められたことで満足するより仕方がなかった。それがどうだろう。お別れに何でも歌おうと言ってくれたのである。六年前の正月とは違い、彼女の前に堂々とテープレコーダーを据え、心ゆくまで島の歌を聴くことができた。待望の「月と同士」、「太鼓節」、それに「ショメ節」と歌いに歌った。私は思い切って、もう一度「クロハト」を歌ってもらいたいと頼んだ。彼女は軽くうなづき、歌い始めた。私はいつしかつりこまれるように、低声に唱和していた。

タネ子さんは最後に、私の作った「ショメ節」を歌い出した。

島に来た日は　パッチリ日和
出る日　涙《めなだ》の雨が降る　ショメ　ショメ

＊これは私が七年間の青ヶ島滞在中に、折にふれ感じたことを書きためたものの一部である。（小林亥一）

島で唯一のコンクリート建築だった郵便局
昭和41（1966）年　撮影・宮本常一

この島には、実に正体不明の神々が多い。なかには御幣を一本立てただけで、神だといわれるものもある。新たに祀られる神もあれば、忘れられていく神もある。僕はこんな青ヶ島の神々のなかに、日本の神の原点を見た。

スミヨシサマは何の神様？

昭和四十七年の二月のことだったとおもう。島暮しをしていたぼくは、妻が東京へ出産に出かけていて、束の間の気楽な独身生活を送っていた。そんなある日、槍ノ坂を通って池之沢へ散索に出かけた。槍ノ坂の峠の入口に、見ただけでは何の変哲もないような石が数個ならべてあった。村人はそれを神様だといっている。かねてからぼくは、それを「はっはあ、これがトーゲサマと呼ばれているものだな」と、独り早合点をしていた。

トーゲサマ（峠様）というのは、いわゆる道の神のことであり、このため八丈島では猿田彦命を祀ったものだ、という人もいる。島では、険しい山道の難所や、文字どおりの峠に、この神様が祀られていて、昔は、牛の背に乗った島人がその前を通るときは、かならず降りて手を合わさなければならなかったという。今は、牛の数も減り、トーゲサマじたいも雑木や草の間に隠れて、忘れられた存在になりつつあるが、それでも古風を守る人びとは、トーゲサマやイシバサマ（石場様――これも同様の神である）の前を通るとき、榊《さかき》や椿などの枝を折って手向《たむ》けている。

さて、その日、この槍ノ坂の神様の御前を通ると、赤、白、青、黄、紫の五色のゴヘイ（御幣）が風に揺られていて、しかも小さな鏡餅も置かれてあった。これはいったい、誰が奉納したものか、とおもっていると、その晩、佐々木重雄さん宅にようけ（夕餉）をかみ（食べ）に行くと、今は亡き重雄さんはじぶんが拝みに行ったのだ、と教えてくれた。重雄さんによると、この神様はスミヨシサマだというので、実は、ぼくはびっくりした。スミヨシサマが住吉様であるなら、その神は海の神であられる。こんな山の中にあるのは、どういうわけか。

重雄さんが言うには、この神様は炭焼きの神様であり、じぶんが炭窯に火をつけるのが上手なのは、じぶんだけがこの神様を祭っているからだという。たしかに、重雄さんの火付けは名人クラスだった。他の人が炭窯に火を付けてから、火が消えないようにずっと見張っているのに、重雄さんはこのスミヨシサマを祭っているので、いちどあぶったあとそのまま放って置いても、炭窯はずっと煙をあげているのだ。

ぼくの予感では、この神様はやはり本来は霊木を御神体とするトーゲサマだとおもう。青ヶ島に住吉様が上陸されて偶然この地に鎮座なされたとき、住吉様はトーゲサマと同体となられ、住吉が「炭良」に通じることから、重雄さんにとっては炭焼きの神様となったに違いない。

そんな邪推をしていると、重雄さんは、来年の旧暦一月十七日のスミヨシサマの祭の日、かならずぼくを呼んでくれる、とおっしゃってくれた。

スミヨシサマに馬鹿にされた話

それから一年間が経ち、重雄さんは約束どおり、ぼくに声を掛けてくれた。

かくて昭和四十八年二月十九日夕刻、ぼくは佐々木重雄さんに頼まれて、槍ノ坂のスミヨシサマの神前に詣で、ローソクと線香を立て六根清浄と大祓と三種大祓を奏上し、重雄さん一家の炭焼きの安全を祈願した。小雨にけぶる丸山を左眼下に見ながら、帰り際、再確認のつもりでスミヨシサマを見つめると、奉納品としての石のホーデ（宝殿？＝丸石）があるばかりで、肝心の依代《よりしろ》というか、御神体というか、この種のイシバサマ型の神々に特有な、山の自然石でつくったクサラヌツベ（腐らぬツベ＝祠）あるいは尖った立石がなかったのである。

ぼくは何とも不思議なおもいにかられたが、重雄さんが「あがところにもスミヨシサマがあろんて、おじゃって、経文（島では祝詞、祭文などを総称していう）をあげてたもうれ」と言うので、この疑問はいちおう棚上げとして、重雄さん宅へ直行した。

重雄さん宅には、臨時の祭壇がもうけられていて、そこには榊をとりつけたノコギリや、チェンソーが祭られており、いかにもスミヨシサマがここにおわしている様子であった。このとき、重雄さんにお聞きしたところでは、スミヨシサマの日には、炭焼きをしている家では、一日じゅう仕事を休み、炭窯と使っている器具にも休暇を与え、本来なら炭窯にも御幣を奉納してスミヨシサマを祭るそうである。

ところで、スミヨシサマから一週間ほど経ったある日、菊池梅吉翁にお会いしていろいろとお話を伺っていると、翁が「戦前、池之沢で炭焼きをしている頃、スミヨシサマを祭らなかったので、スミヨシサマに馬鹿にされた」という話をしてくれた。

「わしはもともと神様を祭るのが嫌いで、スミヨシサマのその日も、池之沢へ炭焼きに出かけ、槍ノ坂まで来ると、スミヨシサマに餅が置いてありました。うまそうだったし、誰も見ていないので、ひとついただこうとしましたが、神様の罰が当たるのも嫌だし、そのときはそのままにして通り過ぎました。しばらく行くと、槍ノ坂の中間にあるイシバ（通称半分神様）にも餅がそなえられていましたが、同じ気持でやめておきました。

夕方、仕事が終って槍ノ坂を登って行くと、途中の半分神様にもスミヨシサマにも、朝あった餅もなく、いったい、誰が盗んだものかと考えていると、スミヨシサマには餅のかわりにキリボシ（皮をむいたサツマイモを切ってヒモを通して干したもの）でつくったダンゴが置いてあったので、ついつい手が出て食べてしまいました。ところがね、そのダンゴは味もなく、ただジョリジョリするばかりで、あんまり変なのでとり出そうとしましたが、なかなかとれない。やっとのことで、とり出してみると、これがね、フンカ（噴気孔）の粘土でこしらえたダンゴだったんですよ。

スミヨシサマの日に、スミヨシサマに失礼なことをするものだから、きっと馬鹿にされたんですね。でも、やはり本当は子供のイタズラだったのでしょうね。」

女の天狗が抱きついた

ぼくは、梅吉翁の語るこの現代の民話を聴きながら、おもわず「それは天狗だ、天狗だ」と叫んでしまった。すると、翁は「そごんふうかも知れなっけどうが…」と同意されたのだが、後日、その話を、ぼくの「青ヶ島神道」の師である、卜部《うらべ》の広江次平さんにすると、現在は大里神社の「下の石場」に祀ってある槍ノ坂天狗の仕業かも知れぬ、ということであった。

さてここで、話のついでに、半分神様についての逸話を紹介しておこう。

昭和四十八年三月十二日、ぼくは、東京から遊びに来ていた友人の吉田武志氏を案内して、池之沢へ向った。その帰路、槍ノ坂の半分神様のところにさしかかると、彼は「あーっ」という奇声を発して、半分神様にひきずり込まれるように、イシバのほうへ三メートルほど水平に飛んだのである。ちょうど午後五時ごろのことである。あたりはもうかなり暗くなってきていたので、ぼくは目の錯覚かとおもった。あるいは、彼は石に跨《つまず》いて倒れたに違いない、と考えた。ところが、無神論者を自称する彼は、物の怪にとり憑かれたような、真剣な表情で、つぎのように言うのであった。

「往きにきみが神様に榊をあげていたので、ぼくもそれをまねて、復りにはあげようと、池之沢で虎杖《いたどり》をひっこぬいておいた。それを半分神様にあげようとおもっていると、とつぜん何かの力で強くひっぱられた。からだが浮きあがった瞬間、半分神様をみると、女の天狗がぼくに抱きついてきた。」

その彼は今、アフガニスタンのカブールにいるが、彼はそれを契機として半分神様を、おのれのオボシナサマ（産土様）とし、「彼女」に会うために、その年の九月と、翌四十九年一月に来島している。

次平さんによれば、吉田氏に抱きついた「彼女」も、槍ノ坂天狗の仕業らしい、とのことだ。それはさておき、その槍ノ坂天狗がなぜ大里神社にいらっしゃるのか、と次平さんに尋ねると、数年前の一時期、槍ノ坂が寂れたとき、スミヨシサマの地にあった槍ノ坂天狗を、スミヨシサマと共にお遷ししたものである、との回答が得られた。

この次平さんの言葉で、ぼくの疑問はいちおう氷解した。それから数日後、島の総鎮守の大里神社（旧社格・村社）に詣でてみると、神々の御名が忘れられていくことを嘆いていた次平さんの手で書きつけられた白ペンキの文字が、苔むした祠《ほこら》や立石にくっきりと浮かんでいた。そして、「下の石場」の左奥には流坂天狗、槍ノ坂天狗、住吉様の三社の立石が静かに鎮座されていた。

青ヶ島の炭焼き

青ヶ島のむかしことを調べていると、現代に属することでも日常生活にかかわる出来事は、そのはっきりとした年代をつまびらかにせぬことが多い、ということにぼ

村社の大里神社。下の石場の玉石垣にも大木玉様など様々な神様が祀られている　撮影・菅田正昭

くは気が付いた。たとえば、プロパンガスがそうだ。

ぼくは青ヶ島に渡るまでプロパン関係の業界紙の記者をしていたので、プロパンガスが何時頃入ったのか、を知りたくおもい、幾人かの村人に聞いてみた。

「はっきりしたことはしょくなっけどうが、たしか二、三年前のことだらら」

ぼくは、昭和四十六年五月十日から四十九年一月三十日までの約二年八カ月間、青ヶ島に居た。そして、この返答は、来島当初に得たものだ。しかし、出島する頃、同じ質問をぶつけてみると、以前と同じような答が返ってくるのであった。ぼくはここに青ヶ島の常民の生活の一端を窺い知るのだが、ここで想うことはプロパンに駆逐された木炭のことである。

もちろん今日でも、炭焼きは完全に廃れたわけではなく、毎年、誰かが役場、学校用達の木炭を落札して炭窯から白い煙を出している。ぼくも菊池伴夫君が炭を焼いている頃、何度か彼を手伝ったことがある。そして、炭焼き業というのは、木降し作業もたいへんだが、それ以上に狭い窯内に炭木を立てたり、火を付けた後それをあぶり、適当なところで火止めをする、という全工程にむつかしさがあることを知ったのである。ともあれ、往時のごとく木炭が島の唯一の現金収入という時代は過ぎ去り、ガス風呂の普及も急速に拡まっているのが現状だ。

では、青ヶ島における炭焼きの開始はいつ頃か。この問題は、ぼくにとっては、スミヨシサマの御来歴を考えていくためにも重要な問題であるので、どうしても年代を明確にしておきたいのである。

炭焼きの全国的な振興は明治以後のことであるという一般的知識をもって、菊池梅吉翁に伺うと、

「明治三十年代、善ジイという東京からおじゃろう人が、丸山の附近で赤焼きの方法で始めた」

という答が返ってきた。翁の記憶はいつも確かなので、現在の土窯による炭焼きの事始めはいつ頃からか、とお聞きすると、

「名主の（佐々木）初太郎さんが、池之沢の金土《かなど》ヶ平《ていら》附近の槍ノ坂と呼ばれるところで窯を建てたのが初めで、東京への移出に成功したのは、初太郎さんが呼んできた東京の西沢さんという人だ」

という。

西沢吉治氏（元日共中央委員でその後「毛沢東主義者」として除名された「若者よ」の歌詞で知られる詩人ぬやまひろし＝故西沢隆治氏の父）は大正年間、初太郎に協力して大いに青ヶ島の産業振興に尽力された人だから、大正末期ごろには、すでに幾人かの村人が土窯による炭焼きを始めていたことが推測される。

翁のはなしによれば、「それ以前にはスミヨシサマは槍ノ坂にはなかったとおもう」ということなので、スミヨシサマの御鎮座は大正後期以後のことだと推定できる。

がしかし、ここでひとつの疑問が新たに生じた。というのは、鍛冶屋の守護神であるカナヤマサマが炭焼き以前にも斎《いつ》きおわしていたという事実である。このことに

ついては、翁は実に明解に答えてくれた。

「実は、鍛冶で使う炭は炭焼き以前から焼いていたのですよ。それはね、窯を使わず、ただ単に地面に穴を掘って、今でいえば幅一メートル、深さ一メートルぐらいの穴を掘ってね、小さな枯木に火を付けてそれを投げ入れて、つぎにあまり大きくない、炭にする木を寝かせて、頃合いをみはからって、その上に葉っぱと土をかぶせて蒸し焼きにするのです。あまり良い炭ではありませんでしたが。」

　ぼくはこのはなしを聴いて驚嘆した。青ヶ島の炭焼きの歴史にも、竪穴式（？）→赤焼き（方法の詳細は不明）→土窯式という変遷があり、それを明治二十三年生れの梅吉翁が目撃し、どうやらその三つの方式を御自身も試みたことがあるらしい、ということを。

ひたすら念じれば神となる

　冒頭で披露したトーゲサマ＝スミヨシサマ合体説は、菊池梅吉翁の証言で簡単に否定されてしまった。その後、広江次平さんに同じ話をすると、「わたしも昭和の初め頃にはスミヨシサマはなかったと憶えている」ということなので、スミヨシサマの御鎮座は早くとも昭和三年以降のことだと推定できる。というのは、大正天皇が崩御され、昭和に改元されたという報が、たまたま通りかかった漁船によって青ヶ島へもたらされたのは、大正十六年すなわち昭和二年もだいぶ経ってからのことだったのである。そんなわけで、この時点では、槍ノ坂の峠にはスミヨシサマも槍ノ坂天狗もおわしていなかったのである。


　では、スミヨシサマを祀り始めたのは、いったい誰か。次平さんはつぎのように言う。

「わたしも昭和の初め頃、池之沢で炭焼きを始めましたが、当時は槍ノ坂に坐す神がスミヨシサマであり、ましてや炭焼きのまぶり神であることも知らず、通り過ぎていました。わたしはスミヨシサマを祭らなかったので、誰が祀り始めたのか、全然わかりません」

　手がかりはまったく失われた。おそらく、祀り始めた人は、八丈島あるいは国地《くにち》（本土）に転出されたか、あるいはすでに故人となられたかであろう。したがって、わたしたちは、祀り始めた人がどういう気持からスミヨシサマをお祀り始めたのか、を聴くことはできないのだ。

　ところで、ふつう住吉神といわれているのは、摂津《せっつ》国の住吉大社（大阪市住吉区）に御鎮座される底、中、表の三柱の筒男命《つつのおのみこと》と、かの三韓平定で有名な息長帯比賣命《おきながたらしひめのみこと》（神功皇后）の四神である。古事記なぞによれば、筒男三神は、イザナギが筑紫国は日向《ひむかい》の橘の小戸の檍原《あはぎはら》でミソギハラヒをなされたとき、お生まれになった神であり、神功皇后の三韓平定の際、神威をお示しになったといわれている。そして住吉神は、国守りの神、海路平安の神、農耕の神、和歌の神としての御性格を持っているといわれている。

　わたしたちがここで注目したいのは、青ヶ島のスミヨシサマが住吉神（八丈島の神湊《かんみなと》の上クラノ坂の向いには住吉大明神があるという）を勧請したものであるとすれば、わがスミヨシサマが炭焼きの神であられるのに、住吉神にはかような御性格がないことである。むろん、わがスミヨシサマが住吉神と同神であるとしても、スミヨ

檜ノ坂入口のスミヨシサマ
撮影・菅田正昭

シサマが青ヶ島では炭焼きの神であっても、いっこうに構わぬのである。と同時に、スミヨシサマが住吉神とまったく関係がなく、青ヶ島の炭焼きが、炭焼業の安全と生産量の増大を念じてつくりあげた青ヶ島独自の炭良様であっても、これもいっこうにかまわぬのである。

　つまり！わたしがいいたいのは、スミヨシサマを炭焼きの神としてひたすら念じれば、スミヨシサマは炭焼きの神としての霊威をお示しになり、佐々木重雄さんに示したごとく、それなりの力を与える、ということである。

　こんな宗教談義じみたはなしをすると、毛嫌いするむきもあるかも知れぬが、わたしがこのことを強調するのは、わがスミヨシサマはまさに昭和の初め頃に出現なされた民間信仰の神であるという点にほかならない。そしてこの場合、繰り返しにはなるけども、スミヨシサマが住吉神を勧請したものであっても、決して構わないのだ。

スミヨシサマの祭り

　スミヨシサマの祭日はすでにふれたように旧暦の一月十七日である。つまり、旧正月である。今日ではさすがに、青ヶ島でも旧のお正月を祝う家はほとんどなくなってしまったが、それでも旧正月のために餅をつく家もある。そして、まだ農業が廃れず、それゆえに旧暦がもっと幅を利かせていた時代には、スミヨシサマの祭りは、旧正月の諸行事（神事）の流れの中で、旧正月の諸行事と密接なつながりをもちながら、盛んに行なわれていたことが想像できるのである。

　梅吉翁や次平さんにお聞きすると、じぶんらはスミヨシサマを祭らなかったが、祀っている家では、お正月のように朝から餅をついて祝った、ということである。

　佐々木重雄さんが亡くなられた現在、スミヨシサマを祀る人はほとんどいなくなり、卜部も社人もスミヨシサマの祭りに関与しなくなったけれども、故重雄さんの祭りにかけた情熱を想い起すと、往時の祭のありようが彷彿としてくるのである。

　ここで、すでに紹介したことと重複してくるが、重雄さんのスミヨシサマの祭りについて改めて整理しておこう。順序はかならずしもこのとおりではないようだが、だいたいつぎのようである。

一、この日、家族全員が仕事を休み、スミヨシサマに奉納する餅をつき、鏡餅にこしらえる。

二、家の内に臨時の祭壇をつくり、炭焼き用のノコギリ、チェンソー、その他の機器類を安置し、榊と御酒を奉る。

三、檜ノ坂のスミヨシサマのイシバに詣でて、鏡餅を奉納し、御幣（青ヶ島では「ゴヘイ」と読ませる）を奉幣する。そして、本来なら、大里神社の「下の石場」に遷座されたスミヨシサマと、じぶんの使っている炭窯にも同様のことをする。

四、家内の祭壇に線香を奉り、拍手を打って祈願する。そのあと、祝宴を開き参加者にはそれぞれ鏡餅を配布する。この際、優先的に宴に招かれるのは、炭焼き用の山を提供している地主、それに祭に奉仕した卜部や社人があれば、彼らが上座にすわることになる。
（昭和四十八年二月の祭りのときは、ぼくが奉仕させていただいたので、宴ではすべて優先的に扱っていただき、鏡餅も他の人の数倍も戴くことができた。）

渡来の神と土地の神

以上でスミヨシサマに関することはほぼ提出できたとおもうが、最後に考察しておきたいことは、スミヨシサマに合祀されている槍ノ坂天狗のことである。では、槍ノ坂天狗とは、いったい、どんな神なのか。いいかえれば、スミヨシサマにとって槍ノ坂天狗とは何か。といっても、わたしは、これに関する資料を有していないので、槍ノ坂天狗が何か、を念じるだけである。

想うに、それは地の神である。スミヨシサマがともかく渡来された神であると考えるならば、槍ノ坂天狗は槍ノ坂に坐す土地の神であられる。土地の神であり、しかも天狗であるということは、いいかえれば槍ノ坂の諸々の自然の精霊の化身と考えることができる。つまり、槍ノ坂天狗は同時にキダマサマ（木霊様）でもある、ということができよう。

事実、大里神社の下の石場には、大木玉神社が祀られており、大木玉様は大里神社の境内末社であると同時に、槍ノ坂天狗も含めた下の石場の神々は大木玉様の末社である、と考えることもできるのだ。

ところで、大里神社の祭神は、八丈流人《ズニン》・近藤富蔵（一八〇五～八七）の「八丈実記」によれば、梵天帝釈であるとか、セウキ（鐘鬼・鐘馗）様であるとか、商貴は牛頭天王のことだから須佐之男命であるとか、否！青ヶ島と八丈島の総鎮守である八丈島大賀郷の大里神社（郷社優婆夷神社）の分社であるから天照大神であるとか、まことに諸説紛々である。しかし、天保五年（一八三四）の青ヶ島還住の大願成就後に開発されたらしい「上の石場」を除外して考えると、大里神社というのは大木玉様が発展して成立した、いいかえればトーゲサマが成長したものだ、とぼくはおもっている。

さて木玉（木魂）とは、周知のごとく木々に宿る神、すなわち山の神（山彦）である。山でヤッホーと云えば、ヤッホーと応える、あのコダマのことである。

ここでスミヨシサマとの関係を検討すれば、わがスミヨシサマが炭焼きの神である以上、木炭の原料となる木々には、キダマサマが宿られているのである。今は失われているが、かつての青ヶ島では、木を伐採する際には、かならず前もって木々に宿るキダマを抜いておいた。そして、かならず一本だけはキダマギと称して切り倒さずに残しておき、その木に他の木々のキダマを付着させたのである。ちなみにいえば、トーゲサマの御神体ともいうべき木（椎の古木が多い）もキダマギというが、これも切ってはならないのである。こうして十数年が経つと、山はふたたび元の状態に復し、炭木を提供できるようになるのだ。つまり、スミヨシサマにとっては、キダマサマはなくてはならない存在なのである。

ところで、スミヨシサマが祀られる以前には、現在の槍ノ坂のイシバに槍ノ坂天狗もおわしていなかったらしい、ということはどういうことなのか。ぼくの考えでは、このことも槍ノ坂天狗が地の神ではなかったか、ということに関係する。

神道の思想では、というよりも日本人の精神的文脈には、渡来の神をお迎えするのは土地の神である、という考え方が濃厚であるからだ。これを習合の論理といってもいい。おそらくこの場合にも、この論理が作用したに違いない。つまり、檜ノ坂の自然に斎《いつ》く諸々の精霊どもは、スミヨシサマが鎮座されるにあたって、檜ノ坂天狗となって、その御姿を初めてお示しになり、スミヨシサマと共に鎮まったのであろう。

ぼくは青ヶ島の神々が大好きだ

スミヨシサマにせよ、檜ノ坂天狗にせよ、いうならば正体不明の神々である。青ヶ島には、こんな神々が実に多い。ぼくのばあい、来島した当初は、なかなかその存在に気が付かなかった。しかし、次第に目が慣れてくると、身の回りのあちこちに、イシバサマを見い出した。イシバサマというのは、八丈島や青ヶ島では、普通名詞であり、特定の神々を祀ったものではない。いうならば、神々を祀った聖なる場をイシバと呼び、そこに祀られた神々をイシバサマというのである。

これらのイシバサマは、尖った自然石を一つ立てたもの、自然石を幾つか組み合わせて祠《ほこら》状にしたもの、石工に注文して作らせた立派な祠、セメントで作った手製の素朴な祠など、実にヴァリエーションに富んでいる。祀られている場所も、庭の片隅（庭石場《ていしば》）であったり、草の生い茂った山道だったり、大里神社や東台所《とうだいしょ》神社や金毘羅神社の境内であったり、木々の根元だったり、これもいろいろである。中には、御幣を一本立てただけというのもあり、草がその場所を侵略すると、まるっきり分らなくなってしまうのもある。

そんな状態だから、新たに祀られる神もあれば、とうぜん忘れられていく神々もある。本土の建設業者が整地作業の折、それと知らずにブルドーザーでつぶしてしまったような神もある。また逆に、道路の拡張工事の際、工事に参加した人びとの安全を祈念して、島民によって

昭和40年代の初めまで行なわれた大里神社のでいらほん祭り。でいらほんの歌にあわせて、ござの上に横たわっていた女面を被った社人が次第に起き上がって、男面とゆっくりと踊る。旅先で死にかけている息子を母親が呼びかけて蘇生させる情景を演じたものという（『青ヶ島の生活と文化』参照）　昭和42（1966）年　撮影・伊藤幸司

新たに祀られた神もある。スミヨシサマや檜ノ坂天狗も、こうして祀られた神々のひとつなのである。それがたまたま一時期、炭焼きの守護神として彼らの間で流行神になったおかげで、寂れた今日でもかろうじて祀られているわけだ。

　こんな神々であるから、クチの悪い人たちは、インチキ神様だ、と軽蔑する。少々理解ある人でも、得体の知れない、祭神不明の邪神の類だ、なぞという。しかし、ぼくは、これらの神々が得体の知れない、祭神不明の神々であるからこそ、逆に由緒正しく、霊験あらたかであり、人びとに信仰されている神々だ、と考えている。そして、この点についてては、ぼくはかなりの確信を持っている。というのは、国地の名神大社でも、その発生の起源を辿ってゆけば、青ヶ島の神々と五十歩百歩だからである。すなわち、たとえ立派な祭神が鎮座されていても、ほんとうの祭神はわからない、というのが実情だからだ。

　だから、ぼくは、こういう青ヶ島の神々が大好きだ。そんなわけで在島中は、社人のひとりにさせてもらって（島を離れている現在でも社人である）、休日のたびにこれらの神々を詣で、「南無《なむ》御幣《おんへい》娑婆訶《そわか》」とか「三つ五つ波にたたまして悪魔の神はこれい知るべし」などと唱えながらゴヘイを切り、ローソクと線香をあげ、祝詞を奏上した。そして、ぼくは神々と無言の対話をした。こうして、ぼくは、忘れられつつある神々も含めて、おそらく青ヶ島の神々の九〇％以上は回ったとおもう。この体験を踏まえて、これらの神々の戸籍、あるいは住民基本台帳のようなもの（「青ヶ島神社考」）を書きたい、とおもっていた。しかし、未だにそれを果せないでいる。というのは、これらの神々には、スミヨシサマと同じく、大かれ少なかれ由緒ある来歴があり、わたしはまだ十分にはそれらを知らないからだ。

　かつて八丈島は「鳥も通わぬ…」と謳われたが、青ヶ島は今日でも運が悪いと、「月世界」よりも遠い「海外」である。そして拙文を読んで、青ヶ島へ行きたくおもう人があれば、このうえもない喜びである。渡島のあかつきには、かならずこれらの神々と対話し、島の人から話をいろいろ聞いてほしい。きっと「遠野物語」に匹敵するような、面白い話が聞けるはずである。

＊本稿は昭和四十八年五月十日、在島二周年を記念して、知人に少部数配布した謄写印刷の自家版パンフレット「スミヨシサマについて」を再録したものである。そして、それは在島中、月一回の割りで出していたハガキによる個人紙「でいらほん通信」に五回にわたって連載したものを増補したものである。今回、「あるくみるきく」編集部のご厚意により再録するにあたり、それを三たび書き加えた。

島の旧名主の家の玉石垣。石垣の上にオオタニワタリ（145頁に記述）が生えている
昭和41（1966）年撮影・宮本常一

青ヶ島への誘い

菅田正昭・小林亥一

※この「誘い」は原本が発行された昭和53年当時のものです。但し原本の一部を省いています。

面積＝5.23km²
周囲＝9km（50～250mの海蝕断崖にとりかこまれている）
半径＝長軸3.5km、短軸2.5km
位置＝東径139度46分、北緯32度27分（熊本県八代市と同緯度）
東京からの距離＝357.7km
八丈島からの距離＝約70km
人口と世帯数＝男116人、女82人、計198人、84世帯（昭和53年1月現在）。東京御蔵島村につぐ全国最小行政村

●青ヶ島への交通

《東京から八丈島まで》

船＝東京港竹芝桟橋から東海汽船の「ふりいじや丸」が三宅島経由で毎日一便。東京発二二時—三宅島発五時一〇分—八丈島着九時。八丈島発一〇時—三宅島発一四時二〇分—東京着二〇時五〇分。季節によって多少変更があるので事前に確認のこと。特等　九二六〇円、特一　七六四〇円、一等　六一二〇円、二等　二五六〇円。

飛行機＝東京・羽田空港から全日空YS11機（一日七便）で約一時間、名古屋から全日空YS11機（一日一往復）で、約一時間一五分。片道七六〇〇円、往復一三六八〇円。

《八丈島から青ヶ島まで》

村営連絡船「あおがしま丸」＝毎月五、一〇、一五、二〇、二五、三〇日に、八丈島の八重根港から出る。八重根港は東海汽船の「ふりいじや丸」が着く底土港とは正反対の方向にあるので、注意が必要。「ふりいじや丸」で来る場合、事前に村役場、分室、会館（別項参照）などに連絡すれば、「あおがしま丸」は午前九時半ごろまで待ってくれる。底土港からタクシーを飛ばせは、十分に間に合う。なお、「あおがしま丸」は欠航が多いので、情況を把握するため、できれは渡島予定日の前日あるいは前々日までに八丈島入りをして、青ヶ島と連絡するのが良い。欠航のばあい、ナギ次第就航するので、二、三日の船待ち、最悪の場合は一週間程度の船待ちの覚悟が肝要。「あおがしま丸」の船賃は、島民五〇〇円、一般客一〇〇〇円（片道）。このほか、伊豆諸島開発K・Kの貨客船が月三回、日曜日に八丈島から青ヶ島に就航しているが、「あおがしま丸」よりも就航の確率が低いので一般客にはあまり勧められない。片道約四時間、料金一一〇〇円。

《島内交通》　徒歩。島民のジープ、バイクに便乗したり、借りることができる。

●民宿・三食付三五〇〇円ぐらい。

中里荘（菊池正）／杉之沢（佐々木宏）／マツミ（広江マツミ）／中村荘（中村イチ）／下の沢（広江清子）／岩己荘（奥山岩己）

※民宿への連絡は、東京あるいは八丈島から青ヶ島村役場へ電話し、役場の有線放送電話で呼び出してもらう。民宿の中には、建設業者の常宿になっているところもあるので、役場に一任したほうが良い。

●交通と観光の問い合わせ

青ヶ島村役場＝〇四九九六・九（東京から電話する場合。他府県からは電話できない。現在、電話回線増設を運動中）。二・二八〇〇（八丈島から電話する場合）。

青ヶ島村八丈分室（東京都八丈支庁内）＝〇四九九六・二・一一一〇（直通）、二・一一一一（大代＝八丈支庁）

青ヶ島会館（八丈島大賀郷）＝〇四九九六・二・〇七六六。

※青ヶ島会館は役場運営の宿泊施設で、本来は島民が船待ちするためのものだが、一般客も宿泊できる。料金は一泊（素泊）一〇〇〇円程度。館内に食堂があるので、それを利用すれば、民宿よりはるかに安く泊まれる。また、島民の宿泊者も多いので、渡島するための情報が色々得られて便利である。

●その他の注意事項

・夜道を歩くために懐中電灯が必要。島の雑貨屋でも売っている。
・靴は登山靴など丈夫なものがよい。
・冬期以外は湿気が多いので、カメラ、フィルムなどは注意が必要。
・夏場は八丈島が混むので事前に乗船券の手配をすること。
・青ヶ島は辺地ではあるが、酒屋一軒、スナック一軒、雑貨屋四軒があるので、日常生活品はいちおう何でもそろっている。したがって、なるべく身軽に来島し、青ヶ島で必要な物資を調達されたい。

●動植物

オオタニワタリ＝チョウセンシダ科に属するシダで大きなものは直径二mにも達する。池之沢には見事なオオタニワクリがたくさん自生している。

ヘゴ＝ヘゴ科に属する南方系のシダで、青ヶ島のものはやや小ぶりだが、大きいものは二〜三mになるという。八丈島とともに自生北限である。

※このはか、ハドノキ、ハマオモト（浜木綿）、ツルマオモドキなどの野生植物、リュウゼツラン、ソテツなど珍しい植物がある。と同時に、典型的な照葉樹林帯の樹層も示している。

アカハラ＝正式にはアカコッコ、昭和五〇年二月一三日、国の天然記念物に指定された。青ヶ島では最もポピュラーな鳥である。

カツオ鳥＝和名、オオミズナギドリ。最近、御蔵島でのオオミズナギドリの捕獲が物議をよんだが、青ヶ島でもかなり繁殖している。

※渡り鳥の通路・越冬地になっているためか、鳥はその種類がひじょう

に多い。なお、トカゲはいるが、蛇は全然棲息しない。

アカムシ＝ケダニの一種であるツツガムシのこと。わずかに肉眼でみえる程度の大きさだが、かつてはツツガムシ病を媒介し、風土病の七島熱を発生せしめた。現在はまったくその心配はないが、夏場は、このアカムシに脚をやられる人が多いので注意が必要。

●味覚

漁介類＝磯のり料理、飛魚のダンゴ汁、アカヨのミソ汁、ベタッコの塩焼、カツオの刺身、ヒラミのミソ汁、ブドー、カメのなべもの等々。

山菜＝さつま汁、あしたば、つわぶき煮、麦ぞうすい、さといも汁、いたどりのあえもの、たけのこ、山芋。

島焼酎＝芋焼酎。

●見どころ

三宝港＝島の表玄関、ただし休戸郷、西郷の両部落は裏側にある。同港は大三宝、小三宝というふたつの大きな岩礁を利用してつくられているが、昭和二七年九月の明神礁爆発の際、ここから新島の島影が見えた。

大凸部《おおとんぶ》＝標高四二三m、世界でも類稀なるミニ複式火山・青ヶ島の外輪山の北西部に位置し、島の最高峰。ここの三角点に立つと、小さな島の大自然が一望できる。

東台所《とうだいしょ》**神社**＝旧社格村社。西郷から大凸部へ行く途中を左に入った外輪山の頂きにあり、その丸石段は大里神社をはるかにしのぐ約一九〇〇個の丸石から成っている。祭神は大巳貴神（オオナムチ）ということになっているが、新神（浅之助）、おつな（浅之助の恋人）、天野草耳者様を祭っている。浅之助は実在した人物で、宝暦七年（一七五七）正月一五日、乱心して斧で七人を切り殺し、四人に手傷を負わせ、入水して果てている。いっぽう、伝説によれば、彼は結局、島人に捕まり、処刑されている。伝説上の浅之助は神子ノ浦の神子様で島を呪詛する。このため、祟りを恐れた島人によって新神様として祀られたという。おつなは彼の死後、自害している。

中興開山之塔＝昭和四九年七月都史跡指定。休戸郷塔ノ坂の通称「名主墓」内に所在。柳田國男によって「青ヶ島のモーゼ」にたとえられている青ヶ島の再興の名主、佐々木次郎太夫源伊信（明和四～嘉永五＝一七六七～一八五二）の墓。（くわしくは島のあゆみ参照）

名主の家＝休戸郷大根ケ沢の旧名主・佐々木家の屋敷。見事な玉石垣、樹齢三〇〇年以上の大ソテツが見もの。都郷土資料の「佐々木次郎太夫伊信肖像并伝」（近藤富蔵画）が保存されている。

長の平＝現在ヘリポートとして利用。昭和三三年四月一二日の金環日食の際、観測地となった。

金毘羅神社＝長の凸部にあり。『八丈実記』によれば、同社は船頭岩松によって勧請され、次郎太夫名主と、天保五年（一八三四）の検地竿入れを検分するため翌六年（一八三五）来島した八丈島地役人高橋長左衛門為全《ためたけ》の両人を、神霊として祀ったものという。なお、現在の同社社殿内の神棚には、右側に金毘羅宮、中央に天照皇大神宮、左側に春日大明神、三嶋神社、須賀神社の祠がある。

佐々木卯之助翁碑＝休戸郷中原。卯之助は幕府の大筒役であったが、茅ヶ崎の鉄砲道（幕府直轄の射撃場）を農民に解放し耕作させた罪で嫡子菊次郎とともに天保六年（一八三五）八丈島へ流され、さらに翌年青ヶ島へ島替となった。明治元年御赦免となったが、病気のためその後も在島、明治九年一二月二六日、八二歳で死亡した。なお菊次郎は明治一〇年、新戸籍を編成、正式に島民となっている。

神子《みこ》**ノ浦**＝かつての船着場。沖に「神子様」と呼ぶ岩礁があり、浅之助伝説の一舞台となっている。

清受寺＝島唯一の寺で、浄土宗の無住の庵。八丈島大賀郷の宗福寺の末寺。

大里神社＝青ヶ島の惣鎮守。休戸郷から池之沢へ行く途中を右に入った外輪山の上にあり、約一三〇〇個の丸石を積みあげてつくった三〇〇余の石段は壮観。社殿の中には、旧暦一一月二五日の大祭のとき演ずる「でいらほん祭」、「えんだん祭」の二神楽を使用する男（鬼）面と女面が安置されている。社殿の左手奥に「下の石場」、その先に「上の石場」があり、丸石段と同様に石は苔とマメズタで、覆われ、陰うつなたたずまいの中に霊気が迫ってくる。

槍ノ坂＝休戸郷から池之沢へ抜ける近道。昼なお暗い険しい山道で、今はほとんど歩く人もいない。途中に「半分神様」がある。

池之沢＝島の南半にある直径一・四～一・八kmのカルデラ地帯の総称。天明期の噴火以前には、この火口原内に大池、小池と称するふたつの火口湖があった。外輪山の内壁には噴気孔があり、この中にイモや玉子を入れて草で覆いをするとふかすことができる。

丸山＝標高二二三m、池之沢の中央部にあり、頂上に新旧二つの小火口を有す。天明三～五（一七八三～五）の噴火によって形成された中央火口丘で、周囲の外輪山より低い。

大千代港＝目下、近代的な港湾設備を建設するための道路工事を行なっている。大正時代、名主の佐々木初太郎がここから木炭を東京へ移出させた。

浜路ヶ平＝島の南東隅の外輪山の上にある小さな平地。青ヶ島開拓の祖・広江信安が初めて来島した以前に、この地に八〇在家があったが、一夜のうちに崩れて滅亡したという。今でもその時代の土器が見つかるという。一説では、先史時代の遺物ともいう。

●青ヶ島の祭りと行事

一月一日＝年詞参り（社人、巫女たちの先導で大里神社→東台所神社→金毘羅神社の順に巡る）

一月九日＝小内（耕地）正月
一月一七日（旧暦）－スミヨシサマ祭
一月二三日（旧暦）＝サンヤサマ（於大里神社）
一月二六日（旧暦）＝ロクヤサマ（於東台所神社）
※サンヤサマ、ロクヤサマ両祭は月齢二三日と二六日の月の出を待って行なわれるもので、祭の合間の直会の宴で島人は草津節の節で、「三夜様には実願懸けて、六夜様には夫婦連れ」とうたう。
二月二日（旧暦）＝トビのクチアケの祭（於金毘羅神社）
七月七日（旧暦）＝墓の草むしり（賦役現品といい、島人はかならず労力を提供するか、金品を提供する）
旧盆（旧暦七月一四〜一六日）＝月見踊（八月中旬ごろにも帰省客を対象に行なう）
七月二三日（旧暦）＝サンヤサマ（於大里神社）
七月二六日（旧暦）＝ロクヤサマ（於東台所神社）
九月一四日（旧暦）＝東台所神社祭
九月二一日（旧暦）＝渡海神社祭
一〇月一〇日（旧暦）＝金毘羅神社祭
一一月八日（旧暦）＝オボシナマツリ（島民が各自の「産土＝守護神」として祀っっているイシバの神々に対して行なう祭
一一月二五日（旧暦）＝大里神社祭（青ヶ島の神事としては最大のもの。午前九時ごろから、午後一一時ごろまで、時によっては夜を徹して行なわれる。有名な「でいらほん祭」と「えんだん祭」は、大里祭の神楽として演ぜられたものだが、一〇年ほど前から人手不足のため行なわれていない。）
旧暦の毎月一〇日＝金毘羅参り
※青ヶ島の祭りと行事は、原則として旧暦で行なわれているため、毎年、暦で確認しておくことが肝要。見物は誰でもできるが、神事に一緒に参加するという心構えが必要だ。大里祭（山伏神楽、霜月神楽の系統をひくようにおもえる）は一見の価値があるが、島民に不幸があったときは、喪があけるまで延期されることがある。なお、祭りのほとんどは夜間に行なわれるため、懐中電灯が必要。ともあれ、祭の直会のために島民が持ち寄る料理には、島本来の郷土料理が多、それらを社殿のローソクの灯の下で共食するのも一興だ。

●島のあゆみ

青ヶ島が始めて記録として現れるのは、文明六年（一四七四）である。青ヶ島の船が八丈島から帰る途中、行方不明になったとだけ記されている。それから現在まで約五〇〇年間のできごとで、特筆すべきもののみを略述列記する。
大永二年（一五二二）宗専という者の子が、兄を妻の仇として打ち果した。八丈島から召し捕りに来たが、理由がはっきりしたので、無事帰島を許された。
承応元年（一六五二）記録に現れた噴火の最初。ただし、地上へは煙だけが立ちのぼった。池之沢の池の水が一〇年間も砂で濁った。
元禄一三年（一七〇〇）八丈小島が大飢饉のため、小島島民二〇人、青ヶ島に渡って生き延びようと漁船で脱島した。しかし、海上で行方不明になった。
正徳四年（一七一四）わけのわからぬ病気が流行し、死者が多く出た。釣をしていた金蔵、金太夫という二少年が漂流し、御蔵島に着いた。全く幸運なことに、船便よく帰島できた。
元文二年（一七三七）八丈島の流人たちが大暴動を計画した。未前に発覚し、主謀の中三名（鈴木正三郎、東昌寺、彦八）が青ヶ島に島替になった。
宝暦七年（一七五七）正月一五日、名主七太夫の息子の浅之助が乱心した。神主以下七人を切り殺し、四人に重傷を負わせた。
安永九年（一七八〇）六月、噴火起こる。池之沢の水湧き上り、煙立ちのぼる。
天明二年（一七八二）吉川義右衛門が青ヶ島へ渡り、見分（視察）した。
天明三年（一七八三）三月、噴火は激しくなり、池之沢の池が埋ったばかりか、その上に内輪山ができた。八丈島末吉の浅沼源左衛門が見分のため島に渡った。帰途房州に漂着した。
天明五年（一七八五）三月、噴火はいよいよ強烈となり、火石、土砂などおびただしく島中に降りそそいだ三島民は八丈島へ引き移ったが、このとき避難できなかった人々は、悲運の死を遂げた。そのような大災害があったため、幕府は年貢を長年免除することにした。
天明六年（一七八六）八丈島で青ヶ島の寺の太郎が死罪になった。放火、盗みなどの罪科による。
天明七年（一七八七）八丈島三根の義民高村三右衛門が、幕府から褒美を受ける。高村は青ヶ島の噴火で八丈島に避難した人々のために、私財五百両を投じて力になった。その恩恵は幕末までつづくのである。青ヶ島にとって忘れてはならない人物である。
寛政九年（一七九七）六月、鳥島から北上して来た小船が着く。当時青ヶ島には開発のため先発隊として九人在島。鳥の羽の衣を着た乗組に驚く。鳥島に一三年前に漂着したのは、土佐の長平、その後大阪の船、薩摩の国の船が漂着した。青ヶ島からは二人の水夫が鳥島船に同行した。
寛政九年七月　青ヶ島に向けて出帆した名主三九郎たちは、途中難風に遇い、紀州二木島に漂着、三九郎ら一一名死亡。そのため復興開発、長年沙汰上み。
文化一四年（一八一七）名主次郎太夫、噴火後の青ヶ島復興開発第一歩を踏み出す。青ヶ島中興の祖、青ヶ島のモーゼ（柳田國男の賛辞と言われた）次郎太夫は、卓越した人格と不屈の精神、それに綿密詳細な計画のもとに開発を進めて行った。

天保六年（一八三五）これまでに八丈島からの帰任は終っていたが、長年の開発が実を結び、見分竿入（二役人の現地調査、貢税を目的とした測量）が行なわれた。見分の役人は八丈島三根の高橋長左衛門である。彼も青ヶ島復興に尽した一人。

天保八年（一八三七）この年と推定、青ヶ島直接流人、大筒役佐々木卯之助着島。その長子菊次郎も同行した。天保の飢饉に際し、農民が幕府の演習地を無断で耕したのを黙認し、それが発覚して遠島になった。天保七年流罪。

天保一五年（一八四四）名主次郎太夫、幕府から褒美を受ける。苗名を一代限り名乗ってもいいこと、それに白銀十枚頂戴した。

嘉永三年（一八五〇）一月、漂着船九隻、七〇余人が少時、島に滞在。

明治七年（一八七四）一月、青ヶ島の学校開設。

明治一一年（一八七八）東京府の管轄になる。それまでは、静岡県、足柄県、韮山県、相模府と幾変遷した。

明治二四年（一八九一）「仙島詩稿」の著者・酒井南浜（福太郎）、青ヶ島の学校に教鞭を執る。在島五ヶ年。

明治二六年（一八九三）神子浦沖で帆船沈没、八丈島へ徴兵検査のため出島したのである。壮丁ら十数名、行方不明。この一大惨事がきっかけとなり、小笠原航路を年二回、青ヶ島に寄航させることになった。

明治三三年（一九〇〇）島庁ができ、その出張所は池之沢に置かれた。また駐在所ができた。

明治四四年（一九一一）青ヶ島名主、東京湾汽船（東海汽船）と年三回巡航する契約を結ぶ。

大正五年（一九一六）東京の事業家西沢初太郎氏来島、製糖を主にし、製品を国地へ積み出した。当時二隻の船が月一回来島した。初太郎が六年に死亡し、事業は中絶した。

大正年間　島外（東京、八丈島、小笠原島）が盛んになる。

昭和四年（一九二九）四月、東海汽船の八丈島航路が月一回青ヶ島まで延航・されることになる。

昭和一〇年（一九三五）この頃から、三宝巷が使われ始め、神子浦は特別なときでないと使用されなくなった。

昭和二〇年（一九四五）太平洋戦争終わり、島にいた特別警備隊解散。この戦争で、アメリカの飛行機の銃撃に遇い婦人一人死亡。学校、役場焼失。アメリカ艦船来島、島中騒然とした。

昭和二九年（一九五四）八丈町に合併せずに、青ヶ島村として独立した。またこのころ、トランジスターラジオが入り始めた。

昭和三一年（一九五六）この年始めて選挙権が認められた。また、無線電話が通じた。

昭和三九年（一九六四）秋、東京オリンピックを学校のテレビ（自家発電）で観る。

昭和四一年（一九六六）島の歴史的できごと、全村灯電成る。全島歓喜する。福島重良氏に感謝。

昭和四二年（一九六七）五月、島で交通事故第一号発生。

昭和四三年（一九六八）九月、自動二輪車の出張試験行われる。自動二輪車、島内を走り始める。

昭和四四年（一九六九）一〇月、台風一二号来襲、家屋など被害が大きかった。

昭和四五年（一九七〇）一一月、ソ連船（動植物調査船）来島、ソ連人二名上陸（けがをしていた。漂着）保護する。たまたま三島由紀夫の割腹事件が起きたが、島内はそのことを忘れたように、ソ連人のことでもちきりだった。無事船へ送還。このころ小型自動車走り始める。

昭和四七年（一九七二）四月、体育館落成。八月、青ヶ島丸建造され、またこの年、七島開発の弥栄丸が青ヶ島に直行（月三回）することになり、島の悩みのひとつだった船便は、極めて便利になった。このころ島内の道路大幅に拡張整備され始め、三宝港、村の諸施設もさらに整備される。保育所落成。

昭和四九年（一九七四）秋、診療所移転落成。

昭和五〇年（一九七五）四月、青ヶ島小中学校新校舎落成。同年、簡易水道施設と大千代港開港が認定された。

昭和五三年（一九七八）一月、村議会の議決を受け、村長領海三キロ宣言を発表。全国に波紋を投じた。

●現在〔昭和五三年〕の青ヶ島

青ヶ島は、「仙島詩稿」の著者・酒井南浜が詠じたように、薫風そよ吹き、鬼も蛇もないみどりの島である。しかし、島の人々の暮しは必ずしも楽ではない。島の周囲の海の幸は、現在漁港がないため、本土から群がり集まる漁船によって奪い去られる観がある。島の人々の多くは、道路、港の工事、諸施設工事、建築などに従事しているが、島独自の産業を確立していかねばならない。それは村長始め人々の最大の関心事であり、あらゆる角度から検討し研究している。ユートピア（理想郷）は、狭い地域が理想的だとされているが、このみどりの島に、安定した生活が営まれ、平穏に暮すことができれば、どんなに幸せであろう。

宮本常一が撮った

写真は語る

東京都新島《にいじま》・式根島《しきねじま》

新島は東京の南約一五〇キロ、太平洋にある火山島だ。観光業や漁業、くさや加工などがいとなまれ、近世には流刑地となった歴史もある。その南西三キロには風光明媚で知られる平坦な地形の式根島がある。

宮本が新島をおとずれたのは昭和三十八年七月二十七日、東京都の島嶼《とうしょ》青年教育研究発表大会に出席するためだった。東京から新島への定期船は、すでに離島ブームも手伝ってか「超満員で甲板までいっぱい」で、早朝六時半に島につくと、ハシケで四ハイ分、四〇〇人もが上陸したという（『日本の離島 第二集』未來社、一九六六年）。

この大会は、都教育委員会の主催で戦後まもなくはじまり、伊豆諸島の青年たちを毎年一カ所にあつめ、島をよくするための策をはなしあい、交歓をはかるという、全国の島々のなかでも

昭和29年に新島本村と合併した旧若郷村の集落。本村は全国有数の「石造集落」として知られるが、若郷では車が入ってはじめて抗火石の建物がたてられた。今日では二階建ての家屋が密集する町並みに変わっている

海風にたわめられたシイの木。そのたたずまいにひかれ、移動するバスの車窓から撮ったものだろう。現在の所在は不明

先駆的なこころみだった。宮本は青年たちを前に講演をし、精力的に島内をあるき、式根島にも日帰りで渡島している。

新島は昭和三十二年、防衛庁（当時）のミサイル試射場建設計画がもちあがった。島は、本土からの反対支援者たちもくわわり、共同体を二分する政治闘争の場となった。結局、新島本村（当時）は試射場をうけいれ、そのかわり港や道路の整備などをもとめた。

宮本が撮影した若郷地区の写真をみてほしい。オート三輪らしき車が駆けるのは、未舗装だが前年に開通したばかりの本村地区とをむすぶ都道で、手前側にはあたらしい抗火石づくりの建物がみえている。また、砂浜にすわりこむ人々を真夏の熱射からまもっている橋桁の写真は、つくられて間もないコンクリート桟橋だ。このように、宮本がたずねたのは、自らが制定に奔走した離島振興法にもとづく事業ではなく、防衛予算の投入によって島社会の様相が急激にかわりつつある時だった。氏の関心と視線も、その変化のありように自然と向けられていたはずである。

「島にはバスもはしっている。最近道のよくなったためである。ミサイル基地ができたことによってたしかに島はうるおった。防波堤ができ道がひろくなり、また防衛庁関係の土木工事に出てそのもうけで軽四輪車を買ったものも多い。だが、離島の港や道路は離島振興予算によってつくるべきであったと思う」（前掲書）。

また宮本は、新島の人の心がどうなっているのか、気がかりだったにちがいない。しかしながら、散策の途中でていねいに道案内をしてくれた男の親切気や、墓の掃除をしていた老女の話からほのぼのとした情感がしみわたり、「実に柔和な心を持った人たちの住んでいる世界」と記している。宮本がみたという、墓にはいつも花をたやさないという美風は、いまの新島でもしっかりとうけつがれている。

全島火山岩の抗火石からなる新島の採石場。オート三輪が導入されるまではトロッコで搬出されていたといい、そのレールが見えている。現在は巨大なシャベルカーで採石している

上）式根島の小浜《こばま》漁港。その後コンクリート護岸や防波堤が整備され、いまでは様相を一変させている。沖に見えるのは新島

左）新島の玄関・黒根港にできた新しい桟橋の下。村営連絡船による式根島への日航海《ひごうかい》（日帰り航海）を待つ人々のようだ。かつてこの桟橋下は伝馬船なども通航していたが、いまはすっかり砂にうずもれている

新島黒根港の北側、ボラモトとよばれる浜の前でいとなまれていた建網らしい漁の風景

新島に水揚げされた高級魚のモロコ（クエ）。容器の桶は当時くさやを製造していたある五十集屋《いさばや》のものという

一方で宮本は、ミサイル騒動以後、新島の人たちに積極性がでてきたとも評している。実際、宮本訪島の二年後、米軍射爆場の候補地にあげられたものの今度は住民が一致団結し、五年にわたる反対闘争の末、計画を頓挫させることとなった。

五日間の滞在で宮本は、両島の風景や人物二七二カットをフィルムにおさめている。ここにとりあげた写真のほかにも、ハシケ取りのようすや、籠らしきものを頭上にのせてはこぶ女性のすがた、抗火石づくりの家屋、砂地の小路（砂んごいの道）など、いまでは失われてしまった貴重な風物も多い。

このたび、現地での確認作業を手伝っていただいた新島村役場の植松正光さんは、全写真を半世紀後のいまと見くらべ、郷土のうつりかわりを自らたしかめてみたいと語ってくれた。

（三木剛志）

山に暮らす日々

新潟県岩船郡朝日村三面《みおもて》

文・写真・図　田口洋美
写真　森本　孝
姫田忠義
伊藤碩男
古沢広祐

雪をはおった在りし日の三面集落。奥三面ダム建設のため、昭和60（1985）年10月、42戸の三面集落の人々は集団移転した。集落の岸に聳える前山の山腹には村人が長年手入れしてきた栗林が広がっていた　昭和57（1982）年2月　撮影・森本　孝

三面《みおもて》とのかかわり

新潟県岩船郡朝日村三面……私が、昭和五十六（一九八一）年秋から五十七（一九八二）年初冬にかけて約二一〇日間をすごした戸数四二戸ほどの山間集落である。朝日連峰の山々に源を発し、越後村上で日本海に注ぐ三面川の中流域にある集落で、三面川沿いの集落としては最上流に位置している。標高は約一八〇メートル。海岸沿いの村上市から水平距離にして約二〇キロと、そう高くも奥深くもない。しかし、十二月から四月頃までは深い雪に埋もれ、朝日連峰の山中にポツンと孤立したようになる。もっとも近い山形県西置賜《おきたま》郡小国《おぐに》町からでも約十八キロと離れ、まるで隠れ里のようなところから、平家落人伝説の残る集落としても知られている。また昔は雪中でのクマ狩り、アオシシ（カモシカ）狩りが盛んで、羽越《うえつ》国境のマタギ集落としても名高かった。

私が二一〇日もこの三面に住みこみ、何回も通うことになったのは、民族文化映像研究所の姫田忠義さんに誘われたからだった。当時姫田さんはトヨタ財団の学術助成金を得て、三面の人々の一年間の暮らしを映像や写真、あるいは文章で、総合的に記録する計画を進めていた。私は当時フリーランスで劇映画の助監督や照明助手などのアルバイト仕事をしつつ、民族学的記録映画製作を志し、姫田さんの民族文化映像研究所にも出入りしていた。

昭和五十六年の秋、十月二十三日、撮影調査の打

三面～村上間の旧道。岩山の急な斜面につけられた細い道で、積雪期には往来ができなかった　撮影・森本 孝

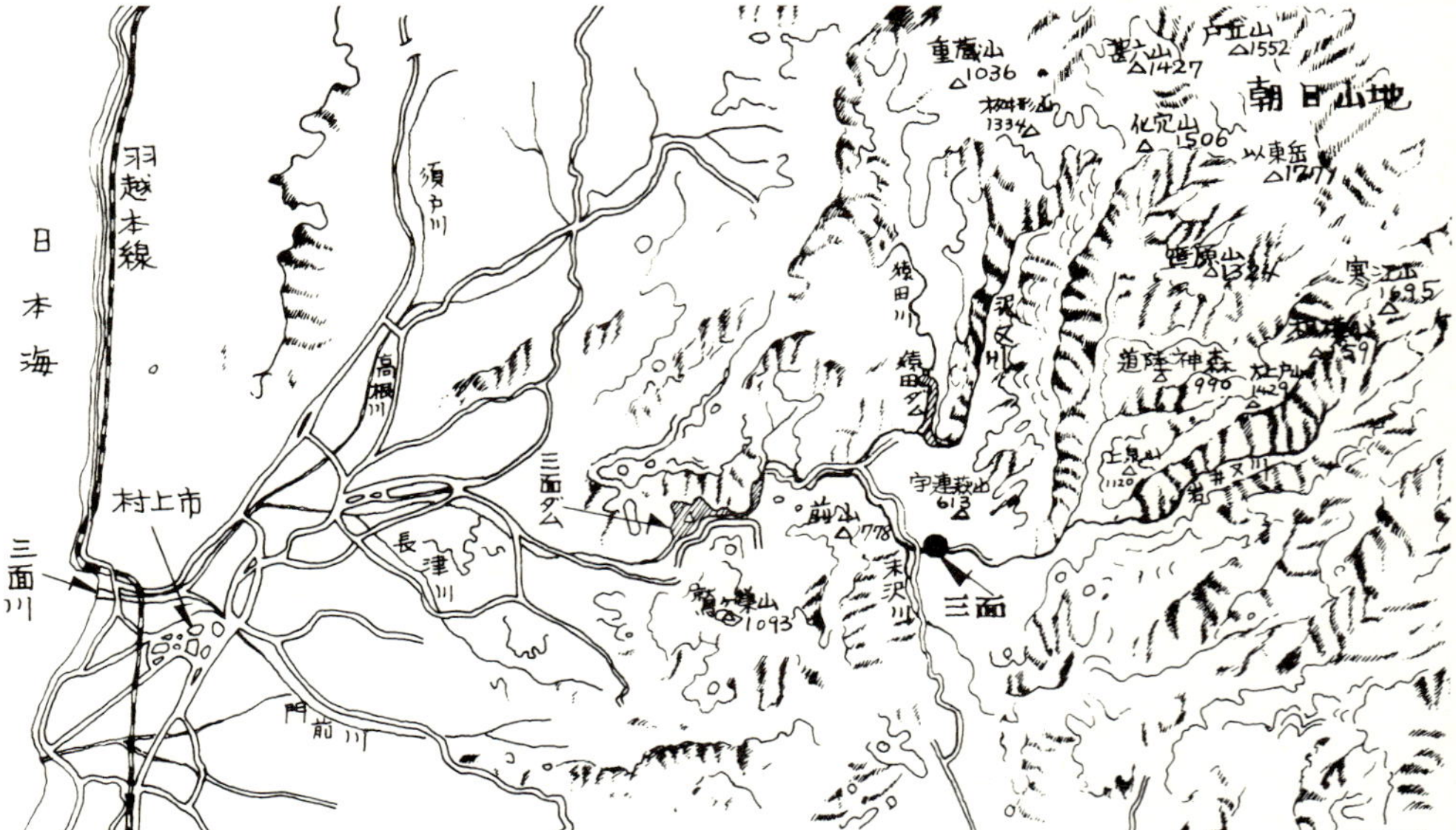

合せに行くという姫田さんに連れられて三面に向かった。この時は三日間という短い旅であった。が、印象深い旅ともなった。ことに新潟県から山形県を貫くスーパー林道を車で走っている時は、なんとも凄いところだと思った。壮年期の山特有のＶ字峡谷が続いているのである。雪崩のためか小さな灌木《かんぼく》がわずかにくっついているような急傾斜の岩肌が谷に落ちこんでいるのだった。この峡谷の奥に集落があるとは信じられなかった。山の中腹を削ってつけられたスーパー林道のデコボコ道にも肝を冷やした。だから夕方頃に三面の集落に着いた時は、ホッとしたものだった。

三面は、三面川右岸の河岸段丘の上に拓かれていた。集落の背後はすぐ山が聳えている。集落の前にはやや広い水田が拓かれている。対岸には前山（七七七メートル）という高い山が聳え、その山麓から川までの狭い台地上にも水田が拓かれていた。周囲を山に囲まれた三面は、私にはまるですり鉢の底にあるように思えた。

この旅では主に区長の高橋宏さんと撮影の打ち合せをおこなった。三面では昭和三十年代前半まで丸木舟を作り、用いていたという。その丸木舟を実際に作って記録しようという話になった。山中の集落と舟、私には思いがけぬとり合せだった。クマ狩りやアオシシ狩りの話にも興味をひかれた。カモシカは現在では獲ってはいないが、クマ狩りはおこなっているという。また、春になると家族全員で山中の小屋に泊り、ゼンマイ採りをおこなう話も聞いた。茨城県の海岸沿いに生れ育った私には珍らしい話ばかりであった。

結局この時、わずかに触れ得た山の暮らしの寸景が、私を三面に通わせることになった。私の育った海辺とは全く異なった生活に、心ひかれたといっていい。私は二十四歳と若かったし、三面のような山村で一年間暮らすのも悪くないとも思った。

再び三面に向かったのは翌五十七年の二月末だった。三面は深い雪の中に埋もれていた。宿は小池キクさん方であった。小池キクさんは今はほとんど村上市で暮らしている。その家を民族文化映像研究所を中心とした撮影、調査スタッフ（総勢二〇名ばかり）で借り、自炊生活をしながら記録を続けることになったのである。

降りしきる雪の中の暮らし

雪道から

私が他のスタッフ二名と共に本格的に三面に入ったのは昭和五十七（一九八二）年二月二十四日のことだった。羽越線村上駅に下りるとあたり一面雪であった。三面付近の朝日連峰の山々は鉛色の重い雲に覆れていた。

駅からバスに乗って三面ダムへと向かった。三面ダムは三面川が峡谷となって山々へ分けいっていく朝日村岩崩《いわくずれ》集落のすぐ上流にあるダムで、昭和二十四（一九四九）年に着工し昭和二十八（一九五三）年に完成した。以来、春から秋は朝日村村営の定期船が、冬にはダム事務所の船が、四〇分ほど上流の猿田発電所付近までを結び、人や物資を運んでいる。三面へは猿田発電所からさらに小一時間は歩かなくてはならない。

猿田発電所の船着場に着いた定期船。冬の三面～村上間の往来は三面ダムによってできた湖水面を通う日二便の定期船が頼り　撮影・森本 孝

三面に入る道はこの他に、私も昨秋通ったスーパー林道と、山形県側の小国町からの林道がある。スーパー林道は三面ダム付近から湖水面に沿った山の中腹を走っている。定期船は一日二往復なので、車のある者ならスーパー林道の方が村上へは便利がよい。

一方、小国町への林道も昭和三十年代に完成した。スーパー林道は現在も工事中で、日中でも時々、夜間は全面通行禁止になる。その時は小国町経由の林道で出入りすることもできる。もっともこの積雪期間はスーパー林道も小国道も通行不能で、全面的に湖水面を走る船に頼っている。

三面ダムから船に乗って驚いたことは、湖面が氷でシャーベット状になっていることだった。そして、わずかに開いた水路を船はさかのぼっていくのである。北海道の流氷の海を行くような気分だった。

船内には炭火の暖房があり、冷えた体を暖めてくれた。船に乗りあわせた三面の人の話では、時々、砕氷船のように氷の上に乗りあげて氷を割りながら進まなくてはならないこともあるという。また完全に結氷しきってしまうと、船で行けるところまでは行き、後は下船して凍った湖水上を歩いて行くこともあるという。今から一ヵ月も雪の三面に住みこもうという私には、たいへん心細い話であった。

三ヵ月ぶりに訪れた三面は雪の中に埋もれ、秋とはまるで様子が異なっていた。雪の中の暮らしをロマンチックに想像していた私は、その最初から雪の中の暮らしの不自由さを思い知らされることになった。宿に借りていた小池キクさんの家に落着いたものの、水道が凍結して水が出なかった。

さっそく雪を溶かして湯を沸かし、凍った水道の蛇口にかけてみた。次には外に出て雪に埋もれた水道管を掘ってみた。ほぼ軒下まで達している雪を掘るのは容易でなく、十分も掘ると疲れて、家の中に入って休んだ。

元気を出して外に出てみると折角掘った穴に雪が降りこんでいてうんざりさせられた。結局、解凍はあきらめ、隣の小池定蔵さんの家に鍋をさげてもらい水に行く破目になった。

もらい水は三日間ほど続いた。四日目に、冬期には珍しく晴れて、寒さも和らいだので、高橋区長さんにお願いして解凍してもらった。区長さんは手際良く雪を掘り、水道管に巻いてあったワラ縄を解き、その上で湯をかけた。どうやら私たちの失敗は根気のなさと無知によることを知った。無力な自分が腹立たしかった。

もらい水で知り合った小池定蔵さん（大正六年生れ）一家は、積雪期は奥さんのトリエさん、孫の中学生の慶彦君と奈美ちゃんの四人住いだった。慶彦君や奈美ちゃんの両親の定市さんと奥さんの三枝子さんは、積雪期には村上でアパートを借りて暮らしているのである。定市さんがかつて大病をわずらい、今でも定期的に村上の病院に通わなくてはならないからである。急に体調が変化したりすると、スーパー林道の使える夏なら別だが、冬、雪中を歩き、船で下るのでは間にあわない。このことからもいかに雪が生活の上に重くのしかかっているかを知った。

三面に入ってから八日目、私と共に来た他のスタッフの二人は相次いで東京へ帰って行った。私は一人で三面に残されることになった。降りしきる雪の中、家に一人でいるのはたまらなく寂しかった。ことに猛烈な吹雪が窓をたたく時は心細かった。そうした寂しさを紛らわすために私はよく外を歩いた。

外に出るといっても、ひとしきり雪が降った後は、雪に慣れていない私にはたいへんなことだった。まず家を出るのに苦労した。引戸を開けると戸口には雪が吹きだまっていて、ラッセルしながら出なくてはならなかった。戸口の前を毎朝除雪するのは雪国の常識なのだが、最初はそんなことも知らなかった。知らなかったことといえば、ここでは隣家との境まで雪を踏んで雪道をつける習慣があることも知らなかった。隣家の定蔵さんが毎朝、私たちの家の前まで雪道をつけてくれていたのを知ったのは、三面に入ってしばらくたってからだった。定蔵さんはカンジキをはいて雪道を踏んでいた。長径三〇センチほどの、思いのほか小さなカンジキであった。定蔵さんによれば積雪期の山に狩りに出る場合のカンジキはもっと小さいということであった。

雪道を踏む大切さを私は身を持って知ることができた。雪道から足を踏みはずすと、ズボッともぐりこみ、歩けたものではない。おまけに長靴の中に雪が入ってきて、そのまま歩くと、中で溶けてズボンや足をぬらした。私はこうして毎朝雪道をつけてくれた定蔵さんに頭が下がり、同時に恥かしくもあった。

ふところ具合が豊かでないとはいえ、村上の町で売っていたカンジキを買ってこなかったことが悔まれた。冬の三面に対する心構えがまるでできていなかったのである。

ところでカンジキで踏んでつけた雪道は、秋に来た時の道とは位置が異なっているのに気づいた。秋には畑であったところに、雪道が通っていた。どうやら最短距離で家と家が結ばれているようであった。しかも雪道は家の軒下からかなり離れた位置につけられていた。定蔵さんがつけてくれた雪道も軒をかなり離れてついていた。これは屋根の雪が不意に落ちてくるのをさけるためのようであった。これらのことは当り前といえば当り前のことだが、雪国には雪国の生活の知恵があることを知った。

また、集落内を貫通しているメインストリートや、猿田発電所の船着場までの道は、ブルドーザーが雪を踏んで固めていた。三面の人はそれを除雪でなく圧雪《あっせつ》といっていた。村上までの集落で三面にもっとも近い岩崩までスーパー林道を経て約二〇キロはある。戸数わずか四二戸の三面まで除雪車を入れるのは経済的には割の合わぬことなのだろう。このことから、積雪期にはいかに三面が外界から隔絶されてしまうかを知ることができた。

降雪期の家の中で

雪の三面はどの家も固く戸を閉ざしていた。三面に入って日の浅い私にはその戸を押して人の家を訪ねる勇気はなかなか湧いてこなかった。それでも区長さんや定蔵さんの家はよく訪ねた。また、朝日連峰の登山案内人をしている高橋源右ェ門さんや、定蔵さんの奥さんの実家にあたる小池善茂さんの家もよく訪ねた。源右ェ門さんも善茂さんも共に部落役員で、この調査、記録のはじめからしまいまでお世話になった方々である。

定蔵さんの家を訪ねると、定蔵さんは薪ストーブにあたりながら、たいてい何かの仕事をしていた。三面ではタヌキのことをムジナというが、そのムジナの皮や、テンの皮をはいでいることもあった。降雪期の三面では、タヌキ、ウサギを主に、その他、テン、山鳥などがよく獲られている。私も時々猟銃を背に山に入っていくむらびとの姿を見かけた。

ずっと以前はウサギやタヌキは誰でも気軽にワナを用いて獲っていたが、狩猟法（「鳥獣保護及狩猟ニ関スル法律」のこと。昭和三十八年「狩猟法」を改称し公布）でワナの使用についても免許が必要となり、現在は主に猟銃で獲っている。また、かつてはムササビ、アナグマ、ハクビシンなども獲っていたが、最近はほとんど獲っていないという。

降雪期に獲るタヌキやウサギは外界と隔絶された、以前の三面では貴重な食糧であった。ウサギなどは骨を石の上でたたきつぶし、それに豆を粉にひいたものを混ぜて団子にして汁の中で煮こんで食べた。これを三面ではホネタタキと呼んでいる。冬のウサギはことさら美味である。私もウサギ汁やタヌキ汁はよく御馳走になった。タヌキ汁もうまかった。食べると体もホカホカと暖まった。何杯もおかわりをした。すると酒に酔ったように頭がボーッとして下痢気味になった。三面の言葉でいうふられた状態で、どうやら強い脂のせいらしかった。

定蔵さんは、テゴやフゴを編んでいることが多かった。テゴもフゴも背負い籠で、ワラで編む。ただテゴは細いワラ縄を何本かより合わせて編み、フゴの方は単にワラを束ねて編むという。そこでテゴの方が丈夫であり、春に摘むゼンマイなどの重い物も運搬でき、フゴの方は山仕事、畑仕事に行く時、軽い道具や弁当などを入れて運ぶのに用いるという。使い道によって編み方を変えているのである。

いったいどんな物を一冬に編んだのだろうかと思って聞いてみると、ワラを用いたものではテゴやフゴの他にジンベ（雪靴）、ワラジ、アシナカ、ミノなどを編んだという。他にもマタタビのツルで大小のザルも編めば、スワといってヤマブドウのツルでテゴの類も編んだという。

今は織ることもなくなったが、冬の女の人の仕事で重要だったのはシナバタやアサバタであった。シナバタは級《しな》布、アサバタは麻布を織ることで、その布の呼び名でもある。麻畑はどの家にもあり、家の周囲の畑で栽培し

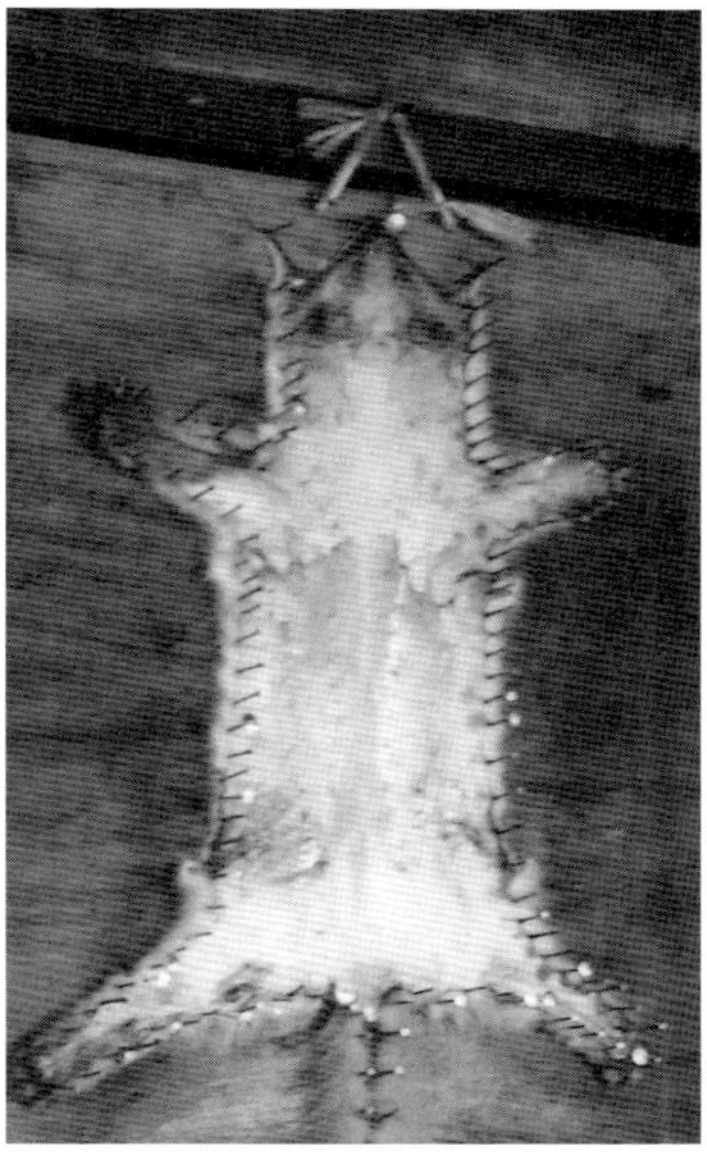

上左　屋根の雪おろし。1年に4、5回はおこなう
上右　テンの皮張り　撮影・森本　孝
下右　ムシロバタでムシロを編む　撮影・姫田忠義
下左　藁を束ねてテゴを編む。テゴはワラ縄をより合わせた太縄で編まれる。山菜の採取時の運搬具として用いる

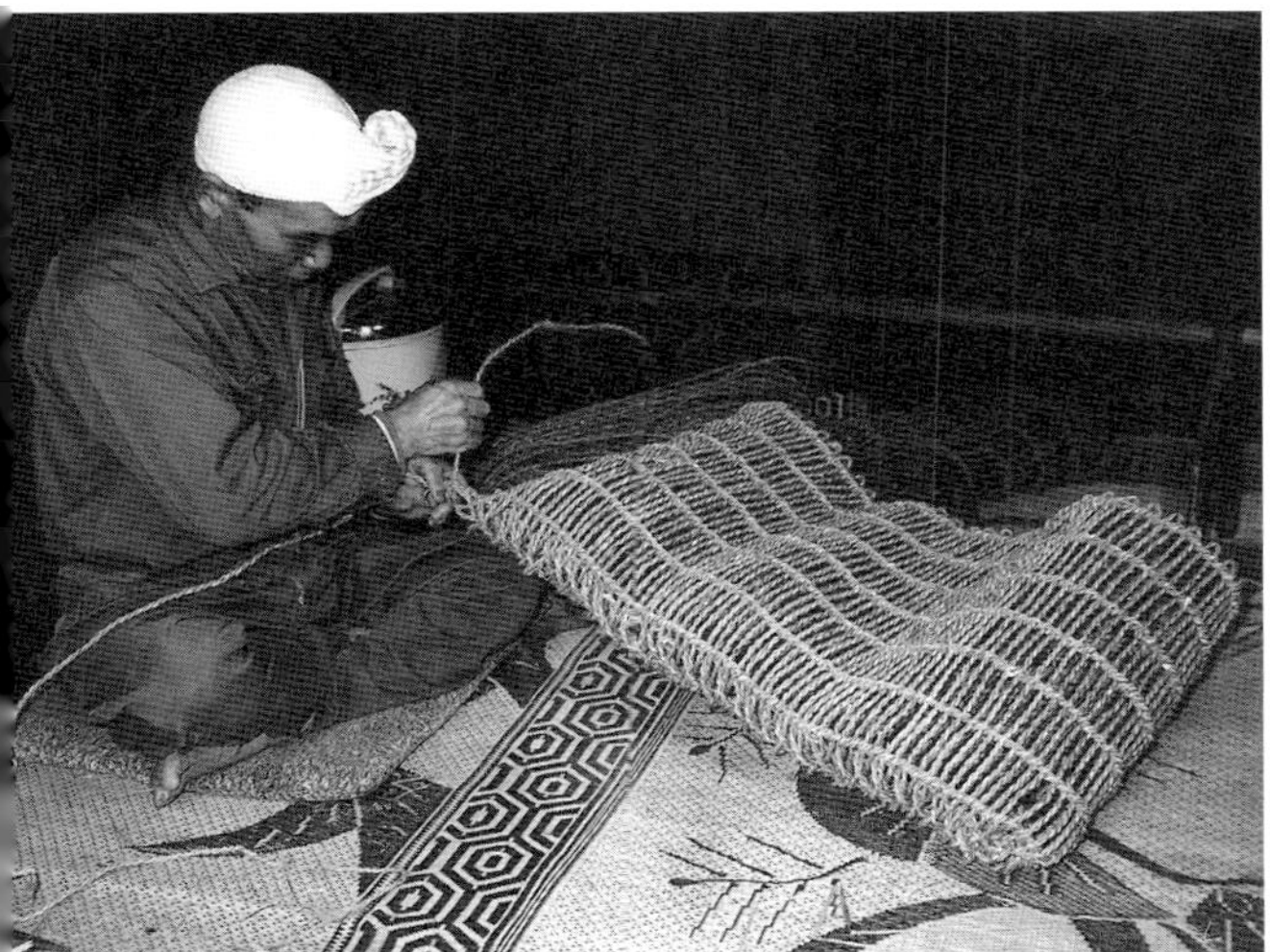

た。春に種を播き、盆前後に刈りとった。それを天日に乾し、水でさらし、皮をはいでしごいて糸によった。それを座機《いざりばた》ともいう地機で冬の間に織った。一日に二、三〇センチ織るのがやっとであったらしい。

こうして織った麻布は春になると小国へ持って行って木綿と交換したり、また、山や畑仕事に用いるコバカマ（短かめの袴）に仕立てた。麻布のコバカマにカモシカの脂をぬると雪もつかず、冬の狩りには重宝がられたという。級布の方はもっぱら袋物に用いられている。

冬の間の仕事はそれだけではない。スゲゴザを編むのも大切な仕事であった。スゲは盆から秋の彼岸頃までの間に刈った。それを天日でよく干して保存しておき、編む二、三日前に風呂の残り湯につけて柔らかくして編んだ。スゲは横糸に用い、縦糸にはシナの木の皮をはいでよったものを用いた。そして幅三尺、長さ六尺に編みあげ、十枚を一束にして春の雪解けと共に村上に売りに出た。一人で三束もかついで行く者もあったと聞いた。

村上に売りに出るといっても今とはちがって容易ではなかった。三面を出ると集落の向かいにある前山を越えて山道を行かなくてはならなかった。そして一日かけて今の三面ダムのすぐ下流にある岩崩か千縄《ちなわ》の集落まで行き、宿に泊った。宿といっても普通の民家で、三面の家々は各々に懇意にしている宿があった。宿はお互いさまで、かつて岩崩や千縄の人が塩木切りに三面に来た時は三面の人の家が宿になっていた。二日目は村上に出て売り、その日のうちに岩崩まで帰って来て泊り、翌朝早く発って三面まで帰ってきた。最低でも往復三日間かかったのである。ともかくスゲゴザは冬期の三面の貴重な現金収入だった。

スゲの繁っているところはスゲヤヂともスゲ田とも呼ばれた。そして個人所有で各家で二、三反は持っていた。多い家では一町歩をこえる家もあったという。私が感心したのは自生していると思っていたスゲが、実は人々が湿地に鍬をいれて田に拓き、そこに株を移植して育てていたということだった。刈った後は水を張って他の雑草の生えるのを防ぎ、翌年もスゲの生えやすいようにさえしていたのである。自然をたくみに育成利用していく知恵に感心させられた。

丸木舟の製作

三月の末、三面は堅雪の季節となった。この頃はすでに雪も降らなくなり、日中は青空も広がって雪の表面は溶ける。しかし、夜間の冷え込みでとけた表面が凍って、翌日の午前中まで二月頃の様にズボズボともぐる事がなくなり、歩きやすい堅くしまった雪になる。ただしこの堅雪も太陽の照りつける昼頃になればゆるみ、山の急斜面では、一気に雪崩れる所がふえて危険な時期でもある。

この頃、晴れた日の三面では家の周囲の雪をスコップで掘りかえす人々の姿が見られた。この事を雪ワリといっている。掘った雪はスコップで細かく砕く。そうすれば陽に当たる表面積が増え、雪がとけ易くなる。

三月末、私は一度東京へ帰ったが、すぐに三面に戻った。今度は五、六名の撮影、調査のスタッフと一緒であった。かねてより区長さんにお願いしていた丸木舟製作が決まり、またクマ狩りの季節に入り、いよいよ本格的な撮影にとりかかることになったからだ。

区長さんの話では丸木舟の製作は二十数年ぶりらしい。でもなぜ丸木舟が三面のような山村で使われていたのだろうかと思って聞くと、

「昔は、三面川は今みたいに幅が狭くなかったんだ。ダムのできる前は水も多くて橋も架けられなかったんだ。それで舟こせぇて（作って）川向かいに人間渡したんだ……」

という。今の三面川の水量は少ない。歩いて渡れる所もあるが、以前は渡河が不可能なほどの水量があったのだ。川向かいの水田や山に入るためには丸木舟は不可欠だったわけだ。丸木舟は元屋敷の上の舟つき、下向かいかいの舟つき、前田のミジャバの舟つき、芦沢《あしざわ》口の舟つきと四ヵ所に常備されていたという。およそ八人乗りぐらいの舟で、肥料や農作物の運搬に大きな役割を果たしていた。大切な舟であるから何人かが順番で舟番も勤めていた。それでも大水の出た時に、何回か舟が流されたこともあるらしい。

堅雪になる前から丸木舟の材となる木を捜し歩いてくれたのは、村の教育委員会の方々と小池善茂さんや高橋源右ェ門さんなど、「三面の文化財を守る会」の方々であった。この舟木捜しはずいぶん日数がかかった。丸木舟を刳《く》る木は昔からトチ、セン、ナラ、ヤチダモなどの柔らかい木に決まっている。かつ、根元付近で周囲四、五メートルほどの太さがあり、まっすぐな木でないとうまくないという。ところがそんな条件にあう木はもうだいぶ以前から集落の近辺にはなくなっていたので、この舟木捜しは困難をきわめた。

舟木が決まったのは四月になってからのことだった。集落から約一〇キロあまり離れた猿田川の奥、コヨウサイ沢のトチノキであった。

舟木が決まると舟を刳る技術などの調査で私も忙しくなった。三面にはまだ何名か丸木舟を刳った経験者がいた。小池善栄さんや高橋利博さんである。小池善栄さんは明治四十（一九〇七）年生れである。これまでに三、四隻の丸木舟を刳っているが、なにぶんにも高齢なので、かわって高橋利博さんが中心になって、丸木舟製作の経験はないが若くて元気のいい小池昭巳さんが手伝うことになった。利博さんは丸木舟を刳ることを「舟打ち」というのだと教えてくれた。

さて、その利博さんを先頭に実際に丸木舟を打ちに出かけたのは四月の十三日からだった。車で猿田ダムまで行き、そこからは歩きになった。

「あの斜面を登るんだ」

と、利博さんの指さす斜面を見て私も同行していた撮影スタッフも肝を冷やした。猿田ダム工事の時に山を削り取ってできた斜面で、そこだけ黒い地面がむきだしになっていた。人工的に作った斜面なので早く雪がはげ落ちたのであろう。私には斜面というより壁に見えた。踏みはずしたら二、三〇メートル下の猿田ダムにまっさかさまで、命にかかわってくる。私も撮影スタッフも利博さんや昭巳さんの踏み跡をはずさぬように一歩一歩慎重に

斜面をよじ登り、ようようの思いで雪のある尾根まで上った。そこから尾根伝いに舟木のあるコヨウサイ沢を目指した。この尾根道であやうい ハプニングがあった。撮影スタッフの一人が足を踏みはずし、一気に一〇メートルばかりすべり落ちたのである。運よく途中の立木で止まって助かったが、たいへんな事故になるところであった。と同時にこんな危険な山を自在に歩きまわる三面の人々に強い尊敬の念をいだいた。

尾根を下り、谷に入り、また尾根に登りということを何度かくりかえし、猿田ダムから約一時間半ばかりでようやくコヨウサイ沢に着いた。沢は雪で埋まっていた。三面の人はこうして雪で埋められ、歩けるようになった沢や谷を「ツクイ」と呼んでいる。

目指す舟木は目どおり周囲四・八メートルほどのトチノキだった。利博さんは荷物をおろすとすぐに木の周囲をまわり、おおよその舟の木取りを考え、木を倒す方向を決めた。木の北側の面は年輪も密で、丈夫さを要求される舟底側に良い。だから北側を底として、舟の上面側、つまり南側にやや反っている木がいいのだが、そんな木はめったにないという。

木を倒す方向を決めると昭巳さんが木の周囲の雪を掘った。できるだけ木を長くとるためである。それから木を倒す側に斧で受け口を入れ、後はチェンソーで一気に

上　記録撮影のために20年ぶりに丸木舟用の木を伐採した。舟木は根曲がりのトチノキだった　撮影・伊藤碩男
下　丸木舟の製作。丸木舟は田畑や山に通うための三面川の渡河用に使われていた。常時４隻の丸木舟が川に備えられていたという。丸木舟の製作はむらびとが交代で山に入っておこなっていた。写真は記録映画撮影のために再現したもの　撮影・伊藤碩男

切り倒した。それから枝を落とし、舟の長さ（約七・五メートル）に玉切りした。結局この日の作業はここまで終り、またもと来た道を辿って村へ引きあげた。

この日の作業で印象に残ったのは、倒した木の切り株の中央の割れ目に、昭巳さんが柴木をさし、手を合わせたことだった。そのことを利博さんは「アサ祝い」というのだといい、

「すべての山の木は山の神様のものなんですね。山の木を切るのは山の神から木を奪ったことになります。そこで若い柴木を立てて山の神に木を返したことにするんです」

と、説明してくれた。その自然に対する三面の人の感じかたには心ひかれるものがあった。

丸木舟は集落からの通い作業で都合五日間で完成した。そして雪が完全に消えてから村道までおろし、トラックで集落まで運ぶことになった。そして朝日村の文化財として保存されることが決まった。

丸木舟が完成してから小池善栄さんを訪ね、通いで五日間で舟打ちが終ったことを告げると、

「ホウ、オメェさんがた、めっぽう早くでかしたなー」

と、笑みをたたえたおだやかな顔でえらく感心された。善栄さんによれば、昔は、二人が組になって舟打ちに通い、最低の日数でも六、七日はかかった。それも実際に舟を打つ作業だけで、延べ日数では二十日間くらいはかかったという。

というのも、昔は二人で一組になり二日間ずつ交代で山に泊り込んで舟を打った。ちなみに山で泊る時はスゲムシロを木の枝にかけて屋根を作り、その下で寝たという。ところが山に入ってもタバコだけ吸って帰って来る組もあった。舟を打つ技術がなかったからである。そのため延べ日数が長くなったのである。今回、山に泊らず通い作業であったのに五日間で完成できたのはチェンソーをしばしば使用したからだった。

ところで、舟打ちのできない人でも山に入らなくてはならなかったのは、村仕事であるからにはかたちの上だけでも公平を保たなくては、むらの維持にさしつかえたからであろう。

狩りの季節
スノヤマとサルヤマ

四月も中旬になると集落の付近の雪は、ほとんど消え、ただ水田のところどころに雪のかたまりが見られる程度になった。山々はまだ雪に埋もれているが、樹々の梢に新芽が目だちはじめ、春は急速に近づいてくるようであった。

この頃から朝早く猟統を背追った男たちが目立つようになった。クマ狩りの季節が到来したのだ。

周囲を山に囲まれた三面では、狩りはもっとも重要な仕事だった。狩りでは前にも記したようにタヌキやテンなどの小動物も獲ったが、なんといっても重要だったのはアオシシと呼ばれたカモシカ（日本カモシカ）やクマ（ツキノワグマ）だった。大型動物のクマやカモシカは毛皮も良質で利用価値も高く、需要も多く、藩政時代か

4月中〜下旬、三面では有害駆除によるクマ猟が始まる。猟場は朝日連峰の山中。尾根筋を歩いてクマを探す　撮影・伊藤碩男

ら盛んに獲られていた。ことにクマの胆《い》は値がはり、「クマの胆一匁、金一匁」であったという。

もっとも今日の三面では、カモシカが国の天然記念物に指定され、昭和三十（一九五五）年に捕獲禁止をもりこんだ特別保護法の対象となって以来、カモシカは事実上捕獲できなくなり、クマ狩りしかおこなわれていない。

私たちとしてもクマ狩りは山村生活のひとこまとして是非記録しておきたかった。そこで三面に十五名いる猟友会のメンバーに、クマ狩りに同行させてもらいたい旨の申し込みを何回もおこなっていた。が、クマは鋭敏であり、かつ、雪山は厳しく、素人では足手まといになるだけでなく生命にかかわる危険もあるという理由で、なかなか許可はもらえなかった。

狩りの話をよく聞いたのは伊藤勘一さん（明治四十三年生れ）だった。勘一さんは猟友会を既に引退していたが、たいへん狩りが上手で好きでもあった人で、むらにはもう二人しかいない（私たちが撮影調査に入った昭和五十七年春当時）「スノヤマ」と呼ばれていたカモシカ狩りの経験者のひとりであった。

訪ねて行くと勘一さんはいつも薪ストーブの上で沸いているヤカンを下ろし、茶を入れ、それから語ってくれた。

「俺はスノヤマに四回行ったども、すごいんだ、ホニ。いやっそれは厳しいもんだぜぇ。カモシカは追いかけると沢を下る性格なんださかで、上からホーイホイって声かけて追いおとすんだが。沢も雪で埋まってんだが、滝のように沢に段差があるところは穴あいてんだがな。そこに追い落すんだな。それで落ちたカモシカの首に縄かけてひっぱりあげて槍で突くんだが……」

と、勘一さんはスノヤマでのカモシカ猟について話してくれた。

勘一さんの話ではカモシカ猟は寒の厳しい一、二月の猟であったという。そしてカモシカ猟には「スノヤマ」と「サルヤマ」という二種類の猟があったことを教えてくれた。

スノヤマは狩りにおけるさまざまな作法が厳格で、狩猟方法も槍を用いるなど、昔からの狩猟の方法、伝統を重んじ、年一回が原則であった。それにくらべてサルヤマの方は狩猟方法自体は変らないが、槍のかわりに猟銃を使用してもよく、一年に何回でもおこなわれた。

スノヤマでの作法はいろいろあって一口には言いあらわしがたい。『民俗資料選集・狩猟習俗』（文化庁編・国土地理協会・昭五十三年刊）の中の森谷周野氏（新潟県民俗学会理事）による『三面郷の狩猟習俗』から、そのいくつかの禁忌事項だけでもあげてみると、「瀬戸物はスノヤマには持って行ってはいけない」「衣類にボタンをつけてはいけない」「歌を歌ったり大声をあげてはいけない」「自分のものとまちがって他人のものを使ってはならない」「山言葉は厳重に守ること」「スノヤマでは手ぬぐいの使用を禁止する」などがあげられている。そしてこうした禁忌事項に違反すると、寒中の雪山にもかかわらず、沢水で水垢離《みずごり》をとって身を清めなければならなかったという。

山言葉（またはマタギ言葉）は、狩りの山中で使用される独特の言葉で、例えば槍をナメ、クマをナベ、米や飯をクサ、雪をヒタなどという（『三面郷の狩猟習俗』）。家や集落にいる時とは全く異なった言葉を用いたのである。狩りに出発して集落が見えなくなると山言葉を使用しなくてはならなかったと。

勘一さんはその山言葉を覚えるのが大変だったという。山言葉を教わる方も水垢離をとった上で、誰にも聞こえないようにして女性も遠ざけ、教わったらしい。

山中ではフジカと呼ばれる親方の下で、七～十一日間ぐらい山小屋にこもり、狩りをおこなった。フジカの命令は絶対であったという。狩りの組織はフジカを筆頭にナガラ、オオマタギ、ホウジョウ、シノボ、コマタギと六つの階級に分かれ、各々の役割があった。例えばフジカは山の神の代理者とみなされ絶対の権力を持ち、そのかわり、朝は誰よりも早く起き、夜は皆が寝たあとに沢で水垢離をとらねばならなかった。ナガラはフジカの命令をオオマタギに伝え、オオマタギの意をフジカに伝える仲介者で、山小屋の火の管理を担った。オオマタギは食糧の管理や皆の道具や衣類の修理をした。ホウジョウは獲物の分配を受け持ち、シノボはオオマタギとコマタギの間にあって、主にコマタギの指導に当たった。コマタギは狩猟経験の浅い若い人がなり、飯を炊いたり食器を洗ったりと、こまごまとした仕事をした（『三面郷の狩猟習俗』）。

フジカは狩りの組の中で最年長者がなり、次の年長者がナガラの役についた。コマタギは若い者から順にその役についた。猟の上手下手は関係なく、単純に年齢別になっている。といっても、スノヤマに参加できるのは、十一名程度であり、多分その人達はむらの中でも体力もあり、狩りや山にも慣れた者であったと思われるから、年歳順といっても相応の実力を伴っていたのであろう。

　サルヤマの方も山言葉を使わなくてはならないことに変りはなく、狩猟方法も差はなかったが、スノヤマほど厳格に守らなくてもよかったという。では何故、同じカモシカ猟でスノヤマとサルヤマを区別ならなしなければならなかったのであろうか。このことについて森谷周野氏は『三面郷の狩猟習俗』の中で、

（前略）その昔はアオシシ狩りの場合は全て、スノヤマと同様に厳重な作法と戒律のもとに猟をしたのかもしれない。それがあまりにもきゅうくつだったので、この束縛から逃れるために、「このたびは猿を獲りに行くのだ」というようなことを言いだし、この口実を相互に許しあうようになったものであるとも聞いた。（後略）

と、述べている。あるいはそのとおりであるかも知れない。カモシカはできるだけたくさん獲りたい。でも作法が厳しくそれでは充分に獲れない。といって作法を無視するには山の神はこわい。だから作法の順守はスノヤマだけにし、一応山の神の顔もたて、サルヤマで思いきりカモシカを獲る。山の暮らしを立てる便法が二つの猟の形式を生んだのではないかと私は思った。

変りゆくクマ狩りの習俗

　四月二十九日早朝、猟友会からクマ狩りについてきていいという許可がでた。嬉しかった。クマ狩りへの参加は半ばあきらめていたからである。ただし猟友会の指示には絶対服従という条件つきであった。そしてこれには私たちを最初から熱心に援助してくれていた善茂さんや源右エ門さん、小池千秋さんの尽力があったことを後になって知った。

　三面のクマ狩りはクマの生態に合わせてタテシ、デンジシ、オソと三種の形態がある。今回のクマ狩りはデンジシであった。デンジシは冬眠からさめ穴を出て、餌を求めて山中をうろつきはじめたクマを狩る猟である。四月中旬頃からこのデンジシの季節になる。雪の中にクマの餌があるのかと思うが、ブナの木などの新芽を喰うらしい。

　タテシはデンジシより以前、つまりまだ山中の大木や岩の穴の中に潜んでいるクマを狙う猟である。三面の人はクマの潜んでいるような穴はたいてい知っていて、昔はタテシで盛んに熊を獲った。クマ穴にもぐりこみ山刀一本でクマを突き獲ったこともあったという。ただし、このタテシは最近ではあまりおこなわれなくなった。狩猟法で狩猟期間が厳しく決められてからは、四月中旬頃の特別許可（有害鳥獣駆除）による解禁日以後に穴見に出かけても、クマは冬眠からさめて既に出払っているこ

調査のために復元されたクマ用のオソ（罠）　撮影・森本 孝

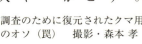

クマ狩り用の泊り小屋。山言葉など狩りの作法は厳格だった。かつては、小屋の中での席順も決っていたという　撮影・伊藤碩男

とが多く、あまり獲れなくなったからだ。

オソはカモシカやクマを獲る罠の意味で冬の猟ではなく、晩春と秋の猟であった。オソは木を組んで作った二間四方の吊天井式の罠で、天井の上にはあわせると百貫にもなるたくさんの石を乗せてある。クマがオソの中に入るとその石が吊天井ごと落ちてきて、クマを押しつぶすのである。

オソを仕掛けることをオソを切るというがそのオソを切る場、つまりオソ場はたいてい山の尾根筋だった。そして各戸毎にそのオソを切る尾根筋は決まっていた。いわば一種の占有権、使用権を互いに認めあっていたのである。オソは一軒の家で、八枚、少ない家でも二、三枚は持っていたという。そして秋になると自分のオソ場にオソを切り、二、三日に一回はクマがかかっているかどうかを見てまわった。オソ場の権利は貴重なもので、新しい分家にはなかなか分け与えられるものでなかったという。

オソは個人所有で狩りの方法としては効果的ではあったが、狩猟法でこうした罠が禁止されて以来、三面では切ることもできなくなり、その技術もしだいに忘れられようとしている。しかし幸いなことに私たちは秋になって、朝日村の民俗資料にするという条件で朝日村と営林署の許可を得て、伊藤勘一さんと小池千秋さんに頼んでオソを切ってもらい、その実際を記録することができた。

さて、二十九日のデンジシ獲りは結果的には私たちは撮影に失敗してしまった。途中までは猟友会の人に助けられながら雪の山を行くことができたが、クマを実際に

獲る所まではとてもついて行けなかったのである。
猿田川の奥の、とある尾根の上から猟友会の人が双眼鏡でクマを発見したのだが、その双眼鏡をのぞかせてもらっても私にはクマが見えなかった。つまりそれほど遠い所のクマ発見したわけで、三面の人のクマ狩りの勘はたいしたものだと感心した。クマを獲るにはその何キロ

4月末の朝日連峰を行く三面の猟師。雪氷期の山は危険で記録撮影班は、
これ以上の同行取材をあきらめた　撮影・伊藤碩男

もの先のクマを全員が別々にわかれて遠巻きに巻いていかなくてはならない。ぐずぐずしていてはクマを逃がしてしまう。私たちがついて行っては、ほぼ確実に獲り逃がしてしまう。残念だがあきらめざるを得なかった。

　クマは追われるとカモシカとは反対に山の上の方に逃げる性質がある。その性質を利用してクマを巻くという。三面での巻き狩りは、ホンクラ（ホンバナともいう）、ムカイダテ、サキガケ、タテアゲなどの役に分かれていた。まずタテアゲが勢子《せこ》となり大声を出してクマをホンクラの待つ山の上方へ追いあげる。ムカイダテは逃げるクマの姿がよく見える反対側の山に陣どり、クマの動行を他の役の人に身ぶりで合図して知らせる。雪山といっても岩も木もあり、他の役の人には見えないのである。そしてホンクラの待つ所に追い上げて行き、銃で撃ちとるのである。サキガケはホンクラのまだ先で待っていて、ホンクラで撃ち逃した場合にそなえている。これだけしてもクマを獲るのは容易でないらしい。

村の鎮守社、大山祇神社のクマの絵馬。昭和四年に奉納されたもの　撮影・森本　孝

　さて、尾根の上で待つこと二時間半、谷中に響き渡るような銃声が聞こえ、それからさらに一時間半ほどして再び二発の銃声が轟いた。

　結局この日は二頭のクマを発見したが、獲ったのは一頭だけであった。クマは運び易いように適当に解体し、背負って集落まで運んで来た。解体して運んでくるのは重いからでもあるが、狩りの決め事（山の法といっている）で四肢のついたままの動物を集落内に持ちこんではいけないことになっているからでもある。なぜ、そんな山の法ができたのかは誰に聞いても要領を得なかった。動物が山の神のものという考え方に関係がありそうだが、ともかくこのことは今日でも固く守られている。

　さて、その夜は狩りに参加した人たちが小池甲子雄さんの家に集まってクマの肉を分配した。

　分配のことは「身取り」と呼んでいる。この夜の身取りはいろいろあって面白かった。まずホナビラキというのを見せてもらった。ホナビラキというのは解体の際、心臓に山刀で十文字に切り目を入れることをいう。これで完全にとどめをさしたという意味かも知れない。本来ならホナビラキは山中でおこなう。獲物を獲るとクマでもカモシカでも解体のし易い所まで移し、皮をはぐ。ついで四肢を落とし、内臓の処理をする。この内臓の処理の時に、ホナ（心臓）部分の解体に当った人がホナビラキをおこなうのである。

　この時も山中でホナビラキはしてきた。ところが私たちが同行できず、見られなかったのでわざわざやってみせてくれたのである。

　そして、いよいよ「身取り」であった。かつては身取りの前にはフジカは水垢離を取った。旧来の狩りの制度が猟友会に変った今日でも水垢離をとったり、獲物を分配する儀式や方法は変っていない。

　身取りの最初はクマの左足のモモ肉（シンガメという）を切りとることであった。四九片切り取った。それを七本の栗の木の串に七片ずつ突きさした。その後、七本の串から肉片を一片ずつ取り、木の椀にいれ、それを左手に持ち、右手に持った栗の木の箸で肉片をちょっとつまみ、そのまま額にかざして何事か唱えた。これは『三面郷の狩猟習俗』によれば、ゆとがけの唱えという。唱える声は小さく全く聞きとれなかった。後で聞くと山の法により他の人に聞きとられてはいけないらしい。多分、山の神に感謝をこめたものであろう。唱えながら箸で肉片をつまみ、イロリにかけられた鍋（その日獲ったクマの内臓を煮て皆で食べる）の中に投げ入れていった。こうした所作は昔はその狩りの親方（クマ狩りの場合はフジカとはいわず親方という）の役だったが、この時は猟友会会長の小池千秋さんがおこなった。

その後、イロリの火で七本の串を焼き全員で食べた。一方、身取りも素早くおこなわれていた。そして肉の山が参加者の数、つまり十三の山に分けられた。骨も肉も平等にきれいに分けるものらしい。そして各自の取り分はクジ曳きで分けられ、散会となった。

そうした猟のありかたを見ていて、三面の猟が急速に変化してきているのを知った。猟友会を中心とした今日では既にあまり山言葉は使われなくなっているし、カモシカ猟がなくなって以降はフジカ、オオマタギなどの制

巻狩りで獲ったクマ。昭和の初めは１年に20頭も獲れたクマも、最近では年に3、4頭しか獲れない　撮影・小池千秋

クマを獲ると解体し、その肉を7本の串に刺し、「ゆとがけの唱え」をおこなう　撮影・小池千秋

前山からのぞむ朝日連峰と雪に埋もれた三面集落。朝日連峰の山中は三面の猟師の狩猟場で、秋はオソ（罠）、春は巻狩りでクマを獲った　撮影・田口洋美

度も失われている。ただ獲物を平等に分けるとか、山の神に対する畏怖心だけは、雪山の怖さを充分知り尽くしている人たちだけに残っているようだった。

この冬、三面で獲ったクマはわずか三頭であった。戦後の一時期には二〇頭前後獲れた年があったという。クマの生息数も減ったのであろうが、三面の人も狩りには熱心でなくなってきたのであろう。かつてはクマ狩りやカモシカ狩りは、三面の人の生活を支える重要な位置を占めていたはずである。それが戦後の三面川でのダム工

●オソと熊狩りの行動領域●

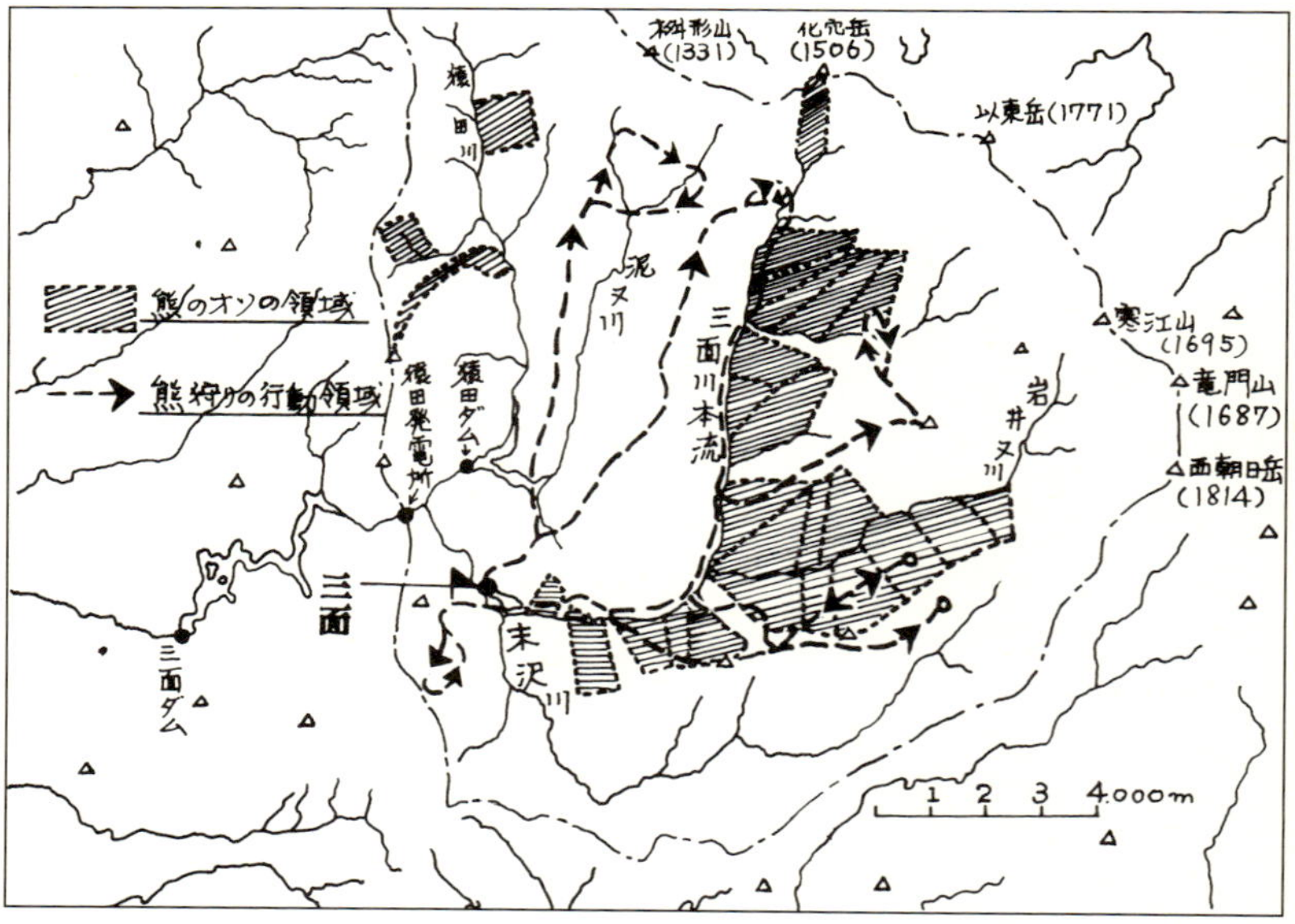

事やスーパー林道の工事など日雇い工事に出掛け、現金収入を得られるようになった。同時に三面の人の主な猟場であった朝日山系が国立公園に編入され、猟場を失っていった。また狩猟法によって、カモシカは捕獲を禁止され、春のクマ狩りについても猟の期間が制限された。いずれも三面の人が望んだことではない。そうした外的条件によって、三面の人は狩りはおろか、暮らしの立て方そのものまで変えられているのである。

ゼンマイ小屋の日々

ゼンマイ戦争

男たちが狩りに夢中になっている四月から五月初旬にかけて、三面の山々の変化はすさまじかった。

集落付近の山では長い間、重い雪に埋もれていたハイナラやマンサクの木々が、雪をはね飛ばすように天に向かって伸びはじめ、三面川の川岸ではネコヤナギが黄色い粒状の花を咲かせはじめる。雪がはげ落ち、黒々とした山の地肌からクマザサも顔を出し、消える雪を追っかけるように山々に新緑がひろがっていく。

四月十日頃、集落から三面川沿いに約四〇〇メートルばかり東の山の斜面で、むらの女の人たちがマンサクやハイナラなどの柴木を刈っているのを見かけた。三面には竹は自生していないため、こうした柴木は畑に播く豆類や夕顔など蔓を持つ作物の添木に使われる。また、これからはじまるゼンマイ採りで、ゼンマイを釜ゆでする時の薪としても使われる。

四月も半ば、雪も完全に消えた水田では畔《くろ》つけ（畔づくり）がはじまった。畔つけも女性たちの仕事らしく、秋田地方でよくみられる白い覆面のようなオカブリ（と三面ではいう）で顔を覆った女性たちが鍬をふるっていた。稀に狩りの合間をぬって畔つけを助ける男たちも見かけた。

五月初旬、昔に比べるとはるかに短くなった狩りの期間も終る。そして人々の動きはいっそう慌しくなっていく。三面はこれから田植、ゼンマイ採りの季節に入っていく。

「ハア、ゼンマイになっと、戦争だぜー。猫の手も借りてえぐらい忙しいんだぜー」とむらびとがいうように、ゼンマイ採りの期間は、丁度田植と重なって、まるで合戦のような忙しさらしい。その言葉どおり、ある家は田植をすませ、ある家は田植を残したまま争うようにして山に散って行った。

昭和五十七年度のゼンマイ戦争は五月八日頃にはじまった。その日は良く晴れた日で、むらの人たちはまだ暗い早朝のうちにゼンマイ採りに出掛け、集落内の人影もまばらになった。

ゼンマイは一家族全員が山中にかけたゼンマイ小屋にこもって採る。そこで三面の小、中学校もゼンマイ休みといって特別休暇になる。

短期間の勝負だから猫の手も借りたいくらい忙しい。休みの期間中子供たちもゼンマイ小屋に泊り、ゼンマイの綿とりや干す手伝いをする。この年のゼンマイ休みは五月九日からの十日間だった。

もっとも今ではゼンマイ小屋に泊る家族は少なくなった。道路がよくなりオートバイや自動車も普及して、ゼンマイ山まで日帰りも可能になったからだ。それでも昨年は七、八家族がゼンマイ小屋にこもったという。

私と撮影班のスタッフ二名がつれていってもらい、また泊らせてもらったのは伊藤覚さんのゼンマイ小屋であった。伊藤覚さんのゼンマイ小屋は泥又川に注ぐハタグロ沢の沢口付近にある。猿田ダムサイトから船外機付きのボートで三〇分の距離だった。ゼンマイ小屋のある場所は、ゼンマイを天日乾燥させるためであろう、案外と広く、日当りのいいところだった。ゼンマイ小屋は一年に一回用いるだけなので破損もはげしく、小屋入りの前に修理に来たり、宿泊に必要なフトン、鍋、プロパンガスなどをあらかじめ運んでおく。

伊藤覚さんのゼンマイ小屋は二棟あった。一棟は宿泊用、一棟は物置に利用されている。宿泊棟は約四畳半ほどの広さで、中に炉が切ってあった。

ゼンマイはもちろんこの小屋の周辺の山で採る。山の北側の斜面、つまり日当りの悪い斜面に生えているとのことだった。ゼンマイはシダ類の植物だから湿気の多いやせた土地やガレ場に良く生えるのである。そのため足元も危なく、底にスパイクのついた地下タビをはいている。

丸木舟の話を聞いた小池善栄さんによると、こうしたゼンマイの採集地は、

「ゼンマイ山はそれぞれ決ってるぜ。お互いに話しあって境を決めたもんせ……」

ということであった。ゼンマイ山は村有地にもあるが、たいていは国有林地内に多い。だから誰のものというも

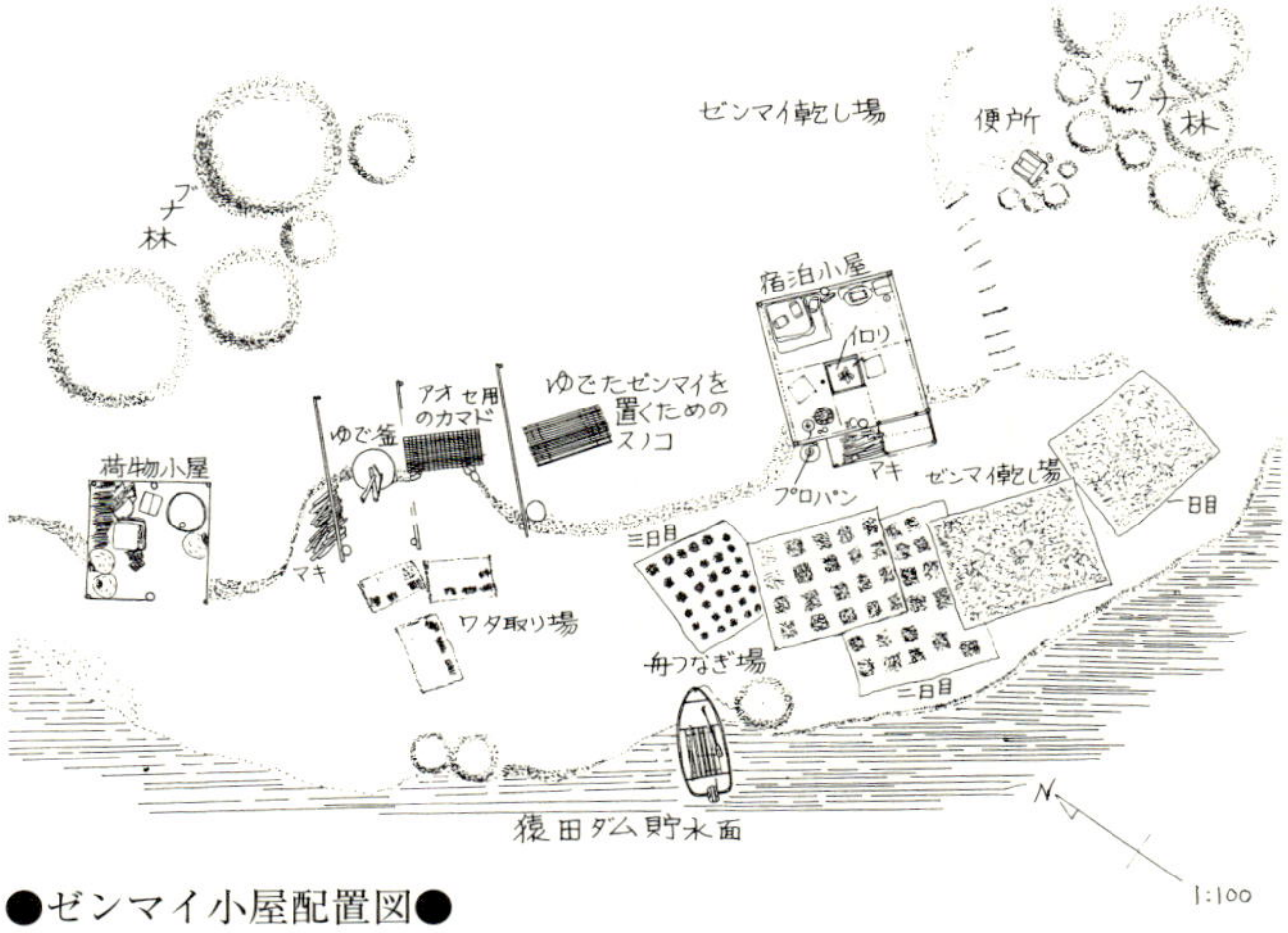

●ゼンマイ小屋配置図●
猿田川上流にある伊藤覚さんのゼンマイ小屋。覚さんの小屋は以前はもっと下流にあったがダムができ湖水面に沈むことになり20年前に今の場所に移ってきたもの。小屋はゼンマイを干すため日当りの良い、かつ飲料水を得やすい場所を選んで建てる。この小屋の場合は図の右手50メートルに小さな沢があり飲料水として使っている。２棟の小屋のうち１棟は居住用、１棟は物置き用。小屋と小屋の間にはゼンマイをゆでる釜がある。空地にひろげられた糸クズ状のものはゼンマイで右から１日目、２日目、３日目と干しあがっていく過程を示してみた

１年に１度しか使わないゼンマイ小屋はいたみがはげしい。2、3年に１回は茅を葺き替える　撮影・森本　孝

のでもないが、入会権を持つむらびとたちの間で互いの領域を決め、それを侵さないようにしていたのである。

　そしてある人が五日間継続して同じ所で採れば、他の人はその人の周囲では採らぬ習慣があり、小屋をかければほぼ永続的に利用権が認められたという。もしその人が小屋を放棄しても向こう三年間は他の人は遠慮してそこで採らなかったという。小屋を放棄しても、その人がそこでゼンマイを採ることがあるからで、三年たてば一応誰でも大手を振って採ってよかった。

　ゼンマイ採集の最初の日、伊藤覚さんと奥さんのヨネコさんは一日付近の山でゼンマイを採集し、夕方になると、再びボートに乗ってむらに帰っていった。九日からゼンマイ休みになる二人の子供、勝君と由里ちゃんを翌朝つれてくるという。そこで私ともう一人のスタッフだけで小屋で夜をすごした。私たちだけで小屋にいるとクマでも出るのではないかと心細かった。実際、ゼンマイを採っていてクマに出合ったむらびともいるという。猟友会のクマ狩りも、こうしたゼンマイ採集期にむらびとが襲われないようにクマを予め「駆除」するという目的もあった。

　翌朝、伊藤覚さん一家が再びやってきた。今度は子供たちの他に飼っているネコや犬まで一緒であった。昨日同様に伊藤さん夫婦はすぐにゼンマイ採取に出かけ、テゴにあふれんばかりのゼンマイを背負って昼頃に帰ってきた。五、六〇キログラムはありそうに思えた。ところが伊藤覚さんは帰ってくるなり、

「カモシカのやろう、ゼンマイのいいとこみんな喰ってしまってだめだー」

と嘆いた。禁猟以来カモシカが増え、ずいぶんゼンマイを喰われるらしい。ゼンマイをめぐって人間とカモシカの争いが、起きているのだ。三面の人は一ヵ所に固まって生えているゼンマイを根こそぎ採らない。かならず何本かは残しておく。ゼンマイは胞子で増殖するから、そのようにしておくと翌年も同じ場所に生えてくる。ところが、カモシカはみさかいなく喰ってしまうので腹が立つらしい。

　ゼンマイは直ぐに綿をとり、大、中、小に分けて束ね、釜の中でゆでた。とった綿は昔は座布団や布団の綿にまぜて使った。ゆでたゼンマイはゴザの上にひろげて干し、色がピンクに変ってくると、かき集めて手でもみ、また干す。もむことで水分もぬけ、かつ柔らかくなる。天気が良ければ二、三日この作業をくりかえすと完成品になる。二人の子

蒸したゼンマイを干す。ゼンマイ採取の期間は小、中学校も特別休暇になる

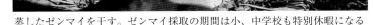

5月上旬の三面集落。川をはさんで集落の対岸にそびえる前山にはまだ雪が残っている　撮影・田口洋美

川向かいの田の耕作のためにロープを張って耕耘機を渡す　撮影・田口洋美

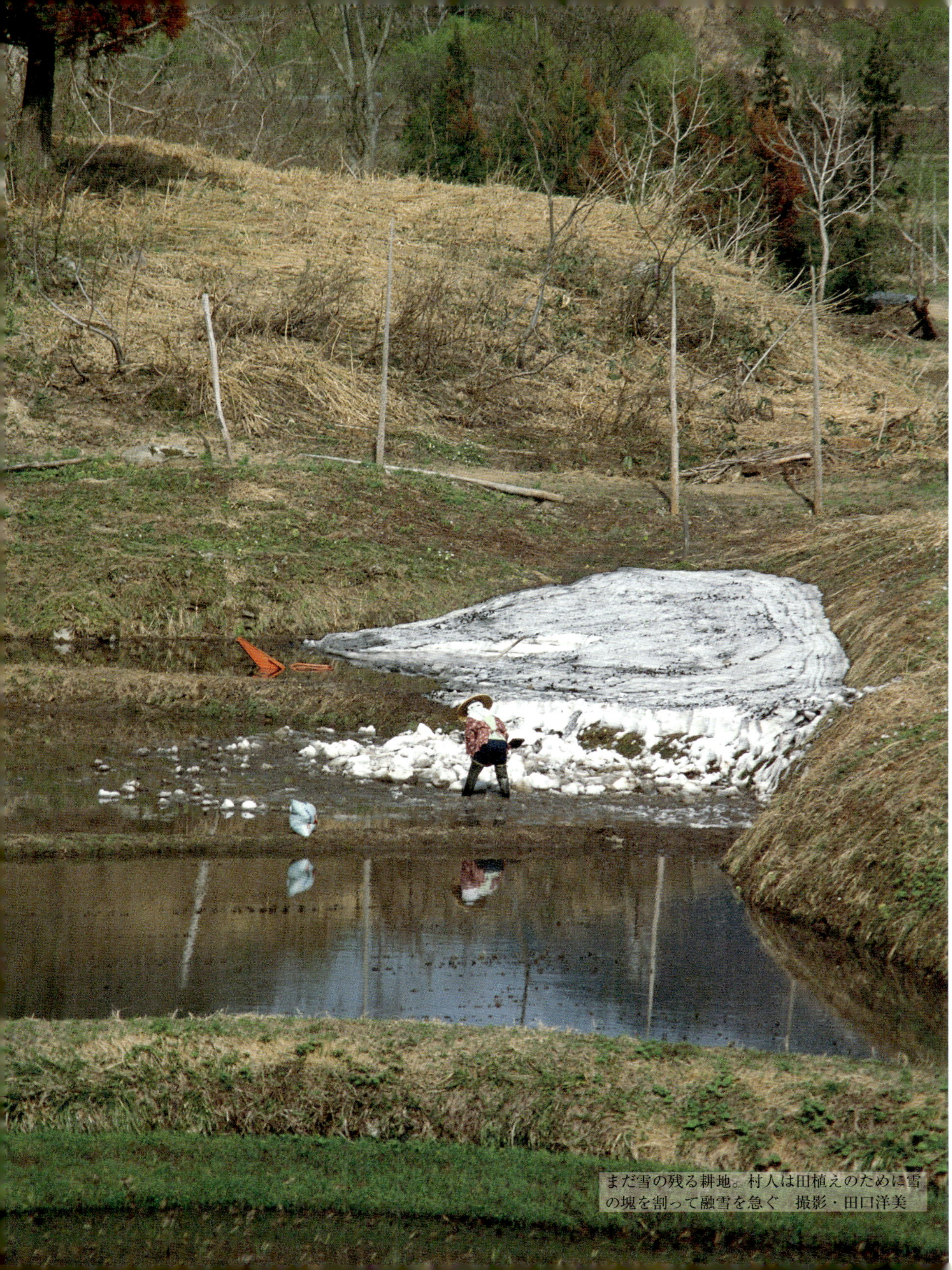

まだ雪の残る耕地。村人は田植えのために雪の塊を割って融雪を急ぐ　撮影・田口洋美

ゼンマイ小屋で乾燥させ製品化したゼンマイを舟で運び出す。猿田ダム（昭和32年竣工）より上流にあるゼンマイ小屋との往来はもっぱら川舟に頼っていた

供たちは両親が採取に出掛けている間は小屋にいて、この作業をくりかえしていた。

我々はゼンマイ小屋で都合三日間をすごした。小屋にいる間、副食を全て付近の山菜でまかなっているのには感心させられた。付近にはウド、ウルイ、イタドリ、フキノトウ、ミズ、ヤマフキなど、約三〇種に近い野生の植物が生え、それを副食に用いているのである。子供らが釣った小魚も夕飯の食卓にのぼった。ことにウドとウルイの味噌汁は何杯もおかわりしたほど旨かった。山の豊かさが身にしみて感じられた日々であった。

ゼンマイ事始め

ゼンマイ戦争といわれるほど、真剣に採取されるゼンマイも、大正の初め頃はさほど大切ではなかったようである。そのことを聞いたのは小池善茂さんの母親、明治三十一（一八九八）年生れの小池リヨさんからであった。小池リヨさんは八十歳をすぎ、腰は曲っているが、いつ訪ねていってもにこやかで、私や他のスタッフの誰もがリヨさんが好きで、しじゅう誰かがリヨさんの家で話を聞いていたものである。

そのリヨさんは、

「オレが十六の年、三条（新潟県蒲原《かんばら》郡三条町）の渡辺林蔵って人きてな、ゼンマイ買いてぇなんていって、それからゼンマイ採るようになったんだ。ほんでオレのつれあい（夫の故小池甚太郎）が、オレ、ゼンマイ採って売ることするなんていってなー、渡辺林蔵に習ってはじめたんだ。なあーん、その頃の三面の衆は、少しは採っ

大正初期、三面ではじめて商品用ゼンマイ採取と加工をおこなった小池リヨさん

て食べる衆もあったがな、ゼンマイなんぞ、ろくに採らなかったぜぇー。採んのはウドやウルイぐれえのもんであったなー」と教えてくれた。

　リヨさんが数え年で十六歳の年といえば大正二（一九一三）年頃のことになる。この年にリヨさんは甚太郎さんと結婚している。そして二人で約二十日間ほどゼンマイ採りをおこなった。加工法は渡辺林蔵に習った、アオボシ（アオセともいう）法であった。今のように釜でゆでて干すのではなく、石を積んだクドの上に竹などで作ったスノコを敷き、その上にゼンマイを並べて下から火を焚く、いわば人工乾燥法であった。

　ともかくその年三面でゼンマイ採取をおこなったのはリヨさん夫婦だけであった。そし六〇円という現金を手にしている。大正六（一九一七）年頃の米価が一石で一九円八〇銭だったことを考えれば、六〇円が、「むらの者が見たこともないような大金だった」というのもうなずける。そしてこのことがきっかけとなって三面ではゼンマイを本格的に採りはじめたのである。前に記したゼンマイ山の慣習も、この時以来、むらびとの過熱に従ってできたものである。

　三面にとってゼンマイによる現金収入はむらの経済革命といってよかった。というのもそれまでは現金収入になるのはスゲゴザ、カモシカの皮、クマの皮や胆であった。皮や胆は高価に売れたものの、動物である限り皆が確実に獲れるものでもなかったし、安定した収入にはなり得なかった。水田はあっても、山間の寒冷地であれば米は自給するにも足りなかった。そこで三面ではゼンマイ採取のはじまる以前は二八軒しかなく、それ以上に家が増えたらつぶれる家が出るといわれ、分家も容易に出せなかった。それがゼンマイで現金収入を得られるようになると、分家が出せるようになったのである。私の調べたところによると、ゼンマイ採取が本格的にはじまった大正五（一九一六）年から末頃までの間に、少なくとも五軒の分家が出ているのである。そして、そのうち二軒は田畑をもらって分家している。三軒は田畑なしの分家であった。分家に田畑をもたせて、あるいは田畑なしでも分家できる基盤をゼンマイがもたらしたのである。

　ついでながら、昭和三十年代に入ると東北地方全体で山菜ブームがおきる。その波と、太平洋戦争後間もなくはじまった三面川のダム工事や今でも続けられているスーパー林道工事が相まって、三面は山中にありながらも平地農村と同程度まで経済水準を引き上げ、尚も分家が相次いで、現在の四二戸まで増えたのである。

堀をめぐって

エダイラの三つの水系

　ゼンマイ採りの記録、調査の慌しさが一段落した頃から、私は集落内を縦横に走っている堀を地図におとす作

●三面の全体配置図●

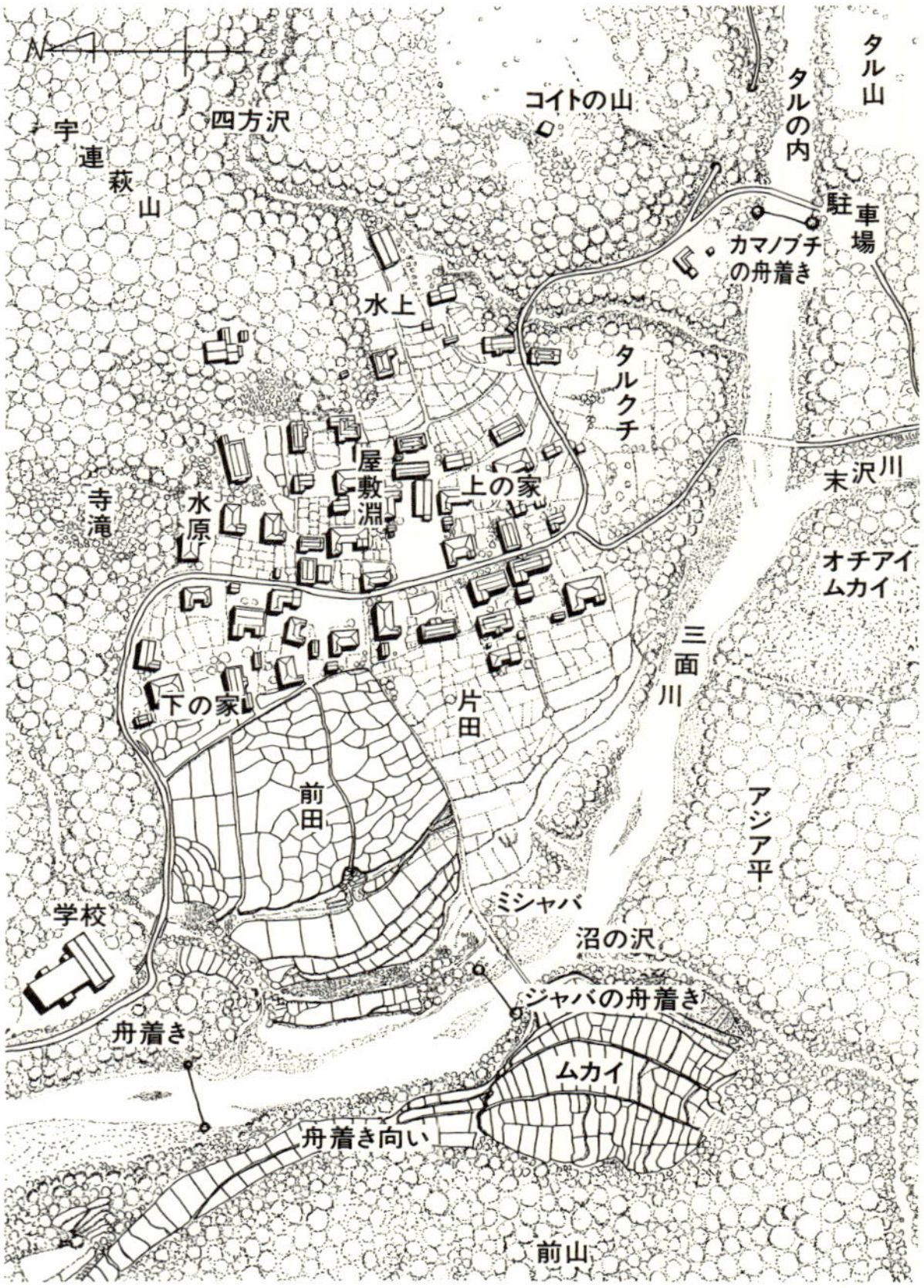

業をはじめた。堀について、私は最初の頃「下水溝だな」という認識ぐらいしかなかった。

しかし、冬の間に高橋区長さんや小池善茂さんの話で、その小さな溝が「堀」と呼ばれ、かつては三面の家々の飲料水路であったことを知り、急に興味がわいてきた。堀を地図に書きこんでいってみると、なるほど堀は家々をめぐって流れ、かつては家の中の水屋（台所）にひきこまれていたことを思わせる跡ものこっていた。

堀について高橋区長さんは、

「いや、今は下水ぐらいの役割しか果してねェども、昔は部落にとっては大切だったんだ。ほいで、夏になるとよく枯れたもんだな。そんな時は部落付近の清水の出る所まで行って水汲んで来ねばならず、ほんにたいへんだったんだ……」

と語ってくれた。普段はとうとうと流れる堀の水も、夏の渇水期にはたびたび枯れ、それでは生活に不便だから、昭和二十年代には井戸を何ヶ所か掘ってみたという。しかし、集落のあるエダイラは三面川よりかなり高い河岸段丘にあるため、深く掘らなくては水が出ないので、結果的にはうまくいかなかった。そこで、昭和四十六（一

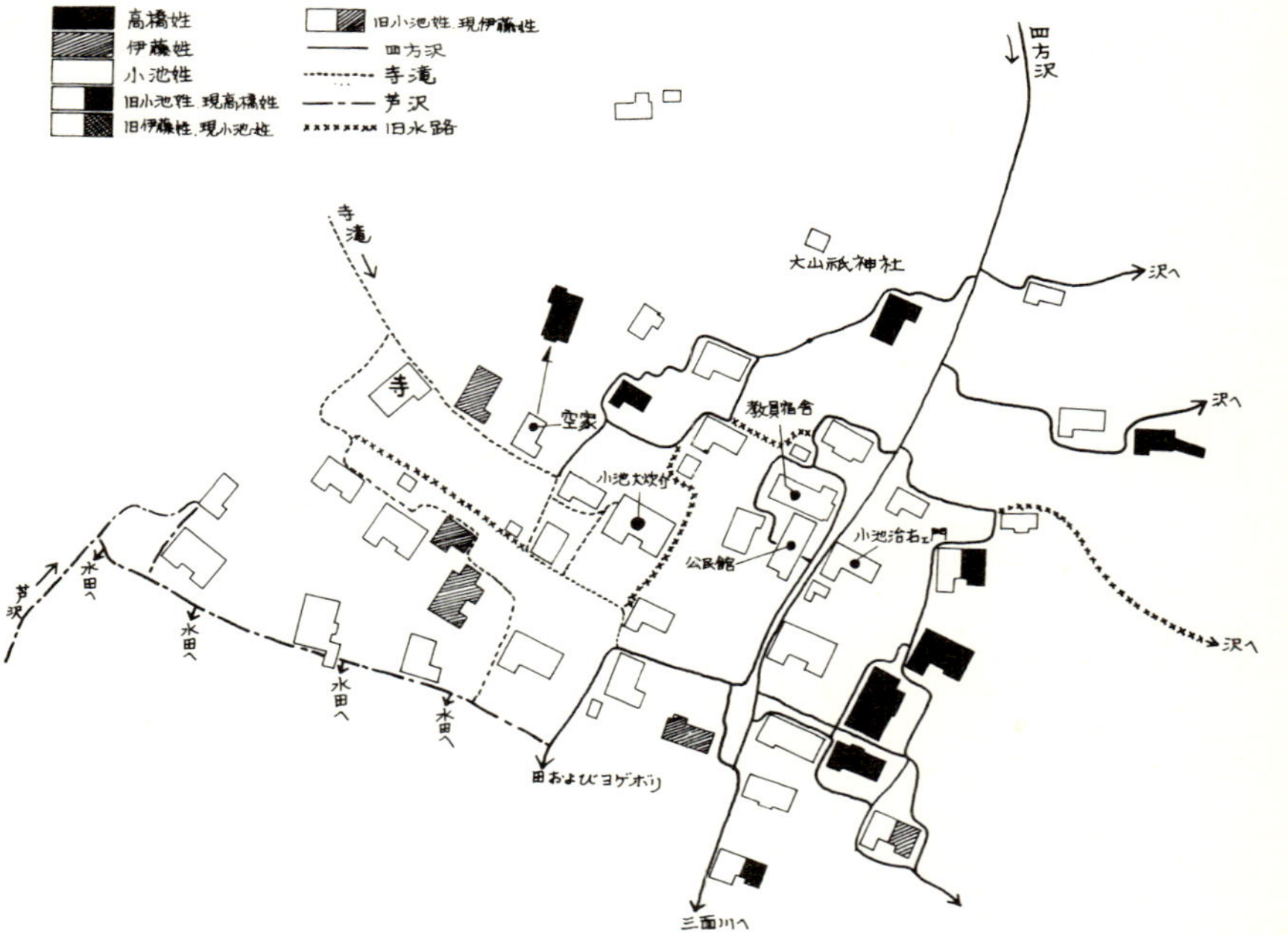

上　家々をめぐる堀。簡易水道がひかれるまでは重要な生活用水だった　撮影・田口洋美
下　家の中の水屋（台所）にひきこまれた堀の水。水をためるところをセナバタと呼んでいる
いづれも撮影・姫田忠義

九七一）年に簡易水道がひかれるまで、堀は飲料水路として重要な役割を果していたのである。

さて、三面の堀の水源は四方沢、寺滝、芦沢の三つの水源からひかれていた（図を参照）。各々の堀は途中、枝分かれしながらも家々をめぐり、最後は前田に流れこんだあと、三面川に落ちていくものや、最後の家を経たあとは直接に沢に落とされ、三面川に流れこんでいるのもあった。

一軒一軒の家ではその堀からさらに小さな溝を掘り、水屋にひきこんでいた。

私が面白く思ったのは、その水屋で使った下水を家の外の軒下に掘った穴に流しこんで、地下に自然浸透させていたという話であった。それを「ステボリ」と呼んでいた。もっともこのステボリがあったのは二、三軒だったらしい。だから大部分の家は使った水をまた元の堀に流していたのである。堀の流路の最後の家は使い水の混じった水を使うことになるが、区長さんの話では、誰もそれで病気などしなかったという。夏の渇水期以外は水量も豊富で、流れも速かったので、たいした影響がなかったのであろう。

ただ堀の水を汚さぬようむらびとは各々に注意は払っていた。例えば獣類など割くと血の出るようなものは、掘では割いてはならないとされていた。

堀が語る三面の歴史

堀や水源を地図におとしていく中で気づいたことがあった。それは堀のありようが三面の語りつがれて来た歴史の一端を裏付けているのではないか、ということであった。

慶長二（一五九七）年の『瀬波《せなみ》郡絵図』によると三面には六軒の家が記載されている。その頃のことについてはよくわからないが、三面に最初に住みついたのは小池大炊介、小池治右ェ門という二人の兄弟だったという口承はよく知られているし、私も小池リヨさんや他の人からたびたび聞いている。

リヨさんの話では小池兄弟は平家の落人ということになっている。そして、小国（山形県西置賜郡小国町）から山を越えて来て、今日の三面よりやや上流にある元屋敷に住み、その後、今日の三面に移り住んだという。

小池大炊介、治右ェ門兄弟が平家の落人か否かは諸説あるところだが、この兄弟が最初に今日の三面に住んだのは確かなようで、『羽越国境の山村・奥三面』（渡辺茂蔵編著）では、その時期を文禄四（一五九五）年頃のことではないかと推定している。

　そして、小池大炊介は三面開拓の祖として力を持ち、三面が米沢藩、村上藩の藩境付近にあるところから口留番所がおかれると、その定番役となり、米沢藩、村上藩の両藩につかえていたという（『奥三面ダム建設計画に関する学術報告書―三面の人々』財団法人　日本自然保護協会を参照）。

　さて、小池兄弟の拓いた三面に、元屋敷から高橋一族が、そして、今では猿田ダムの湖面下に沈んでいるが、泥又川、猿田川の合流点に住んでいた伊藤一族が後に移って来て、今日の三面に続く基礎ができあがったというのも、ほぼ間違いないようである。前出の『三面郷の狩猟習俗』によれば、それは寛政元（一七八九）年頃ではないかと推定されている。

　現在の三面の地を小池一族が拓き、後に高橋、伊藤一族が移り来たと、むらびとによって語りつがれている歴史は、私が地図に落とした水路や、それに伴って描いた家屋配置図によって、実証できるのではないかと考えたのである。

　というのも家屋配置を見てみると小池大炊介の家は集落のほぼ中央にあり、割合広い一画を占めている。そして小池一族がその周囲にあり、高橋一族は集落の南の端に固まり、伊藤一族は集落の北の端に割合、固まっている。このことは高橋、伊藤一族が遅れて三面に入ったことを物語っているのではないだろうか。

　さらに、堀の流れを見てみると、大炊介の屋敷には寺滝の水源からほぼ直線で、つまり最短距離で堀がひかれている。また、同時に移って来たという治右ェ門家にも四方沢からほぼ一直線に堀がひかれている。むらの三つの水源のうち二本までが小池大炊介、治右ェ門に最短距離でひかれていることは、この兄弟が三面を拓いたことを物語っていると思えた。

　小池リヨさん、小池善茂さん親子の家は屋号を治右ェ門といい、小池兄弟の弟の方の家系につながっている。その小池善茂さんが次のように語ってくれた堀の由来もこのことを裏付けてくれた。

「この四方沢の堀は治右ェ門の堀だったというんだ。寺滝は大炊介の堀だったといわれてるんだ。ともかく昔は寺滝と四方沢しか水路はなかったって聞いているな……」

　さらに芦沢については治右ェ門の分家が主に使っているので、その分家筋が拓いたのではないかとも話してくれた。芦沢まで入れると、三つの水系は全部小池一族が拓いたことになるのである。高橋一族の使っている堀も四方沢の水だが、それは直線的にのびた堀の途中から南に堀を掘ってひいている。多分、治右ェ門の堀を分けてもらったのであろう。

　ついでにこの三本の堀に小池、高橋、伊藤一族がどれだけ利用しているかを区分けしてみると次のようになった。

	大炊介	治右ェ門	高橋系	伊藤系	計
四方沢	2	12	6	2	22
寺滝	4	2		3	9
芦沢		4			4

この表は昭和三十年頃の戸数で作ってみた。堀からはずれた三軒と寺は省いている。善茂さんの話では分家に出る時は部落のみんなに頼んで水を分けてもらい、別に小池がどの堀、高橋がどの掘ということなく分けあったというが、それでも四方沢は治右ェ門、芦沢も治右ェ門、寺滝は大炊介、という図式が見えてくるのである。

今の私にはこれ以上のことはわからない。ともかく掘がこのように三面の開拓史の一端を物語っていることがわかって、たいへん興味深かった。

川漁の夏

夏の三面は緑の洪水であった。周囲の山々の木々は深い緑に染まり、田も畑も青々としていた。その深い緑のせいか三面の夏はあまり蒸し暑さを感じさせなかった。ただ日ざしだけがジリジリと肌を焼くように強かった。

夏の日中の集落の人影はまばらであった。働ける者は、男も女もスーパー林道の工事や林業関係の仕事に出払っていた。スーパー林道の工事は昭和四十六年にはじまって以来、三面の人々の現金収入源になっている。林業関係というのは国有林の杉林の間伐や下草刈りである。営林署の雇われ仕事で、六、七人が従っている。他に小国町の木材業者によるパルプ材の伐採に五人ばかりが働いている。五十七年五月からは三面周辺の山の官民有林区分の測量がはじまり、それにも十数人が出かけている。

これらの仕事に出ないおばさんたちが朝早くから近くの沢や川岸でクマザサの葉を採っていた。クマザサの葉は村上の商人に売られ、笹餅用になる。多少の小遣い稼ぎにはなるらしい。

今はこのように、日雇い仕事に明け暮れている夏も、二十数年も以前の三面ではカノと呼ぶ焼畑の時期であった。三面の焼畑は五、六月頃に焼く春カノと、七月二十日頃に焼く夏カノがあった。春カノでは大小豆、粟を播き、夏カノには大根、ソバ、カブなどを播いた。

カノを作った場所、カノ場は元屋敷対岸の村有地の南向きの斜面で、東西二キロ約一〇〇町歩強あまりある。それを順々に焼いていった。カノ場はその年作りたい家々で相談して決めたという。それをカッパツケと呼んだ。夏カノの場合は、旧盆前後のことらしい。家々の労働力によってまちまちだが、平均して一年に二、三反は新規に作付けをおこなったという。カッパツケが終ると草木を刈って乾燥し、七月下旬から八月上旬までに焼いた。そして一年目はソバ、二年目はアワ、キビ、三年目にはアズキを播いて、それで放棄したという。また、大根やカブはカノ場の中でもやや湿気の多い比較的肥えた土地を選んで植えていた。

七月の終り頃、夏休みに入った子供たちの声が三面川の川原に響くようになった。夏の川は子供たちにとって絶好の遊び場で、水泳や川魚獲りに興じているのである。三面川は小魚が豊富だった。小さな子供たちは川石をはぐってカジカを獲るぐらいだったが、中学生ともなるとヤスや水中メガネを持って沢の奥深くへ出かけ、たいていイワナの七、八匹は突いて来た。

川での突き漁は子供たちには夏の格好の遊び。イワナ、ウグイ、ハヤなどが獲れる　撮影・古沢広祐

今はこうして、子供たちが楽しむだけの川漁も、昭和二十八（一九五三）年の三面ダム完成以前は、大人たちもやったものであった。ダム完成以前は夏は大量のマスが上って来て、田畑の昼飯時や仕事を終えてから、男たちは盛んにマス突きに行った。

隣家の小池定市さんは、

「お盆なんかね、田やカノ（焼畑）の仕事に出るとね、昼飯休みを早くして、午後三時頃までマス獲ったもんだよ。川に潜って鉤でひっかけたり、ヤスで突いてね。サケは来なかったな。猿田発電所のとこにシン滝っていう高い滝があって登って来ねがったな。マスは一人で五匹も一〇匹も獲ったもんだよー」という。

夏の七、八月に獲ったマスは、塩をまぶして栃の葉でくるみ、ワラ縄を巻いてアラマキにした。アラマキは冷たい清水の湧くところにつけておき、雪の降る頃になるとあげてきて、軒下やイロリの火棚に吊るしておいた。冷たい軒下におけば二ヵ月ぐらいは保存できた。そうしたアラマキを一軒で一〇本以上は作って、冬の保存食にしたという。

夏のマス獲りといえばカギノイオという面白い習慣も聞いた。仲間を組んでマス獲りに行った場合、獲ったマスは平等に分けるのが原則であったが、一人で四本以上獲った人には報償として一本余分に分け前があった。それも一番いいマスを分けてもらえたという。

川漁ではマス以外にカジカ、ヤマメ、ヤブザッコ（稚魚）などさまざまな魚を獲った。これらの中でマスに次いで重要なのはイワナであった。イワナは主に秋にドウ（筌）で獲った。昭和の十年頃はそのドウが重くてあげられないほどイワナが獲れたという。ドウをつける場所はドウ場《ば》といって各々の家で決まっていた。それを互いに侵さないようにしたという。

ドウ場で興味深いのは中の沢、荒沢のドウ場だった。この二つの沢はカグラ宿の専用のドウ場であった。カグラ宿というのは、毎年十二月十二日におこなわれている山の神の祭りの当屋のことで、むらの各戸が一年毎に順番に宿になった。カグラ宿になった家は祭りのまかないを全て負担することが決められていて、そのまかない用に二つの沢がむらから提供されていたのである。

こうしたイワナは米、塩、コウジを混ぜた桶につけられ、なれ鮓《ずし》にして保存され冬期の食糧となった。秋に獲ったマスも鮓にしたという。

イワナ用のドウ（筌）。秋、沢口などに仕掛けられた。今日では、ほとんどドウによる川漁はおこなわれていない　撮影・森本　孝

深まりゆく秋の山で

田と稲をめぐって

九月半ばになると、幾分日ざしもやわらいできて、だいぶすごしやすくなった。稲穂も黄色く染まりはじめ、稲の香りが立つようになった。むらの人たちは稲の最後の消毒に足しげく水田に通っていた。この頃、大きな台風がやって来て、実りの近い田や山を引っ掻きまわし、むらの人を慌てさせた。多くの田の稲が倒れ、むらの人はいちいちそれを起こして歩かなくてはならなかった。

九月から十一月にかけて三面は収穫の季節となった。日を追って紅葉していく山々や空の気配を感じながら、早い季節の移り変りに追われるように、むらの人々は田や山に分け行っていった。

三面の水田は前田や川向かいの田だけでなく、元屋敷や下向《しもむ》かいにもある。また、ちょっとした河岸段丘にも水田が拓かれていて、それが案外と多く思われた。現在は二四軒の家で約一〇町歩ばかりが作られているという。だが明治の頃はもっと作られていて、福井大学の杉本寿教授の報告によれば、明治二十一（一八八八）年に一四町八反二畝あったという。それが第二次大戦後の昭和二十六（一九五一）年には一二町三反八畝に減り、今日ではもっと減っている。水田の減った原因のひとつには、河岸段丘上の水田の中には洪水に流され荒れたものもあると聞いたし、現金収入が増えて耕作に不利な水田を放棄したものもあると聞いた。また、戦後は湧水を水源にしていた水田の中には水が枯れて耕作できなくなったものもあると聞いている。戦前から戦後にかけて国有林がかなり伐採されたというから、それが原因かも知れない。

三面で稲刈りがはじまったのは九月下旬だった。私たちのスタッフも二人ずつ組んで、朝早くから夕方まで稲刈りを手伝わせてもらった。私自身の気持をいえば、むらの人たちが働いているのをただ横でボーッと見ているのは働くより苦痛で、自己救済の気持もあって手伝わせてもらった。

稲刈りを手伝っていて、背の高い稲と極端に低い稲と二通りあるのに気づいた。背の高い稲は主にモチ米で、低いのは早稲だった。早稲は東北のような寒冷地に適した短期成長型の品種である。この品種が三面に入ってきたのは昭和三十年代のことらしい。

早稲の導入は三面にとって大きな福音となった。かつての三面は反当りの収穫高は三、四俵がいいところであった。山間の事で水田が山蔭になり日照時間は短いし、水も冷たかったからである。それが今日では反収七、八俵は採れる。かつては飯米さえ小国方面から二〇〇俵あまりも買わなくてはならなかったが、今では飯米を確保したうえで、むら全体で逆に二〇〇俵も供出しているのである。もっとも、反収の伸びには、化学肥料の導入や水苗代から保温折衷苗代への転換、あるいは機械化といったことも大いに関係している。早稲の導入と同時にスーパー林道やダム工事、あるいは山菜などのブームもおこり、現金収入も増えたことによって、水田に投資する

末沢川の河岸段丘に拓かれた水田。明治20年頃には三面全体で約14町強の水田が拓かれていたが、今日では10町内外しか作られていない　撮影・森本　孝

ことが可能となったのだ。

稲を刈りながら、水口付近の稲が極端なまでに弱々しいことにも気付いた。寒冷地に強い早稲といえども、直接冷水の当たる水口の稲はどうしても成長が悪いのである。早稲の導入される以前、水口に近い水田には、稗が植えられていたという。小池善茂さんに稲と稗の割合を聞いてみると、ほぼ三対一であったという。もっともこれは収量での比較であり、植えた面積では三反の水田があれば、うち五畝くらいは稗を植えていたという。

そうした水口に植えた稗の話から私は水田の水の引き方について興味が湧いて来て、いくつかの水田の水の引き方を作図してみた。すると興味深いことに気づいた。三面の用水路は沢水や清水（湧き水）を水源としてひかれているのだが、ほとんどの水路がわざと蛇行してひかれていたのである。極端な例になると三メートルばかりの間に五回も水路を蛇行させていた。また高橋源右ェ門さんの水路のように、一度田の取水口付近まで持ってきた水路を更に引き返えさせ、もう一度取水口まで引きもどしている例もあった。長い水路を通すことによって少しでも水を温めようという工夫だった。こうした水路をヌルメと呼んでいた。また、引いてきた水路をそのまま水田に落すのではなく、一度「タメ」と呼ばれる池に入れ、そこから水田に落としていた。これも水温を高める工夫であった。

更に棚田では、下の田へ畦ごしに水を落としてい

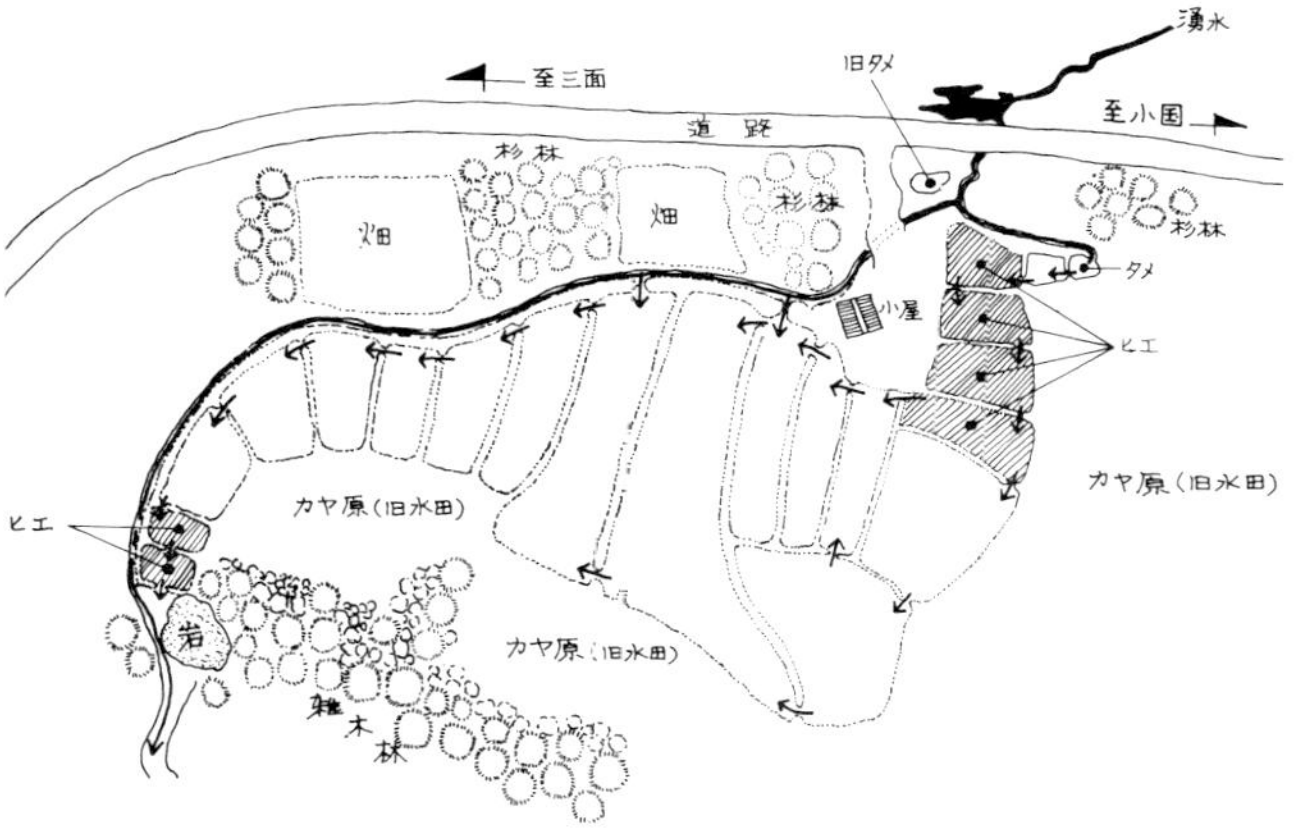

●タメのある水田●
三面集落より約１キロばかり下流の三面川右岸にある棚田。川に落ちこむ、比較的傾斜のゆるやかな斜面を棚田に拓いたもの。水田の用水には林間の湧き水を使っている。湧き水は冷たいので、用水路の途中にタメと呼ぶ小さな池を掘り、そこで少しでも水をぬるませてから１枚１枚の水田に落としている。また、取水口、落し口は田の一方に寄せてつけられ、冷水が田全体にまわりにくいように工夫されている。これだと田の中でぬるめられた水も逃げにくい。こうした工夫を重ねてもなを、寒冷地に適した早稲品種が入ってくるまでは、水口に近い３、４枚の田には稗が植えられていたという

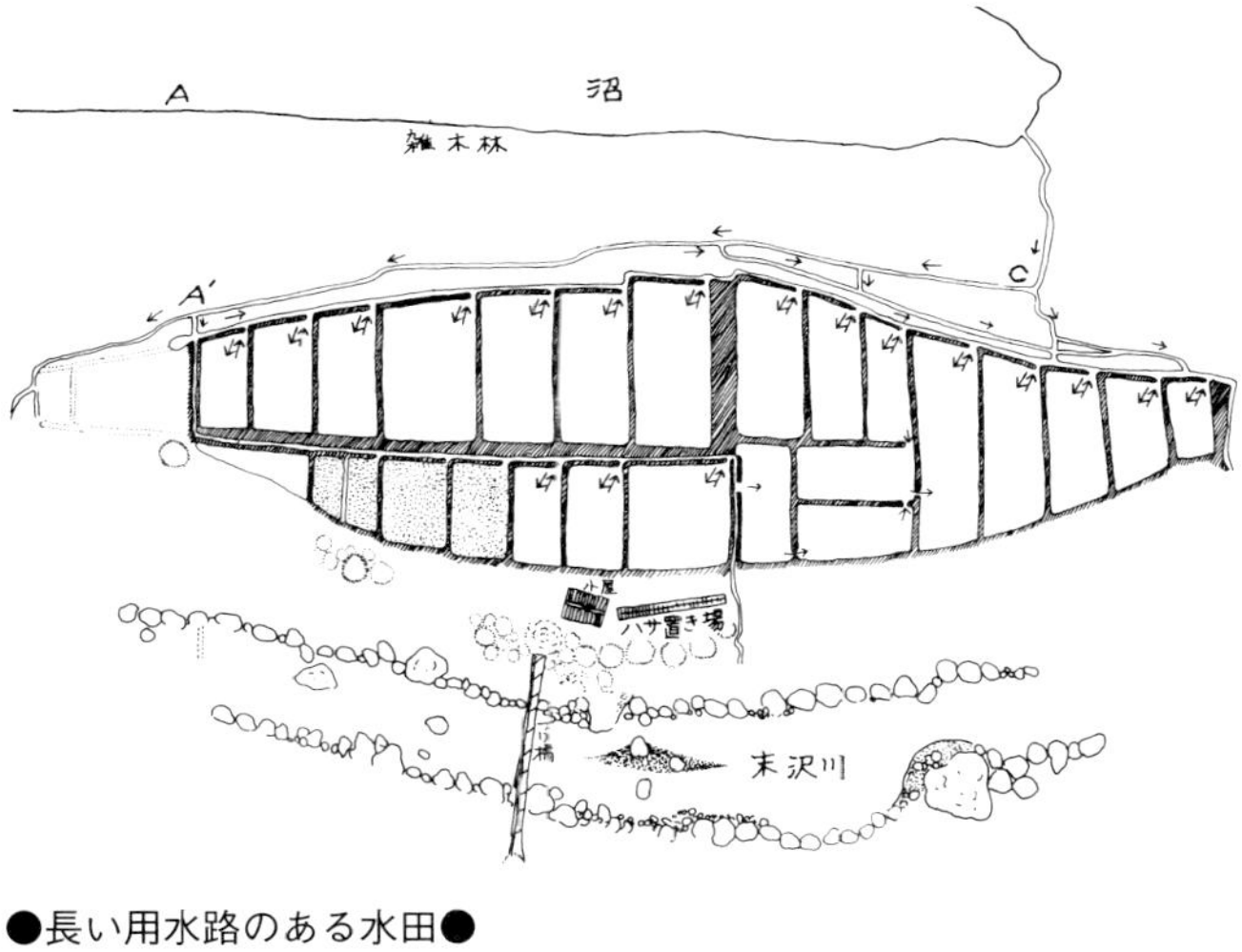

●長い用水路のある水田●
集落すぐ近くの末沢川の氾濫によって拓かれた水田。用水は沼の沢に堰を作って大沼にひき、大沼の沼尻から水田に落としている。堰から水田まで約5、600メートルで大沼が水をぬるめる役割を果たしている。また最短距離のAA'間に堀をつけずCからA'間に堀をひいているのも水をぬるめるためである。さらに水田から水田に直接に水を落さず、堀を水田に平行にひき、取水口と落とし口を一ヵ所で共用させているのも、いったん水田の中であたたまった水を逃げにくくする工夫のひとつである。

三面の棚田（上）と曲りくねった用水路（下）。棚田では左側の小さな水田で用水の温度をあげ、右側の大きな田に落とす。小さな水田ではかつては寒冷に強い稗が植えられていた。曲りくねった水路も水温を少しでも高めるための工夫　撮影・（上）西別府 出（下）古沢広祐

くのだが、その落とし口にも工夫があった。落とし口をどちらか一方の側に寄せ、次々に下の田へ水を落していたのである。そうすることで新しく流入してきた冷水も流勢に押されてそのまま下の田への落とし口に向かい、水田の温まった水が流失しにくいのである。段丘上の平地面に拓かれた田の場合は一枚一枚の田の横にそって水路がひかれ、田の取水口、落し口を一つにしてあった。これも用水路の水量によって田の水量も加減され、田の温まった水が長くとどまることができる。

こうした工夫の中で三面の田作りはおこなわれてきたのである。それでもなお水口の田には稗を植えたというから、三面の人の苦労がしのばれる思いであった。

山の恵み

田の収穫が進む中で、山に入って行くむらびとの姿もチラホラと見かけられた。山もまたキノコや木の実の盛りを迎えていた。三面の山はキノコも木の実も豊かだった。代表的なものをあげてみると、キノコ類ではキクラゲ、オリミキ、モタセ、ムキダケ、トビタケ、ワカエ、ナメコ、マスタケ、マイタケなど、一〇種類くらいは直ぐにでてくる。また、木の実ではクリやクルミ、トチの実などが代表的だが、他にも山ブドウやアケビ、また、かつてはブナの実なども採集された。ただ、五十七年の秋は強い台風のせいで、こうした山の成り物は全て例年より悪かった。

キノコ採集は実は夏のキクラゲからはじまっている。キクラゲは雨降りの翌日によく出るそうで、雨上りの早朝、テゴを背負って山へ入る人の姿を見かけた。採集されたキクラゲはムシロの上に広げ、天日で乾燥させる。そして、小国町の商店に売ったり、自家用にも保存する。

九月の下旬になるといろいろなキノコが生えてくる。道からちょっと奥へ入った雑木林ではオリミキが黄色い頭を出し、モタセ、ムキダケ、トビタケなどが出る。杉の根元には杉ワカエが白い扇状の姿を見せ、古木の根元には朱色の巨大なマスタケ、ナラの木の根元にはマイタケ（サルノコシカケ科のキノコ）がと、次々にキノコが出はじめる。

こうしたキノコの中で最高級はなんといってもマイタケで最高値の時はキロ当り一万円以上の値で小国町などの商店に売れる。そのため、マイタケの生えている場所は親子でも教えないといわれるほどだ。

秋の一日、これからマイタケ採りに行くという小池定市さんに無理にお願いして岩井又沢に連れていってもらったが、片道三時間の道のりをかけたにもかかわらず、結局たった一個のマイタケを採集できただけだった。

マイタケ以上にむらに現金収入をもたらしたのはナメコの栽培であった。ナメコ栽培は昭和三十四（一九五九）年にはじまり、昭和四十（一九六五）年にはナメコ組合が結成され、十五戸が加入した。組合の缶詰工場もできた。組合に加入していない家でもナメコを栽培し、組合の工場や個人の工場を利用して缶詰を作り出荷している。

木の実も三面の暮らしの中では重要な食糧源のひとつであった。昔は実にさまざまな木の実を採ったそうで、小池リヨさんは次のように語ってくれた。

「トチやクリはいっぺェひろったぜー。それにオラ方の衆は、シダミなんていってんがね、ナラの実、シダミもトチみてえにして餅にして食べたね。ブナの実も妙って皮むいて食べるとおいしいんだども、今、誰もとらねェー。

アケビの皮もうめえもんだぜー。マタタビは盆すぎたころだが塩漬にして食べたな。昔はなんでも採って食べたもんであった……」

トチやクリ、あるいはクルミといった木の実は私たちでも想像できる。しかしアケビの皮やブナの実などは、

クリ拾い。クリを拾いやすいようにクリの木の周囲はむらびとが草を刈っている　撮影・森本　孝

思いもしなかった山の幸だった。アケビの皮は軒下に吊るして乾し、食べる時は細く切って油でいためたり、味噌であえて食べた。私も何度かアケビの皮を食べさせてもらったが思いのほかうまいものであった。トチは長い工程を経てシブを抜き、トチ餅などに加工されて食べている。トチ餅は普通の餅と異なって、なかなか固くならず、今日でも狩りの時の携帯食になっている。

さて、こうした木の実は等しく大切な山の幸だが、中でもクリは最も重要であった。それはクリには留山という制度が今日でも残っていて、留山の口が開かないと採集できないことでもわかる。留山の対象になるのは部落共有林である対岸の前山で、中腹から下は全てクリ林になっている。このクリ林のクリはむらグリと呼ばれ、九月下旬から十月初旬頃、クリが熟れて落ちるのを待って、区長がクリの口開けをむら中に伝え、翌朝の五時頃から人々がいっせいに出て拾う。拾ったクリは一ヵ所に集められ、各戸から出た人数に応じて平等に分配される。多い時は一日で二斗も分配があった年もあるらしい。今では見られなくなったが、昔はクリの口開けがあった晩は、翌年の豊作を祈って、青年団がクリ拾い餅というのをつき、

「ツキアイすっか！」

といって酒を飲んだらしい。

村グリの口開けは二日に一回で、これを四、五回繰りかえし、ほぼ拾い尽くした後は、むらびとの間で相談したうえで、自由に拾っていいことにした。こうした口開けが厳密だったのは前山のクリだけで、他のクリ林のクリは誰がいつ拾ってもよかった。

クリは川砂に埋めて保存する　撮影・森本　孝

秋も深くなるとあちこちのカヤ場で雪囲い用のカヤを刈るむらびとの姿が見かけられる　撮影・森本　孝

この年のクリの口開けは十月八日だったが、台風のせいか、余りクリの成りはよくなかった。

クリは自給用の食糧でもあったが、戦前も戦後も小国町の商店に売りに出し、それで冬の飯米を買ってきた。小池リヨさんの話では男衆の中には一人で一八貫もクリをかついで行く者もあったという。

クリ、トチなどの秋の木の実は、田の実りの悪い山間の三面にとっては当てになる食糧であり、かつ、処理方法によっては保存も効くことから、冬の保存食としては大きな意味を持っていたのであろう。

冬に向かう日々

十月十日を過ぎた頃から山々の紅葉は盛りになった。全山が紅くなったといっていいほどの見事さだった。三面の山々は急傾斜で杉などの植林に向いてない。ほとんどが落葉広葉樹で覆われているのである。

紅葉が深味を増すにしたがって、家々の軒下や庭先にアケビやキノコ、大根などを干したり、吊したりするむらびとの姿が目立つようになった。雪の季節への備えがはじまったのである。

この時期、私は仲良くなった小池善栄さん、伊藤勘一さん、小池定蔵さんなど、むらの中でも比較的年寄りの方々の家で過ごすことが多かった。

半日晴れると半日曇るという日々が続き、午後は肌寒くなる。すでにもう、私の訪ねるどの家もストーブに火が入っていた。むらの中を歩いてみると、いつの間にか軒下などに薪も積まれていた。晩秋から春先までにストーブで焚かれる薪はおよそ二〇石ほどらしい。他に焚き付け用の柴木が二、三石はいる。一石、二石といっても戦後生まれの私にはピンとこないが、一〇立方尺で一石になるという。薪材は春先に村有林や払い下げを受けた国有林から伐り出され、それが翌年の冬用の薪材となる。

例年、むらの人が出稼ぎに出ていくのは、十二月十二日のむらの山の神の祭り、三面でいうカグラ祭りが終ってからが多いのだが、五十七年は、十一月になるともう出稼ぎに出て行く人もあった。戦前は出稼ぎに出る家は一、二軒しかなかった。その頃、冬はカモシカ猟やクマ猟など三面の人々にとっては最大の稼ぎの季節だったからだ。戦後、猟が大幅に制限され、冬の仕事としては成り立たなくなり、出稼ぎに出ざるを得なくなったのである。また、車の入る道もでき、都会の物資も流入し、自給の体制が崩れ、現金収入を必要とするようになったことにもよるだろう。昭和三十年代には十数軒の家が出稼ぎに出ていったというが、五十七年の冬は六軒であった。他に冬だけ一家で村上に下りる家が五軒あった。

●三面の生活暦●

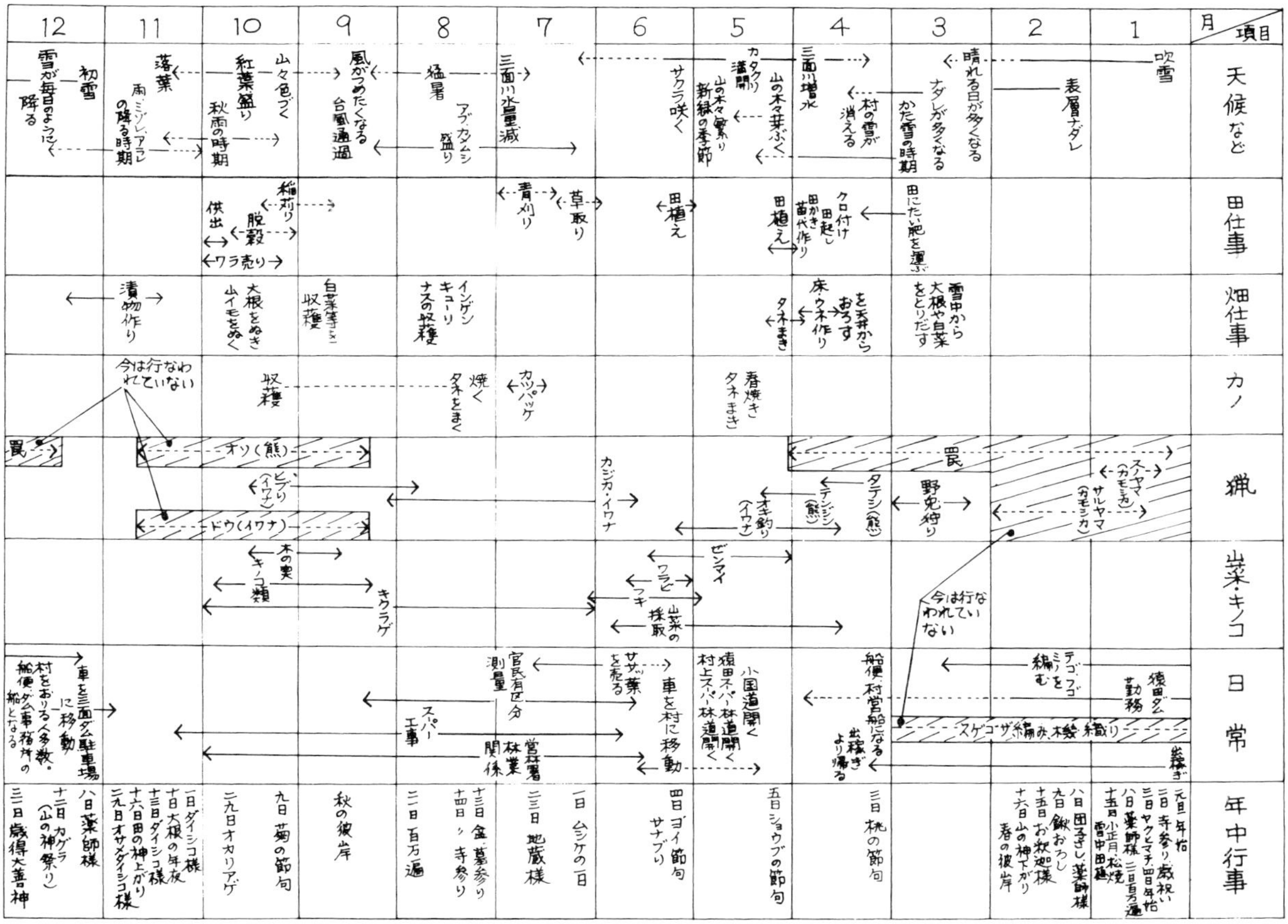

十一月の中旬頃、公民館の広場は朝日村農協のトラックが運んで来たドラム缶の山になった。一冬を越すだけの燃料やその他の生活物資が運ばれてきたのである。私たちの宿も五〇キロのプロパンガス二本とドラム缶五本の灯油を運び入れた。

これより少し前、むらの周囲のカヤ原では女の人たちによるカヤ刈りが見られた。雪囲い用のカヤであった。カヤは自分の家を囲うためだけでなく、寺や学校、公民館など公共の施設を囲うためにも刈られる。「寺茅三束」といって一軒の家で三束のカヤを供出する義務がある。そしてむらの家々はしだいにカヤで囲われていく。私たちの宿も隣家の定蔵さん定市さん親子に教わりながら雪囲いをし、水道にもワラ縄を巻きつけた。これは一日がかりの仕事となった。

私たちが借りて植えた畑もたくさんの大根ができていた。むらの人の作った大根に比べると、子供のように小さかった。区長さんには「それは大根じ

大根を洗い、保存用の干し大根をつくる　撮影・田口洋美

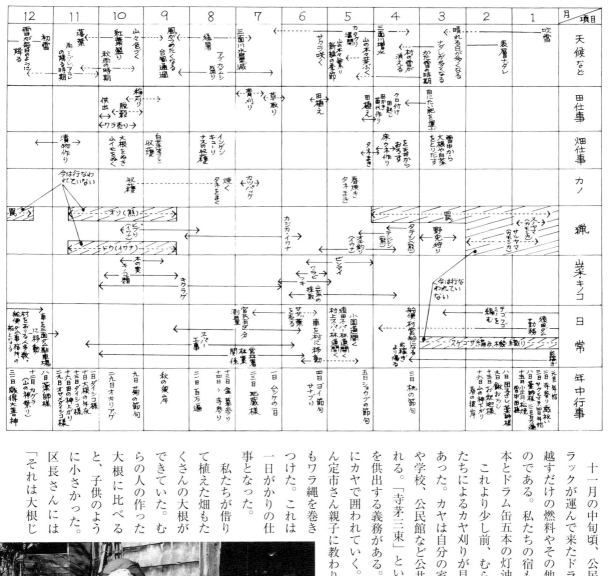

冬に備えた暖房用の薪
撮影・森本　孝

ゃねぇ、小根だ」とからかわれた。むらの人のように干し大根を作ろうと堀や水道の水で洗ったが、手を切るような冷たさだった。

ある日集落を歩いていると、小池イシノさんが庭先でサトイモの茎の皮をむいていた。

「これわねー、今食べるんでなくて、冬にね、味噌汁の実にいれたりするんだよー。今の衆は他所から買ったうまいものばかり食べてるから、こんなもの食べないけどねー。食べねば捨てるだけなんだけどもねー、軒にかけて干しとくんさ。食べる時は水にもどしてね、うまいんだよー。今は女衆は忙しいんさ。漬物だって漬けるんだよー。大根も、大根の葉も、フキも、ワラビも、キュウリも、ナスもみんな漬けるんだよー」

ということであった。どれほどの量を漬けるのか聞いてみると、大根だけで三、四桶は漬けるという。

家の外でも中でも三面では着々と冬を越す準備がすすめられていた。

「あー、また雪降ってくっかと思うと、せつなくてせつなくて、ホニ、どうしょうかと思うどもねー」

と、隣の定蔵さんの奥さん、トリエさんが鉛色の空を見上げながらつぶやいた。たった一年間の滞在ではあったが、私もそのせつなさを感じられるようになっていた。

十二月に入ったばかりのある日、とうとう雪が降ってきた。この日一日でむらは真っ白になった。冬はもう目の前に迫っていた。

去りがたき三面

昭和五十七年十二月五日、ほぼ二一〇日に渡った滞在に一応の終止符を打ち、私は「住み」なれた三面を去った。去り難い気持でいっぱいであった。というより帰るのが嫌だった。スーパー林道を下って行く車の中でしきりに三面の風景や人々の顔がしのばれた。

私が五十七年の冬、三面に飛びこんだ時は三面のことも調査のことも何も知らず、また何をしていいかもわからなかった。「ただ一年間そこに居るだけでもいいのだ。二度とできない貴重な体験になる」という先輩の言葉を信じて三面に通い、居続けた。そして日々が過ぎていくうちに、三面の人々の中にも親しい人ができ、今度は自分の心の中からも居続けたいという気が湧いてきた。その思いは自分ではまだ充分に説明しきれないでいるが、何も知らない私を暖かく迎え、付きあってくれた三面の人々に応えたいという思いであったかも知れない。

私は三面にいる間にいろいろと悩んだこともあった。恥ずかしげもなくいえば、私の将来のこと、人生のことであった。そしてそれを三面の人と話したりもした。みんな親身になって考えてくれた。

しかし、実は若い私の悩みなんかものの数ではないような大問題を三面の人々はかかえていた。それは間近に迫りつつあるむらの移転の問題であった。三面がすっぽりと沈んでしまうというダム建設が本決まりとなって、私の滞在中にも既に基礎工事に進められていたのであ

村の寺の雪囲いは村仕事。各家が３束のカヤを持ち寄って作業する　撮影・森本　孝

る。そしてむらではダム工事や移転補償をめぐって、度々、会合も持たれていた。

私はそのむらの問題には全く触れないできた。触れようにも触れるだけの力が私にはなかった。安易な気持で口を出せるような問題でもなかった。そうしたことに目をつぶらざるを得なかった自分が悔しくもあるし、また、むらの人にもすまない気持もある。私だけが一方的にむらの人々の好意に甘えていたのである。

今、長い滞在を終えて、私は三面というむらに強く愛着をいだいている自分を感じる。むらが続く限り、あるいは、ダムができ三面の人々がむらを離れてしまっても、私は三面の人々に会いに行きたいと思っている。相変らずむらびとの好意に甘えることしかできないかも知れないが…。

最後になったが全ての三面の人々に、この場を借りて厚くお礼申しあげたい。三面の人々に私は育てられたと感じている。またこの私の滞在も調査も私ひとりの力でなしたものではない。朝日村教育委員会の方々にも世話になった。民族文化映像研究所の姫田忠義さんや、姫田さんを通してではあるが、トヨタ財団の方々にもお世話になった。また、調査や撮影の先輩方にもお世話になった。本当にありがとうございました。

（注）この特集のもとになった三面の調査は、トヨタ財団の昭和五七年度の学術助成金による民族文化映像研究所所長姫田忠義氏を代表とする『映像手段を活用した山村生活の基礎的成立条件と生活文化の記録研究』です。

著者あとがき

青ヶ島のちょっとアバウトなあの頃のこと

菅田 正昭

宮本常一先生が青ヶ島への最初で最後の旅をされたのは、昭和四一年七月二七日から二八日にかけてのことである。もう四六年も前のことになるが、その間で最も変貌した光景は青ヶ島の表玄関の三宝港である。当時は荒磯に文字どおり突堤がちょっと突き出ただけの、南風と西風には滅法弱い「港」とは呼べないような港だった。

時化《しけ》れば定期船が一ヶ月以上来ないことも珍しくはなかった。同じ月の初め、NHKの取材班が『牛とかんもと神々の島』（昭和四一年九月二六日放送）の撮影のため来島しているが、風の影響か、港湾設備がゼロの神子ノ浦のほうへ寄っている。宮本先生の場合は三宝港だが往きも復りも八丈島の漁船を利用している。そして、その晩は当時、青ヶ島中学の国語の教諭をしていた小林亥一氏の住宅に泊まっている。

わたしが役場職員になるため、青ヶ島へ渡ったのは、それから五年後の昭和四六年五月一〇日のことである。写真で確認すると、まったく同じ状態の三宝港である。だが、ひさびさの入港ということで、島民の半数以上がまだ荒磯状態の三宝港へ四キロ以上の山道を歩き、重箱入りのご馳走を持ち寄って集まり、艀から降ろされたばかりの食料や、港で釣ったばかりの魚の刺身を、艀作業の喧騒の中で共食するという「浜見舞い」の風も遺っていた。クニしゃんから来とうトウキョウの人の中には、オカベへ上がると天候急変で戻れなくなるということで、港で用事を済ませるということもあったくらいである。

折角延伸された突堤が一夜で波に取られたりすることもあったが、その後の三宝港の変貌はめざましい。日本の離島としては最後まで残っていた艀作業の光景もいつしか消え、わたし自身は昭和四六年五月～四九年一月と、平成二年九月～五年七月の二度、青ヶ島に住んでいるが、最早「浦島太郎」状態である。今や、物流の表玄関は三宝港だが、人的交流のほうは長ノ平のヘリポートへ移っている。

青ヶ島へ住み始めた頃、恐山のイタコのように神懸りする巫女がいると知って、いろいろ話を聴きたいと思った。「昔はあったけど、そごん変どう者は、ま（今）はなっけが…」と教えてくれた小母さん自身が巫女だった。わたしが仕事で日常的に接していた人のほとんどが巫女や社人だった。青ヶ島の歴史を知りたいと思って、いろいろ訊ねてみたが、高津ジイ（『黒潮のはてに子らありて』の著者、高津勉氏（一九二七～）や小林ジイ（小林亥一氏）が調べつくしたので、そのうち本が出るだろうからそれを読め、といわれたのである。ちなみに、ジイは爺ではなく大人の義。

そこで、役場の勤務がひけると、神々を祀ったイシバへ出かけ、苔むした祠を手にとっていろいろな角度から眺め、ノートに書き写したり、カミそのものに問いかけた。すると、カミガミ（精霊たち）が語り始めるのである。そうこうするうちに、社人の一員に加えられ神社の祭りに参加するようになった。役場でのわたしの仕事は福祉部門全体（その他もいろいろ）だったが、そこでの情報はひじょうに役立った。また、艀組合の「三宝港上の倉庫」担当の小頭としての仕事も、島の理解にはとても役立った。わが二〇代の離島生活である。

カメラマンのつぶやき

伊藤碩男

越後奥三面に通って四年目ぐらいだったろうか、借りている家の前から前山（七七七メートル）がいつも見えていた。麓は栗林。その上に大きな松の木がすっくとたっている。その場所なら三面の全部が見える筈だ。

村人の話では、狩りを終えて、この松の木にくると、無事に帰ってこられたと一安心するのだそうだ。そして声を張り上げて「帰ったぞー」とおらぶ。聞きつけた家人はそれから竈に火を焚きつけて狩人たちが帰ってくるのを待つ。帰り着くころには丁度飯が炊きあがっているのだそうだ。

ある秋の一日、茸採りに連れて行ってもらった。前山をずっと登っていった奥にキノコのたくさんとれるブナ林帯が続いている。狙うのはマイタケだ。

マイタケは近ごろでは養殖技術が発達して珍しい茸ではなくなったが、われわれが三面に通っているころは、珍奇な部類の高価な茸だった、見つけるとうれしくて踊りを踊ったというのが名前の由来になっているくらいだ。別の話では、びっしりついた傘が、まるで人が大勢踊っているとみなして付けたともいう。古くは今昔物語集にも出ているそうだ。

大きなマイタケを見つけた、ナラの幹の裂け目にこんもりと丸くなっている。直径六〇センチほどの大きさだ。キノコってこんなに大きくなるんだという驚きが喜びに変わって舞い上がってしまう。連れて行ってくれた人は踊りは踊らなかったが、山刀で慎重にはずしはじめた。一抱えもある大きさだ。羊歯などを並べてそっと置く。大きな収穫に自然と笑顔がはち切れる。話によれば、このナラの木によく生えるそうで、この所在は秘密にしているとのことだ。毎年出るというものでもないようだ。数年おきに生える。

羊歯で包んで背負い紐を架け、山を下り始めて、村を一望できる松の木までやってきて小休止。村まではもう直ぐだ。

この休み処へは実は春、雪が消えて山菜の季節になったころにも上っている。三面の人たちはぜんまい採りで忙しくなる。山の中に建てたぜんまい小屋に犬や猫まで連れて移住してしまうほどだ。ぜんまいが終ると直ぐ田植えとなる。そのころ前山に上った。

たまたまブローニー版のカメラを持っていて、村の全景を収めようとした。家の庭に最後のぜんまい干しの筵が百人一首の歌留多札のように拡がっている。

ふと気づくと遠くに朝日連峰の山が残雪を惜しむように抱えて見えているではないか。それを目ざとく見つけた田口君が感嘆の声を張り上げてその勢いに押されてシャッターを切った。カメラは上から覗く式のゼンザブロニカで、構えると如何にしてもロウアングルになって草木が邪魔して良い構図が取れない。そこで、カメラを逆さにし、両手で高く上げ下から覗いて、シャッターを小指で押した。こんな経験は初めてで、自信がない。小指でシャッターを切って、ブレる恐れが多分にあったからだ。ゼンザブロニカはシャッターショックがかなり強いフォーカルプレーン式だ。同じ形のスウェーデン製のハッセルブラッドはレンズシャッター式でショックは少ない。何枚か撮れればよいが、ブローニーフイルムは高い。経済的理由で、小指の一枚に賭けた。現像が済み、できあがった写真は、まずブレていない、写真として成立するのでやれやれと胸をなでおろしたものだ。残念ながら、この一枚は退色が激しく本巻に掲載されなかった。

三面で写真をやっていて、良かったと改めて思う。自分に何ができるかをずっと問い続けてきて、時には賭けに追い込まれるような危険な場面に何度か直面して、良いか悪いか判断する間もなく、突っ走ってきて今に至っている。写真に関しては、自分はプロだとは思っていない。十六ミリのドキュメンタリー映画にのめり込んで、飯を食べさせてもらってきた。たまたま、映画を通して写真技術を知っていたに過ぎない。写真は自分は素人であり、素人から教わることが多い。田口君の感嘆からあの写真が生まれたのは素人の感性を大切にしていたからだと、勝手な理屈に酔っている日々である。

著者・写真撮影者略歴（掲載順）

宮本常一（みやもと　つねいち）
一九〇七年山口県周防大島の農家に生まれる。大阪府立天王寺師範学校卒。一九三九年に上京、澁澤敬三の主宰するアチック・ミュージアム所員となり、戦前、戦後の日本の農山漁村を訪ね歩く。民衆の歴史や文化を膨大な記録、著書にまとめると共に、地方の住民たちと膝を交えて語り、地域振興に尽力した。一九六五年、武蔵野美術大学教授に就任。一九六六年、後進の育成のため近畿日本ツーリスト（株）の要請で日本観光文化研究所（観文研）を創立し、翌年より『あるくみるきく』を発刊。一九八一年、東京都府中市にて死去。著書『忘れられた日本人』（岩波書店）、『日本の離島』『宮本常一著作集』（未來社）など多数。

須藤功（すとう　いさを）
一九三八年秋田県横手市生まれ。川口市立県陽高校卒。民俗学写真家。一九六六年より日本観光文化研究所所員となり、全国を歩き庶民の暮らしや祭り、民俗芸能の研究、写真撮影に当たる。著書に『西浦のまつり』（未來社）、『花祭りのむら』（福音館書店）、『写真ものがたり　昭和の暮らし』全十巻『大絵馬ものがたり』全五巻（農文協）他がある。

柳沢正弘（やなぎさわ　まさひろ）
一九四三年長野県生まれ。早稲田大学大学院文学研究科修了。元都立高校教諭。共著書に『日本に生きる』（国土社）などがある。

西山昭宣（にしやま　あきのり）
一九四三年台湾生まれ。新潟県で育つ。元都立高校教諭。早稲田大学第一文学部卒業後、日本観光文化研究所に参画し、『あるくみるきく』の企画・編集に携わる。後に都立高校教諭として転出するが、研究所閉鎖まで同誌の企画・編集を行なった。

TEM研究所（テムけんきゅうしょ）
所長は真島俊一。佐渡調査に参加した武蔵野美術大学の学生たちで結成した調査研究グループ（現在は株式会社）。宮本常一にそのかされ、佐渡の村落の生業と生活文化の調査を行った。文化財や民具の保存・展示計画、博物館等の設計施工、町つくり計画等を業務にしている。小木民俗博物館、周防大島文化交流センター、民博の４棟の民家模型、弁財船の実物大の復原等の施工例や、著作では『南佐渡の漁村と漁業』、『図説佐渡金山』（河出書房新社）、『棚田の謎』（農文協）他がある。

相沢韶男（あいざわ　つぐお）
一九四三年茨城県水戸市生まれ。武蔵野美術大学建築学科卒。宮本常一の指導下で福島県南会津郡下郷町の大内宿の保存運動にかかわる。武蔵野美術大学教授。著書に『大内の暮らし』（ゆいでく有限会社）がある。

山崎禅雄（やまざき　ぜんゆう）
一九四三年島根県桜江町生まれ。早稲田大学第一文学部史学科大学院博士課程修了。宮本常一没後、日本観光文化研究所「あるくみるきく」編集長。研究所の閉鎖後、帰郷し日笠寺住職。桜江町「水の国」初代館長、江津市教育委員等を歴任。主な著書に『水の力―折々の表情』（淡交社）などがある。

古谷雅子（ふるや　まさこ・旧姓竹田）
一九四八年　東京都生まれ。東京外国語大学中国語学科卒。元都立高校教諭。二〇一〇年　中国北京航空航天大学国際学院留学。翻訳に『花々との出会い』（八坂書房）などがある。

桜井儀久（さくらい　ただひさ）
一九四五年静岡生まれ、川崎市育ち。日本写真家協会会員。東京写真短期大学（現東京工芸大）卒。美術関係の写真を主に撮影。キャノンサロン他で『尼僧道場』、『間引き』他の個展を開催した。

小林亥一（こばやし　いいち）
一九二四年新潟県生まれ。国学院専門部卒。一九六六年から六年間、青ヶ島中学校の国語教諭として在島。井伏鱒二や會津八一の研究家としても知られた。二〇〇八年没。著書に『青ヶ島島史』（青ヶ島村）、『文久三年御蔵島英語単語帳』（小学館）など。

菅田正昭（すがた　まさあき）
一九四五年東京・池上生まれ。学習院大学法学部政治学科卒業。民俗宗教史家。一九七一年〜七四年には役場職員として、一九九〇年〜九三年には助役として東京都青ヶ島村に住む。『神道（Shintoism）』（現代書館）、『隠れたる日本霊性史』（たちばな出版）、『第三の目』（学習研究社）他の著書多数。

伊藤幸司（いとう　こうじ）
一九四五年東京生まれ。糸の会・登山コーチングシステム主催。早稲田大学文学部哲学科卒。日本観光文化研究所の探検部門「あむかす」に参加。『あるくみるきく』の執筆・編集を行い、その後フリーのライター＆エディターに。一九七五年の「東アフリカ探検学校」では、宮本常一をオートバイの後ろに乗せ、ケニア、タンザニアを案内した。近著に『山の風、山の花』『軽登山を楽しむ』（いずれも晩聲社）がある。

神子省吾（かみこ　しょうご）
一九四五年千葉県生まれ。東京学芸大学教育学部卒業。一九六九年〜七六年まで青ヶ島小中学校で理科教員として勤務。その後、〇五年まで東京都の中学校の理科教員。〇六年より嘱託教員の傍ら八王子市の中学校で剣道の指導員を務めている。

田口洋美（たぐち　ひろみ）
一九五七年茨城県東海村生まれ。東京大学大学院研究科博士課程修了。東北芸術工科大学芸術学部教授。民族文化映像研究所、グループ現代の映画製作スタッフ、日本観光文化研究所所員を経て、狩猟文化研究所を設立。主著・共著に『越後三面山人記』（農文協）、『マタギ—森と狩人の記録—』（慶友社）、『ロシア極東の民族考古学』（六一書房）などがある。

姫田忠義（ひめだ　ただよし）
一九二九年兵庫県神戸市生まれ。旧制兵庫県立神戸経済専門学校卒業。一九五四年演出家を目指して上京し民俗学者宮本常一に師事。日本観光文化研究所の創立に参画し、日本各地の村々を取材。一九七六年に「民族文化映像研究所」を設立。「アイヌの結婚式」「越後奥三面—山に生かされた日々」など二百本以上の映画を制作。著書に『ほんとうの自分を求めて』（筑摩書房）、『忘れられた日本の文化』（岩波書店）他多数。

伊藤碩男（いとう　みつお）
一九三三年東京生まれ。一九五七年映像技術集団「葦プロダクション」を創設し、岩波映画などで照明技師として活躍。姫田忠義と共に「民族文化映像研究所」を創立し、記録映画の撮影・演出・編集を担当。日本観光文化研究所の同人で、『あるくみるきく』の名付け親。現在フリーランス。

古沢広祐（ふるさわ　こうゆう）
一九五〇年東京都生まれ。京都大学大学院農学研究科修了。國學院大學経済学部教授。環境ＮＰＯ「環境・持続社会」研究センター代表理事。著作に『共生社会の論理』（学陽書房）、『共生時代の食と農』（家の光協会）、『地球文明ビジョン』（ＮＨＫブックス）等がある。

森本孝（もりもと　たかし）
一九四五年大分県生まれ。立命館大学法学部卒業。観文研で『あるくみるきく』の執筆・編集を行う。その後、漁村社会専門家として発展途上国の振興計画調査に従事。水産大学校教官、周防大島文化交流センター参与等を歴任。著書・編著に『舟と港のある風景』（農文協）、『鶴見良行著作集⑪⑫・フィールドノートⅠ・Ⅱ』（みすず書房）、『宮本常一写真図録Ⅰ・Ⅱ』（みずのわ出版）他がある。

三木剛志（みき　つよし）
一九六七年兵庫県西宮市生まれ。関西大学大学院文学研究科修士課程修了。学生の頃より長崎県の炭鉱の島々などをあるく。一九九二年、全国離島振興協議会、財団法人日本離島センター入所。現在、広報課長兼調査課長。日本の島ガイド『ＳＨＩＭＡＤＡＳ』、季刊『しま』の編集を担当。

監修者略歴

田村善次郎（たむら　ぜんじろう）

一九三四年、福岡県生まれ。一九五九年東京農業大学大学院農学研究科農業経済学専攻修士課程修了。一九八〇年武蔵野美術大学造形学部教授。武蔵野美術大学名誉教授。文化人類学・民俗学。

大学院時代より宮本常一氏の薫陶を受け、国内、海外のさまざまな民俗調査に従事。『宮本常一著作集』（未來社）の編集に当たる。著書に『ネパール周遊紀行』（武蔵野美術大学出版局）、『棚田の謎』（農文協）ほか。

宮本千晴（みやもと　ちはる）

一九三七年、宮本常一の長男として大阪府堺市鳳に生まれる。小・中・高校は常一の郷里周防大島で育つ。東京都立大学人文学部人文科学科卒。山岳部に在籍し、卒業後ネパールヒマラヤで探検の世界に目を開かれる。一九六六年より近畿日本ツーリスト・日本観光文化研究所（観文研）の事務局長兼『あるくみるきく』編集長として、所員の育成・指導に専念。

一九七九年江本嘉伸らと地平線会議設立。一九八二年観文研を辞して、向後元彦が取り組んでいた「（株）砂漠に緑を」に参加し、サウジアラビア・UAE・パキスタンなどをベースにマングローブについて学び、砂漠海岸での植林技術を開発する。一九九二年向後らとNGO「マングローブ植林行動計画」（ACTMANG）を設立し、サウジアラビアのマングローブ保護と修復、ベトナムの植林事業等に従事。現在も高齢登山を楽しむ。

あるくみるきく双書
宮本常一とあるいた昭和の日本 ⑫ 関東甲信越 2

2011年4月25日第1刷発行

監修者　田村善次郎・宮本千晴
編　者　森本　孝

発行所　社団法人　農山漁村文化協会
郵便番号　107－8668　東京都港区赤坂7丁目6番1号
電話　03（3585）1141（営業）　03（3585）1147（編集）
FAX　03（3585）3668
振替　00120（3）144478
URL　http://www.ruralnet.or.jp/

ISBN978－4－540－10212－7
〈検印廃止〉

Printed in Japan

印刷・製本　（株）東京印書館